Michael Allgeier

Der Partner als Dauertransit

Was die Astrologie über Menschen und deren Beziehungen verrät

Gewiss, ich wäre schon so ferne, ferne,
Soweit die Welt nur offen liegt, gegangen,
Bezwängen mich nicht übermächt'ge Sterne,
Die mein Geschick an deines angehangen,
Dass ich in dir nun erst mich kennenlerne.
Mein Dichten, Trachten, Hoffen und Verlangen
Allein nach dir und deinem Wesen drängt,
Mein Leben nur an deinem Leben hängt.

Johann Wolfgang von Goethe

Dieses Buch ist gewidmet meiner Frau Siri Allgeier, die mich immer wieder dazu angeregt und inspiriert hat. Mein permanenter astrologischer Austausch mit ihr und natürlich unsere intensive und langjährige Beziehung, die privater wie beruflicher Natur ist, haben wesentlich zum Inhalt und zur Verwirklichung dieses Buchs beigetragen.

Allgeier Verlag GbR
Dießen am Ammersee

Der Partner als Dauertransit

Was die Astrologie über Menschen und deren Beziehungen verrät

Michael Allgeier

1. Auflage Dezember 2020

Herausgeber:
Allgeier Verlag GbR
Michael und Sigrid Allgeier
Waffenschmiedweg 39
86911 Dießen am Ammersee

Satz & Coverdesign: Viktor Prade

Printed in Germany

ISBN 978-3-9821333-1-7

Inhalt

BEZIEHUNG IN DER KRISE

TRENNUNGEN AUS ASTROLOGISCHER SICHT

VORWORT
Der Weg zur großen Liebe

Nichts ist spannender als der Vergleich zweier Horoskope, vor allem, wenn es sich dabei um Liebende handelt. Denn mit unserem Partner verbringen wir normalerweise die meiste Zeit und sind am engsten verbunden mit ihm. Liebesbeziehungen sind Schicksale, die ineinander verwoben sind und die wir deshalb auch zusammen betrachten sollten. Die Wahl unseres Partners kann großen Einfluss auf unser Glück und Unglück, auf unseren Erfolg wie Misserfolg im Leben ausüben. Es gibt keinen Menschen, der uns mehr beeinflusst als er, im guten wie im schlechten Sinne. Unser Partner hat uns in starken wie schwachen Momenten erlebt. Er kennt uns, wir können ihm kaum etwas vormachen. Und wenn, würde er es spüren. Unser Partner ist unser Korrektiv, das uns immer wieder vom Sockel runterholt, wenn wir dabei sind, uns selbst ganz großartig zu finden und abzuheben. Er kritisiert uns konstruktiv oder destruktiv oder beides. Partnerschaft ist Erfüllung oder ein fortlaufendes Drama oder beides. Und all das können wir anhand einer Synastrie erkennen, die deutlich über allen anderen Methoden der Partnerschaftsastrologie steht, weil sie die absolute Realität zwischen zwei Menschen darstellt. Bei der Synastrie treffen zwei Menschen mit all ihren Energien, man könnte sogar sagen mit ihrem persönlichen Kosmos, aufeinander. Schließlich ist jedes Geburtshoroskop eine Art Foto von dem Sternenhimmel, unter dem wir geboren wurden und der unsere komplette Anlage, unsere Fähigkeiten, unsere Schwächen, unsere Möglichkeiten und Begrenzungen und natürlich auch unsere Liebes- und Beziehungsfähigkeit widerspiegelt. Legen wir nun zwei Horoskope übereinander und erstellen die Synastrie, wirken die Planeten und die Kräfte des einen Horoskops wie fortwährende Transite auf die Planeten, Achsen und Häuser des anderen Horoskops und umgekehrt. Deshalb habe ich den Titel „Der Partner als Dauertransit“ gewählt.

Im Gegensatz zu den „normalen“ Transiten, die kommen und gehen, wie sie wollen und die manchmal besonders förderlich und dann wieder eher schwierig sind, wirken die Planeten-Einflüsse unseres Partners fortwährend auf uns ein. Mit ihnen haben wir zu tun, solange die Partnerschaft besteht bzw. dieser Mensch noch in irgendeiner Weise, und sei es durch gemeinsame Kinder, mit unserem Leben verbunden ist. Da gibt es kein Auskommen.

Die Einflüsse, die Dauertransite unseres Partners, die in Spannung zu uns stehen, können uns herausfordern und uns weiterbringen, sie können uns aber auch in eine Sackgasse führen, regelrecht blockieren und unsere Entfaltung verhindern. Günstige Einflüsse unseres Partners können dagegen unsere eigenen Stärken weiter betonen, sie fördern oder gar erst aus uns herausholen. Und umgekehrt können wir unserem Partner eine große Lebenshilfe sein, wenn wir in der Lage sind, ihn positiv zu beeinflussen – bewusst oder unbewusst.

Letztlich ist die Synastrie ein lebendiger Austausch aller Energien zweier Menschen. Eine Art Doppelkosmos, der in sich geschlossen ist und in dem sich die Planeten-Kräfte aufeinander abstimmen oder auf Konfrontationskurs laufen.

Die Aspekte, die sich beim Übereinanderlegen beider Horoskope durch die jeweiligen Planeten und Achsen ergeben, werden in der Fachsprache Interaspekte genannt. Sie sind mitentscheidend dafür, ob es sich um Lebensabschnittspartner oder gar um Paare handelt, die sich über den Tod hinaus für immer lieben werden. Interaspekte haben sehr viel mit der Dynamik eines Paares und dessen Miteinander zu tun. Sie verraten, wie sich Paare streiten, lieben, miteinander sprechen und im Alltag auskommen, welche gemeinsamen Ziele und andere Übereinkommen sie haben, wo Gegensätze aufklaffen und wo unausgesprochene Harmonie vorherrscht.

Um gleich allen Missverständnissen vorzubeugen: Die perfekte Synastrie gibt es nicht. Es gibt auch keine perfekten Menschen und keine Beziehung, in der alles rund läuft. Auf der Erde ist das nicht möglich, auch wenn wir immer wieder davon träumen. Im Leben gibt es allgemein ein permanentes Auf und Ab. Das ist die Dynamik des Lebens. Das muss so sein, weil wir hier sind, um an uns zu arbeiten, um uns weiterzuentwickeln. Eine Dynamik, die sich ganz besonders auch in guten Beziehungen offenbart, die immer wieder bereit sind, trotz phasenweiser vielleicht unterschiedlicher persönlicher Entwicklungen einen gemeinsamen Ansatz zu suchen und zu finden. Ein menschlicher Fehler mag sein, dass immer alles rund und ideal sein muss und dass die Erwartungen an die Beziehung und an den Partner auch häufig viel zu hoch sind. Sich verlieben geht bekanntermaßen schnell, aber die wirklich große Liebe braucht Zeit, erfordert große Anstrengungen und will immer wieder von Neuem erworben werden. Nur wer sich dem Leben nicht verschließt und auch im fortgeschrittenen Alter noch bereit ist, mit Leidenschaft zu leben, kann seine Liebe halten oder gar erst finden. Sie ist mit Sicherheit das größte Abenteuer, das wir im Leben eingehen können.

Die Liebe ist nichts für Feiglinge, denn wer sich wirklich auf jemand anderen voll und ganz einlässt, macht sich verwundbar, kann verdammt viel verlieren, manchmal sogar sein Leben. Denn nichts ist furchtbarer und schlimmer als einen geliebten Menschen zu verlieren. Wer einmal verlassen wurde nach einer langen und weitgehend glücklichen gemeinsamen Zeit oder wer seinen Partner durch den Tod verloren hat, der ist ganz tief unten und weiß nicht, ob er jemals wieder in der Lage sein wird, einen anderen Menschen so zu lieben. Die Liebe ist ein gefährliches Spiel, das wissen wir alle, und doch lohnt es sich, es zu riskieren. Denn eine glückliche Liebe ist das schönste und höchste Ziel, das wir haben können, für das es sich allein schon lohnt zu leben.

Manchmal wird sie uns einfach so geschenkt, die Liebe, ohne dass wir irgendetwas dafür getan haben. Plötzlich steht er vor uns, unser Traumpartner. Ein Zufall? Wenn, dann nur im Sinne des Zufallens, ein Ball, den uns das Schicksal zugeworfen hat. Was wir daraus machen, liegt an uns.

Die Astrologie und die Synastrie, die wir von Paaren erstellen können, beweisen uns, dass wirklich „jeder Topf einen Deckel" hat, wie es so schön heißt. Wir müssen nur den für uns passenden Menschen finden. Doch genau das ist nicht so leicht. Es scheint auch für erfahrene Astrologen manchmal wie ein großer Lottogewinn, wenn sich zwei Menschen und zwei Horoskope finden, die etwas miteinander zu tun haben, nicht nur jetzt, sondern auch noch morgen und übermorgen. Es ist ein tatsächlich unglaublicher Zufall.

Der „Zufall“ gehört zur geistigen Welt, an ihn und die große Liebe zu glauben, ist die eine Sache. Ihn durch sein Leben und seine Entwicklung heraufzubeschwören, die andere. Natürlich ist es der Part aller Suchenden, sich für diesen Zufall zu öffnen. Und das kann manchmal gleichbedeutend mit einem längeren und mühsamen inneren Weg sein, den wir auf uns nehmen müssen und der unter Umständen durch große Enttäuschungsprozesse und Desillusionierungen hindurch gehen kann. Bisweilen müssen wir erst selbst beziehungsfähig werden, um eine glückliche Beziehung führen zu können. Ein andermal gilt es, endlich die Auswahlkriterien zu ändern, die immer wieder an den oder die Falsche(n) haben kommen lassen. Schließlich ist unser Bewusstsein viel zu sehr auf äußere Dinge gerichtet, um die wahre Liebe immer gleich erkennen zu können. Und ja, die Liebe kommt immer überraschend, sie ist nicht planbar und wir können sie nicht manipulieren. Da ist er wieder, dieser einzigartige Moment, dieser verrückte Zufall, wenn plötzlich der Mensch vor uns steht, der unser ganzes bisheriges Leben ändern und unser Schicksal in eine völlig neue, unbekannte Richtung drängen kann.

Liebe heißt Vertrauen, und zwar nicht nur Vertrauen in den Menschen, mit dem wir unser Leben teilen wollen, sondern auch in unsere innere Führung, mit der wir vielleicht den richtigen Partner finden können. Die Liebe kann nicht erzwungen werden. Wer das versucht, kann nicht glücklich werden. Natürlich müssen wir uns zeigen, auf Menschen zugehen, Kontakte knüpfen, damit überhaupt Möglichkeiten eines Kennenlernens entstehen. Daheim im stillen Kämmerlein wird ein Single sein Glück nicht finden können. Ziehen sich Menschen zurück, weil die Angst dahintersteckt, wieder eine schmerzhafte oder einengende Partnerschaft zu erleben, müssen sie anfangen, darüber nachzudenken, was dies mit ihnen selbst zu tun hat. Wer da ausweicht und die Schuld stets beim anderen Geschlecht sucht, wo dann auch noch oft alle Frauen und alle Männer über einen Kamm geschoren werden, der wird selbst unvermittelbar.

Wir müssen darauf vertrauen, dass auch gescheiterte Liebesbeziehungen ihren Sinn haben und zu unserem Weg gehören, der uns vielleicht zu einem Partner führt, der uns noch näher ist. Wir sind auf dieser Welt, um zu lernen, so hart die Lernaufgabe manchmal auch erscheint. Klagen bringt uns nicht weiter. Meistens schenkt uns auch in Sachen Liebe das Schicksal weitere Chancen, die wir nur ergreifen müssen. Wir dürfen dabei nur nicht den Fehler begehen, zu denken, dass die neue Liebe all den Schmerz der Vergangenheit beseitigen kann. Nein, das müssen wir selbst tun.

Es ist schön, wenn uns ein Mensch auffangen kann. Wir dürfen jedoch nicht damit spekulieren bzw. diese Erwartung in den Raum stellen. Eine Beziehung kann auf Dauer nur auf Augenhöhe funktionieren. Das Geben und Nehmen muss sich die Waage halten. Hinter den falschen und überzogenen Erwartungen verbergen sich häufig mangelnder Selbstwert und vor allem auch die fehlende Selbstliebe. Wer sich selbst nicht mag, wird unattraktiv. Ein Teufelskreis, dem nur dann zu entrinnen ist, wenn wieder die Bereitschaft besteht, an sich selbst anzusetzen, anstatt dies von seinem potenziellen Partner zu erwarten.

Und dennoch gibt es diese Paare, die einfach zusammengehören und die gemeinsam die Welt aus den Angeln heben, jede Krise bewältigen und aus Pech Gold machen können. Wenn die Synastrie passt, ist alles möglich. In solchen wunderbaren Liebesbeziehungen liebt der Partner bisweilen sogar die eigenen Schwächen, deretwegen einen die vorherige Liebe verlassen hat. Wenn es passt, wird vieles nicht nur verziehen, sondern auch völlig anders empfunden.

All dies und noch vieles mehr können geschulte Astrologen in einer Synastrie erkennen. Dennoch sollte sich ein Astrologe hüten, zu urteilen, ob ein Paar zusammengehört oder nicht. Wie gesagt, jedes Paar hat eine Aufgabe, und letztlich ist es auch kein Zufall, dass sich Menschen finden, die vielleicht ihr ganzes Leben lang nur streiten. Es ist ihr Weg, ihre Entscheidung, vor der wir Respekt haben müssen. Kritisch wird das Ganze nur, wenn Menschen in einer

Beziehung zu leiden beginnen und wenn sie sich durch ihren Partner völlig blockiert fühlen. Dann müssen wir ganz klar sagen, dass es besser ist, allein zu leben als in einer destruktiven Beziehung.

Nicht wenige Paare halten jahrelang verzweifelt an ihrer Beziehung in der Hoffnung fest, dass es einmal besser werden könnte. Oder sie haben sich so ineinander verwickelt und hineingebissen, dass oft nur noch das Schicksal sie trennen kann. Im besten Falle machen sie Paartherapien und stellen alles möglich an, um zusammenzufinden. Nur, eines ist auch klar: Wenn etwa die sexuelle Anziehungskraft noch nie so richtig da war, was gegebenenfalls auch die Synastrie bestätigt, kann sie auch die beste Therapie nicht herbeireden.

Klar ist aber auch, dass es nicht nur die harmonische oder die konfliktreiche Beziehung gibt. Wer behauptet, dass er mit seinem Partner nie streitet, ist vielleicht schon gewaltig auf dem Holzweg, was seine Beziehung betrifft. Streit, Konflikte und Disharmonie gehören zu einer Beziehung wie das Salz in einer Suppe. Ohne das Salz schmeckt sie nicht, und ohne Spannung gibt es in einer Beziehung keine dauerhafte Anziehungskraft und Auseinandersetzung, die beide weiterbringt. Wir brauchen für eine großartige Synastrie beides, Harmonien wie Spannungen. Deshalb: Verzagen Sie nicht, wenn Sie schwierige Interaspekte mit Ihrem Partner entdecken, sondern versuchen Sie, in Zukunft vielmehr noch bewusster mit ihnen und ihren Inhalten umzugehen.

DIE SYNASTRIE UND DAS PARTNERSUCHBILD

Der Partner als Dauertransit

Charakter ist gleich Schicksal. Und das Schicksal ist nichts anderes als der Charakter in seinem zeitlichen Ablauf. So lautet eine oft zitierte Gleichung, die zum Verständnis klassischer Astrologie beitragen soll. Verstehen können wir sie erst, wenn wir die unfassbare Tragweite unseres Geburtshoroskops erkennen, in dem nicht nur unsere angeborenen Stärken wie Schwächen auftauchen, sondern, noch viel komplexer, unsere gesamte Persönlichkeit, seelische Veranlagung, wichtige Lebens- und Berufsziele, karmische Aufgaben, Mutter und Vater, unsere Herkunftsfamilie, ja sogar unsere Krankheitsneigungen usw. beschrieben sind. Wer hier nur einen kleinen Einblick bekommen hat, wird sich tief vor der Astrologie, dieser Wissenschaft, die uns mit dem Himmel verbindet, verneigen.

Unser Horoskop, das wie ein Foto des Sternenhimmels im Augenblick unserer Geburt ist, steht fortan im permanenten Austausch mit den sich immer weiterdrehenden Planeten unseres Planetensystems. Als sogenannte Transite verbinden sie uns mit dem Leben, lösen wichtige Themen unseres Horoskops aus, stellen uns Aufgaben, deuten Chancen und Gefahren an und prägen letztlich unseren persönlichen Lebensrhythmus. Sie haben entscheidenden Einfluss auf unsere geistigen wie körperlichen Hochs und Tiefs.

Gerade durch die schwierigen Transite der sogenannten Langsamläufer, Saturn, Uranus, Neptun und Pluto, können sich Krisen, ja dunkle Perioden im Leben abzeichnen, die oft Jahre andauern. Doch genauso, wie es anstrengende Zeiten gibt, zeigen die Transite auch Lebensphasen und helle Phasen an, in denen wir besonders glücklich sind und die wir deshalb immer wieder erleben wollen. Kein Glück währt ewig, doch auch das Unglück nicht. Auf den Tag folgt die Nacht und dann wieder Tag.

Das Leben lässt uns nicht zur Ruhe kommen, ist dynamisch, ist Bewegung. Und verantwortlich dafür sind aus astrologischer Sicht die Transite, die kosmische Realität, mit der sich jeder Mensch auseinandersetzen muss.

Das Schöne, Wertvolle und Großartige an der Astrologie ist nun wiederum, dass diese Kräfte, die im Leben auf uns einwirken, durch diese Transite für uns sichtbar sind. So haben wir alle die Chance, sehr bewusst mit ihnen umzugehen, das heißt, schwierige Lebensphasen besser, auf einer tieferen Ebene, zu verstehen und die guten vielleicht noch gezielter zu nutzen, um Erfolg zu haben. Wer den richtigen Umgang mit der Astrologie hat und nicht wie das Karnickel vor der Schlange erstarrt, wenn ein kritischer Transit auftaucht, sondern ihn bewusst nutzt, um an sich und seinem Leben zu feilen, für den kann sie eine enorm wichtige Lebenshilfe sein.

Aber, es sind nicht nur die Sterne am Himmel, mit denen wir uns im permanenten Austausch befinden. Wir haben es ja sehr konkret mit Menschen in unserem Alltag zu tun. Und all diese Menschen haben ganz spezielle Energien und Anlagen, je nach Geburtshoroskop, die wiederum auch auf uns eine Wirkung, einen Einfluss haben. Wir spüren einen Menschen bewusst oder unbewusst, sobald er den Raum betritt, in dem wir uns befinden. Sein Erscheinen erzeugt positive Aufregung oder eine negative Spannung, wir heißen ihn gefühlsmäßig willkommen oder verschließen uns innerlich, bauen einen Abwehrwall auf.

In der Synastrie, bei der zwei Horoskope übereinandergelegt und miteinander verglichen werden, können wir nun sehr schön sehen, wie diese Energien in Form beider Horoskope aufeinander wirken, wie sie sich ergänzen, durchdringen, anziehen und abstoßen. Alle Achsen und Planeten des einen und des anderen Horoskops gehen ein munteres Wechselspiel miteinander ein, bilden Winkel untereinander, die harmonisch, disharmonisch, anregend, blockierend und ablehnend sein können. Ja, manche Interaspekte, wie diese Energieverbindungen zwischen zwei Menschen in der Fachsprache genannt werden, können sogar gleichzeitig anziehen und abstoßen, erst Liebe und Begehren erzeugen, das dann in Hass mündet und umgekehrt.

Eine Synastrie, der astrologische Vergleich zweier Menschen, ist unheimlich komplex und erst nach langer astrologischer Übung und Tätigkeit und vor allem auch Lebenserfahrung wirklich zu verstehen. Ein unerfahrener Astrologe schreckt meist auf und neigt zu einer negativen Prognose, wenn er schwierige und spannungsgeladene Interaspekte bei einem Paar sieht. Doch wir Astrologen dürfen niemals den Schöpfer spielen und versuchen, in Schicksale einzugreifen. Unsere Aufgabe ist es, diese schwierigen Interaspekte anzusprechen und auf die damit verbundenen Lernaufgaben des Paares hinzuweisen. Wir sollten nicht darüber entscheiden, wie viele Spannungen das Paar braucht und aushalten will. Und überhaupt: Ohne spannungsgeladene Interaspekte würden die meisten Beziehungen wohl schnell langweilig und bedeutungslos werden. Anziehung bedarf einfach gewisser Spannung, wobei glückliche Paare natürlich auch viele Gemeinsamkeiten und harmonische Interaspekte besitzen.

Grundsätzlich kann man sagen, je mehr Interaspekte bei einem Horoskopvergleich auftauchen, desto stärker sind die inneren Verbindungen und desto mehr haben die beiden Menschen miteinander zu tun. Aber auch ohne viele Interaspekte, für die ein relativ kleiner Orbis von 2 bis 4 Grad gilt, können sich Menschen finden, wenn etwa die für die Liebe wichtigen Häuser 5 (Lebensfreude, Sex) und 7 (Partnerschaft) durch die Planeten des jeweils anderen aktiviert werden. Dazu mehr in einem späteren Kapitel.

Das Horoskop des Partners ist eine Welt, ein Sternenhimmel für sich, der immer gegenwärtig ist, sobald dieser Mensch in unserer näheren Umgebung auftaucht. Dann spüren wir seine Energien, und all die Interaspekte, die seine Planeten zu unseren bilden, werden aktiviert. Und wir spüren, welche Häuser, welche Lebensfelder, von ihm berührt werden. Die Planeten des Partners zu unserem Horoskop sind deshalb de facto wie permanente Transite zu werten, die immer gleich sind und die unser Leben bereichern, indem sie uns fördern oder blockieren, indem sie uns bremsen. Wohl oder übel müssen wir uns sowohl mit den „guten“ wie „schlechten“ Sternen und Eigenschaften unseres Partners und ihren Einflüssen auf uns auseinandersetzen.

Aus der Synastrie erklärt sich, warum wir etwa einen Menschen gut aufnehmen und verstehen können, mit dem andere massive Probleme haben. Und umgekehrt werden manche Menschen unsere persönlichen Eigenarten verstehen und vielleicht sogar lieben lernen, während andere sich von diesen schnell mit Graus abwenden. Das ist letztlich auch der Grund, warum ein besonders attraktiver Mensch nicht zwangsläufig bessere Chancen hat, einen passenden Partner zu finden als ein weniger attraktiver. Menschen müssen einfach nur zusammengehören und zusammenpassen.

Mit jedem neuen Partner kommt eine neue und unbekannte Energie ins Leben. Jeder Mensch, mit dem wir tagtäglich zusammen sind, lenkt unser Leben und Schicksal in eine bestimmte Richtung. Dessen sollten wir uns bewusst sein. Es heißt: Zeige mir deine Freunde, und ich sage dir, wer du bist. Man könnte auch sagen: Zeige mir deinen Partner, und ich sage dir, wo du stehst.

Die Synastrie kann uns alle Aufgaben und Herausforderungen aufzeigen, die mit dem Partner verknüpft sind, der in unser Leben tritt. Und sie verrät uns auch, warum die Beziehung mit dem einem funktioniert und mit dem anderen nicht. Mit dem einen wird der Sex immer gut sein, weil vielleicht sein Mars auf der eigenen Venus steht, mit dem anderen wird er unter Umständen von Anfang an eher bescheiden sein, weil sein Saturn der eigenen Venus keine Entfaltung lässt. Der eine Partner lehnt Schwächen des anderen gnadenlos ab, der andere kann vielleicht sogar einen gewissen Charme in ihnen sehen. Dem einen können wir es niemals recht machen, dem anderen zumindest oft. Manche Menschen fördern uns beruflich nur durch ihr Sein, andere ziehen uns von unseren Zielen nur Kraft ab und behindern uns.

„Drum prüfe, wer sich ewig bindet“, am besten durch eine astrologische Synastrie. Mit dem Partner unserer Wahl haben wir einen persönlichen Sternenhimmel um uns herum, der unser Schicksal stark beeinflusst, wenn nicht komplett ändert. Wir selbst müssen letztlich erkennen, welcher Mensch uns guttut, woran wir wachsen können oder gar zerbrechen.

Wir dürfen davon ausgehen, dass es kein Zufall ist, welchen Menschen wir begegnen und auf welche Menschen wir uns näher einlassen, genauso wenig, wie die Transite des aktuellen Sternenhimmels auf unser Horoskop wie eine Himmelsuhr immer die Aufgaben anzeigen, die auch wirklich anstehen in unserem Leben. Manchmal sind gerade sehr schwierige Partnerschaften zumindest für eine Zeit unseres Lebens wichtig, um persönlich zu reifen, da uns jeder Partner einen Spiegel vorhält, in dem wir auch die Dinge sehen, die wir überhaupt nicht wahrhaben wollen.

Liebe ist ein Geschenk des Himmels, weshalb auch eine „passende“ Synastrie nur ein Zufall im Sinne des Zufallens sein kann. Und trotzdem hält jede noch so gute Synastrie spezielle Aufgaben für das Paar bereit.

Die Vorgehensweise der Synastrie

Bei einer Synastrie werden zwei Horoskope übereinandergelegt und miteinander verglichen. Dieser Vergleich spiegelt immer die Realität zwischen zwei Menschen wider. Man prüfe, welche Planeten und auch Achsen des einen Horoskops sogenannte Hauptaspekte (= Winkel von 0°, 30°, 60°, 90° oder 180°) zum jeweils anderen bilden. Diese Aspekte, die Interaspekte genannt werden, haben einen Orbis (= Spielraum) von 2 bis 4 Grad. Im Weiteren wird festgestellt, in welche Häuser des zweiten Horoskops Planeten und Achsen des ersten fallen und umgekehrt.

Das Aufstellen einer Synastrie kann nicht nur für Liebespartner, sondern auch für Freunde, Eltern und Kinder, Chefs und Angestellte, Politiker und sogar für Staaten sinnvoll sein.

In Beziehungsfragen ist die Synastrie ähnlich direkt, realitätsnah und aussagekräftig wie die Transite, die unter allen Prognosemethoden die wichtigste ist, da sie den Einfluss realer Kräfte anzeigt. Die richtige Deutung einer Synastrie bedarf zweifellos guter astrologischer Kenntnisse wie Lebenserfahrung. Wer etwa Krisen nie durchlebt hat und wahre Liebe nicht kennt, wird sich schwertun, die dafür entsprechenden Interaspekte in der Synastrie zumindest auf einer tieferen Ebene zu verstehen.

Anima und Animus und Interaspekte, die besonders eng binden

Anima und Animus, unsere Traumpartnerin bzw. unser Traumpartner, sind zwei Begriffe, die der berühmte Tiefenpsychologe C. G. Jung (geboren am 26.7.1875 in Kesswil; gestorben am 6.6.1961 in Küsnacht) prägte. Die Anima ist für Jung eine innere Einstellung im Unbewussten des Mannes, eine „weibliche Seite" in seinem psychischen Apparat. Jung: „Jeder Mann trägt das Bild der Frau von jeher in sich, nicht das Bild dieser bestimmten Frau, sondern einer bestimmten Frau. Dieses Bild ist im Grunde genommen eine unbewusste, von Urzeiten herkommende und dem lebenden System eingegrabene Erbmasse."

Umgekehrt ist das Bild, das die Frau von dem einen Mann in sich trägt, der Animus, der als männliche Figur in ihren Träumen auftaucht. Man könnte auch sagen, dass die Anima die weibliche unbewusste Seite des Mannes ist und der Animus die männliche unbewusste Seite der Frau, die beide auf der Suche nach ihrem Gegenstück sind.

Die Anima ist also die Märchenprinzessin des Mannes, die vollständig zu ihm passt und das Ziel seiner größten Sehnsüchte ist, der Animus der Märchenprinz, der die Frau erobert, entführt, errettet und zutiefst beglückt. In vielen Märchen tauchen die unterschiedlichen Animus und Anima auf. Der Froschkönig etwa ist der Animus einer verzogenen und überheblichen Königstochter, die ihn schließlich doch noch als ihren Traummann erkennt. In dem Märchen „Die Schöne und das Biest" wird die große Liebe und Geduld einer schönen Frau mit der Verwandlung eines schrecklichen Wesens in seine ursprüngliche Gestalt belohnt, die ihr Animus ist. Jeweils eine Anima finden wir dagegen in den Märchen „Rapunzel", „Schneewittchen", „Dornröschen" oder „Aschenputtel", in denen der Prinz jeweils erst große Mühe, Prüfungen und Wachstumswege auf sich nehmen muss, bis er endlich seine Anima in den Armen hält. Der Weg zu seinem „Gegenstück" ist auch im richtigen Leben oft ein sehr beschwerlicher, den man unbedingt wollen und für den man bereit sein muss, Opfer zu bringen. Jede Niederlage, jede Enttäuschung in der Liebe, jedes Verlassenwerden ist auf diesem Wege eine Lektion, die wir zunächst annehmen und dann verstehen lernen müssen. Es sind Wachstumsschritte, Erkenntnisse, die uns reifen, erwachen lassen, damit wir das Tor zu dem Menschen, nach dem wir immer gesucht haben, finden und öffnen können. Gerade die Märchen zeigen den inneren Weg des Lebens an, dem wir folgen sollten.

Jeder Animus rettet im Märchen wie in unserer Wirklichkeit seine Anima und umgekehrt. Das heißt, dass eine große Liebe immer auch eine Beziehung sein sollte, in der sich Mann und Frau gegenseitig in ihrer Persönlichkeitsentwicklung fördern und weiterbringen und manchmal eben auch retten.

Wie unsere Anima bzw. unser Animus beschaffen sein muss, da hilft uns nun die Astrologie weiter. Im Geburtshoroskop eines Mannes geben die weiblichen Planeten Mond und Venus, im Horoskop einer Frau die männlichen Planeten Sonne und Mars Auskunft darüber.

Speziell der Mond steht symbolisch für die eigene Seele, die Mutter und speziell im männlichen Horoskop für die Ehefrau. Seine Tierkreiszeichenstellung verrät, was für ein Typ unsere Mutter ist und wie wir sie empfinden. Da die Mutter normalerweise die erste weibliche Begegnung im Leben eines Mannes ist, hat sie einen sehr starken und prägenden Einfluss auf das Bild, das ein Mann von Frauen entwickelt. Man kann sagen, dass der Mond im Horoskop eines Mannes zunächst auf die Mutter, später mehr auf die reife, erfahrene Frau hinweist, die er braucht, mit der er innerlich zutiefst harmoniert.

Die Venus steht für unser ästhetisches Empfinden, für die Liebe und Erotik. Im männlichen Horoskop verrät sie nun, von welchem Typ von Frau dieser Mann sich körperlich angezogen fühlt, ob sie schlank, dünn, groß, mollig oder grazil usw. sein soll. Venus ist das Bild der jungen Frau, das den Mann verzaubert, das ihn magisch anzieht.

Die Sonne steht im Horoskop für den eigenen Wesenskern, für den Vater und, speziell im Horoskop einer Frau, für den Ehegatten. So wie der Mond und die Mutter das Frauenbild von Männern prägen, prägen nun die Sonne und der Vater das Männerbild von Frauen. So wie ihre Sonne auftaucht, sollte der Mann sein, der sie beschützt, zu dem sie aufschaut, der eben ihre Sonne im Leben ist.

Und Mars, das Urbild und der Ausdruck männlicher Kraft und Potenz im Horoskop einer Frau, sagt uns nun, welchen Typ von Mann eine Frau körperlich und erotisch begehrt. Mars verrät, ob es sie anmacht, wenn er viele Muskeln hat oder ob sie ihn unwiderstehlich findet, wenn er ein intellektueller Typ ist, der gut reden kann usw. Steht z. B. in einem männlichen Horoskop der Mond im Stier und Venus im Skorpion, dann ist seine Anima eine Mischung aus Stier und Skorpion. Die Frau sollte, um es vereinfacht zu sagen, bodenständig im Sinne des Stiers, aber auch sehr sinnlich und erotisch entsprechend dem Skorpion sein. Befindet sich im Horoskop einer Frau etwa die Sonne im Krebs und Mars in den Zwillingen, dann ist ihr Animus ein Mann, der einerseits weich und einfühlsam (Krebs) und andererseits witzig und wortgewandt ist (Zwillinge).

Die unterschiedlichen Kombinationen zwischen Mond und Venus bzw. Sonne und Mars verraten also, welchen Typ wir zutiefst begehren, den Typ, den wir immer riechen und schmecken können, dem wir (fast) alles verzeihen, den wir nahezu immer schön finden und der unser Leben im Handumdrehen verändern kann.

Die Projektion der Anima nach außen kann aber auch manchmal ein störender Faktor für Beziehungen sein, weil Männer oft von jeder Frau, mit der sie eine engere Liebesbeziehung eingehen, erwarten, die Verkörperung ihrer inneren Idee des Weiblichen zu sein. Das ist der Grund, warum Männer häufig massive Forderungen anbringen, wie sich ihre Frau zu kleiden hat, vornehmlich was erotische Kleidung, wie Reizwäsche, betrifft. Bereits vor einem Kennenlernen konzentrieren sich Männer meist schon auf einen ganz bestimmten Typ, bewusst oder unbewusst. Ein Mann mit Venus im Krebs wird sich, entsprechend des Urbildes des weiblichen Krebses, besonders von großen Brüsten und weißer, weicher Haut angezogen fühlen. Und er wird auch diesen Typ immer wieder suchen. Sobald er seine Anima zugleich aber auf tieferer Ebene sucht, sind die großen Brüste möglicherweise nicht ganz so wichtig wie die

Gefühlstiefe, die Anhänglichkeit und das weiblich Umsorgende, das die Krebs-Venus ebenfalls verkörpert.

Das Gegenstück zur Anima, der Animus, stellt eine Art Sammlung von unbewussten männlichen Eigenschaften und Wesensanteilen im Unbewussten der Frau dar. Der Animus tritt als männliche Figur in den Träumen von Frauen häufig als mysteriöser und faszinierender Liebhaber, Professor, als Prinz, Zauberer usw. auf. Frauen schwärmen einfach für ihr Leben gerne und entwickeln dabei gewaltige Sehnsüchte, die sie z. B. auch auf den Pfarrer oder einen bekannten Schauspieler projizieren und sich von diesen sogar erotisch angezogen fühlen. Andere wiederum haben ein Faible für Ärzte, für die Männer in Weiß, die bei ihnen für zitternde Knie sorgen.

In einer sehr intensiven und leidenschaftlichen Beziehung, in der die Partner die Anima bzw. den Animus in einem erlösten positiven Sinne verkörpern, ist es möglich, dass die Partner im jeweiligen Gegenüber sich selbst erkennen, was wiederum zur Ganzheit der Persönlichkeit beiträgt. Eine so enge und erfüllte Beziehung bedeutet deshalb im Idealfall auch, seine eigenen Grenzen zu erweitern, indem der Mann seine weiblichen Seiten erkennt und akzeptiert sowie die Frau ihre männlichen. Das wiederum kann einen sehr inspirierenden Einfluss auf die Sexualität des Paares haben, die durch diese wachsende Nähe auch an natürlicher Intensität gewinnt. Der Mann ist dann nicht nur mehr der „Macher", der immer nur aktiv ist und selbst nicht genießen kann und die Frau nicht mehr nur das passive „Weibchen", das nur reagiert und niemals agiert.

Für eine dauerhafte Beziehung ist es nötig, dass die Frau und ihr Horoskop in irgendeiner Form seinem Frauenwunschbild entsprechen und dass umgekehrt der Mann und sein Horoskop das verkörpern, was die Frau sucht. Ist dies der Fall, verblassen persönliche Schwächen des Partners bzw. werden ihm leichter verziehen.

Gegenseitig anziehend wirkt allein schon die gleiche Tierkreiszeichenstellung der Geschlechterplaneten Venus und Mars.

Steht z. B. Mars sowohl bei der Frau als auch beim Mann in den Zwillingen, findet sie einen wortgewandten Mann, der die Zwillinge-Energie mit seiner Männlichkeit verkörpert, einfach anziehend.

Haben beide Venus in den Zwillingen, verkörpert sie die kokette und kontaktfreudige Weiblichkeit, von der er sich wiederum angeregt und angezogen fühlt.

Natürlich kann man sich nun gut vorstellen, dass ein Sextil, ein Trigon, eine Opposition und vor allem eine Konjunktion zwischen seiner Venus (die Weiblichkeit, die der Mann begehrt) und ihrem Mars (die Männlichkeit, die die Frau begehrt) zu einem perfekten Zusammenfinden beider Wunschbilder führen kann. Das ist auch der Grund, warum die alten Astrologen diese Interaspekte als eine Brücke zwischen Mann und Frau bezeichneten, die oft mit gegenseitiger Anziehungskraft bis ins hohe Alter einhergeht.

Ähnlich positiv sind das Sextil, das Trigon, die Opposition und vor allem die Konjunktion zwischen seinem Mond (die Frau, die er sich wünscht) und ihrer Sonne (der Mann, den sie gerne an ihrer Seite hätte) zu werten. Speziell diese Interaspekte können eine große seelische und geistige Nähe schaffen, die immer bleibt.

Die Bedeutung der Tierkreiszeichen in der Synastrie

Normalerweise lächeln erfahrene Astrologen etwas gequält, wenn sie gefragt werden, welche Tierkreiszeichen denn zusammenpassen würden und welche nicht. Was für eine banale Frage! Wie kann man sich nur erdreisten und die Astrologie auf das Tierkreiszeichen reduzieren! Jeder, der sich mit Astrologie beschäftigt, weiß, dass letztlich nur der Vergleich aller Horoskopfaktoren und nicht nur der Sonne hier zu konkreten Aussagen führen kann. Doch so falsch ist der Vergleich von den Tierkreiszeichen auch wieder nicht. Er kann und sollte zumindest einen ersten wichtigen Einstieg darstellen. Schließlich gehört die Sonne, die mit unserer Vitalität und Entfaltungskraft zu tun hat, zu den wichtigsten Punkten unseres Horoskops. Entfaltung und Selbstverwirklichung gehören zur Persönlichkeitsentwicklung und werden in unserer Zeit so groß wie noch nie geschrieben. Fakt ist, dass allein schon unterschiedliche Tierkreiszeichen sich in der grundsätzlichen Lebensausrichtung inspirieren (bei der Opposition), fördern (bei Sextil und Trigon) oder abstoßen (bei Quadrat) können.

Ein Widder wird in seinem Leben meist in eine andere Richtung drängen als etwa der Krebs, der im Quadrat zu ihm steht. Ein typischer Widder geht forsch nach vorne, ein typischer Krebs ist immer ein wenig im Rückzug. Das sind so die Unvereinbarkeiten, die sich im Zusammensein tatsächlich widersprechen können und die alle Zeichen auf ihre Art haben, die ein Quadrat zueinander bilden. Dennoch finden wir auch gute Ehen zwischen den Quadratzeichen. Ein konservativer Stier kann auch mit einem progressiven Wassermann, ein gesprächiger Zwilling auch mit einer sehr ernsthaft denkenden Jungfrau usw. Das Quadratzeichen ist kein Manko, es ist fremd, aber Fremdes kann in der Beziehung durchaus seinen Reiz haben. Und manche Menschen suchen sich geradezu den Typ von Mensch als Partner, der eigentlich unvereinbar mit ihnen ist. Wie sich die unterschiedliche Art der Entfaltung letztlich auf das gemeinsame Leben des Paares auswirkt, hängt von der gesamten Synastrie ab.

Menschen, die das gleiche Tierkreiszeichen haben und die vielleicht sogar am selben Tag oder kurz hintereinander Geburtstag haben, können den anderen oft schon bei der ersten Begegnung irgendwie verstehen. Noch stärker ist das beim gleichen Aszendenten oder dem gleichen Mond. Stellen Sie sich nur zwei extrovertierte Löwen vor. Sie werden im jeweilig anderen zumindest erkennen, dass der sich auch gerne in den Mittelpunkt stellt. Oder zwei Skorpione, die sich misstrauisch umlauern und sich einfach nicht in die Karten schauen lassen wollen.

In Familienverbänden finden Sie manchmal ganze „Nester“ von Stieren, Skorpionen oder Zwillingen usw. Gleiche Tierkreiszeichen führen häufig zu Freundschaften, sind für eine Beziehung aber nicht immer ideal. In der Gleichheit liegt eine Chance, aber auch immer ein gewisses Risiko. Ein wenig überspitzt ausgedrückt, könnte man sagen: Widder und Widder rennen beide mit dem Kopf durch die Wand, Stier und Stier geben beide im Streitfall nicht nach, Zwillinge und Zwillinge flattern beide davon, Krebs und Krebs ziehen sich beide enttäuscht vom harten Leben zurück, Löwe und Löwe wollen beide glänzen, Jungfrau und Jungfrau kennen beide nur die Pflicht, Waage und Waage warten und warten, bis der jeweilig andere sich entscheidet, Skorpion und Skorpion führen einen subtilen Dauerkrieg, Schütze und Schütze wollen beide stets Recht haben, Steinbock und Steinbock schweigen sich bis zum Gehtnichtmehr an, Wassermann und Wassermann wissen vor lauter Freiheitsdrang nicht mehr, wo der andere ist, und Fische und Fische machen sich so lange gegenseitig etwas vor, bis sie sich selbst und den anderen nicht mehr kennen.

Immerhin bilden Paare mit gleichem Tierkreiszeichen oft ein perfektes Team, da ihre Vorstellungen vom Leben in eine ähnliche Richtung gehen. Und manche dieser gleichen Paare führen dann auch eine durchaus harmonische Ehe, nach dem Motto: Never change a winning team.

Eine größere Vertrautheit besitzen ferner die Feuerzeichen Widder, Löwe und Schütze untereinander, die Erdzeichen Stier, Jungfrau und Steinbock, die Luftzeichen Zwillinge, Waage und Wassermann sowie die Wasserzeichen Krebs, Skorpion und Fische. Auch sie können gemeinsam viel erreichen, wenn sie an einem Strang ziehen. Anregend könnte man das Verhältnis der Sternzeichen nennen, die sich im Sextil zueinander befinden, also im übernächsten Tierkreiszeichen. Eine nahezu neutrale Stellung haben dagegen die Sternzeichen, die genau nebeneinander liegen. Sie müssen sich erst regelrecht entdecken und sind sich zunächst fremd.

Dies gilt im besonders hohen Maße für die Gegenzeichen. Alles, was Widder an großartigen Eigenschaften besitzt, fehlt Waage und umgekehrt. Während Stier hinaus ins Leben geht, um es in vollen Zügen zu genießen, wandelt der Skorpion in der Unterwelt, in den Tiefen des Seins. Zwillinge will alles wissen und erfahren, während sein Gegenpart, der Schütze, die eine Überzeugung hochhält und sich von ihr leiten lässt usw. Die Neugierde, ja die Sehnsucht, das völlig Unbekannte kennenzulernen und für sich zu erobern, kann bei dieser großen Gegensätzlichkeit ein Leben lang die Beziehung lebendig halten.

Auch der Vergleich der Tierkreiszeichen ist also in der Partnerschaftsastrologie wichtig. Er kann sehr flach, aber auch sehr tief betrachtet werden.

Das 7. Haus will erfüllt werden

Es gibt viele gutgemeinte Ratgeber, die uns weismachen wollen, dass wir die Liebe von einem Menschen, den wir begehren, wecken können, wenn wir es nur geschickt genug anstellen. Natürlich sind diese Strategien oft sehr oberflächlich oder wirken nur für eine kurze Zeit, sofern es nicht wirkliche Punkte gibt, die Menschen gegenseitig antriggern. Menschen, die als Paar eine Perspektive besitzen, haben immer eine ganz natürliche innere Berührung und Vertrautheit, die oft schon beim ersten Kennenlernen spürbar wird.

Für die Liebe, die dauerhaft sein soll, ist es deshalb wichtig, gewisse Ähnlichkeiten im Charakter und Geburtshoroskop aufzuweisen, die ein Verständnis füreinander schaffen. Nur: Zu groß sollten diese Ähnlichkeiten auch wieder nicht sein, da sonst die gegenseitige Anziehung früher oder später verlorengeht und die Beziehung in ein mehr geschwisterliches Verhältnis mutiert. Die Gefahr ist besonders dann gegeben, wenn Paare zeitlich nicht weit voneinander entfernt geboren wurden oder (und) denselben Aszendenten haben, der zwar ein unausgesprochenes Verständnis füreinander bringt und ganz ähnliche Bedürfnisse anzeigt, der aber auch auf Dauer die Anziehung schwächen kann, da zu viel Gleichlauf zweifellos das Risiko der Langeweile steigert. Die Liebe braucht neben wichtigen Gemeinsamkeiten einfach auch Spannung und Gegensätzlichkeit.

Es ist immer wieder dasselbe: Zuviel Harmonie schwächt die Anziehung, zu viel Spannung tötet sie. Es kommt auf die richtige Mischung an, die nur der sehr erfahrene Astrologe im Horoskopvergleich erkennen kann.

Eines steht aber fest: Bei zwei gleichen Aszendenten, die ja noch viel mehr als die Sonne unsere Persönlichkeit widerspiegeln, sind in etwa auch die Häuser gleich gelagert, und so kommt es, dass bei den Transiten der Langsamläufer Jupiter, Saturn, Uranus, Neptun und Pluto durch die jeweiligen Häuser mehr oder weniger ähnliche Lebensthemen angeregt sind, die unter Umständen zu einem zu großen Gleichlauf führen. Auch solche Ehen können natürlich gutgehen. Tendenziell brauchen wir aber mehr Gegensätzlichkeit vom Partner, an der wir uns reiben und wachsen können.

Manches an unserem Partner ärgert uns mächtig, zieht uns aber zugleich irgendwie an. Die Liebe ist halt nun einmal eine verflixte und oft unerklärliche Sache. Was den zu großen Gleichklang betrifft, scheinen Skorpion und Skorpion-Aszendent gelegentlich eine Ausnahme zu machen, da Skorpion von Natur aus ein aufregendes Zeichen ist, das die Frage der Langeweile meist gar nicht aufkommen lässt. Es polarisiert so stark, dass auch unter waschechten Skorpionen die Wahrscheinlichkeit von zu großem Gleichlauf gering ist. Es besteht hier vielmehr das Risiko, dass sich zwei Skorpione arg ineinander verstricken und gegenseitige Abhängigkeiten aufbauen, die zu einer schwierigen und komplizierten Beziehung führen. Trennen werden sie sich selten, denn Skorpion ist wie Stier, Löwe und Wassermann ein fixes Zeichen, das nur ganz schwer loslassen kann und will.

Liebe wecken kann der Aszendent, der unserem Aszendenten gegenübersteht. Wer Widder-Aszendent hat, findet Waage-Aszendenten aufregend und umgekehrt. Ähnlich verhält es sich bei den Oppositionszeichen Stier- und Skorpion-, Zwillinge- und Schütze-, Krebs- und Steinbock-, Löwe- und Wassermann-, Jungfrau- und Fische-Aszendent. Die Polarität ist aufregend. Der Aszendent, der zu unserem in Opposition steht, verkörpert alles, was uns fehlt, was wir als Ergänzung brauchen.

Steht der Aszendent des anderen beim Horoskopvergleich nun auch noch in unserem 7. Haus, das uns verrät, welche Eigenschaften unser Idealpartner haben sollte, dann erhält dieser bei der ersten Kontaktaufnahme zweifellos einige Vorschusslorbeeren, mit denen er nicht mehr alles falsch machen kann.

Da der Aszendent viel mit persönlichem Auftreten und Aussehen zu tun hat, darf davon ausgegangen werden, dass ein Widder-Aszendent einen Waage-Aszendent oft schon auf den ersten Blick schön findet und ein Skorpion-Aszendent vom Stier-Aszendent oft schnell angetan ist. Ein Krebs-Aszendent fühlt sich häufig sofort von der Ernsthaftigkeit und Seriosität eines Steinbock-Aszendenten angesprochen, umgekehrt saugt der manchmal verschlossene Steinbock-Aszendent gleich die Gefühlswärme des Krebs-Aszendenten in sich auf usw.

Steht nun die Sonne des einen Partners im 7. Haus des anderen, dann ist ebenfalls eine erwünschte Polarität gegeben. Das, was der Sonnen-Eigner darstellt, wie er leben und sich entfalten will, passt zu einem, ja kann zur eigenen Ganzheit beitragen. Die Sonne des Partners in unserem 7. Haus erleichtert uns den Weg zu ihm, da sie strahlt und den Weg zu ihm erleuchtet.

Auch der Mond des Partners, der bei der Synastrie in das eigene 7. Haus fällt, kann ohne jeden Interaspekt eine große Nähe andeuten, da der Mond ja für das Gefühlsleben steht. In diesem Falle das Gefühl und die Seele des Partners, die wir in unserem Partnerschaftshaus gut empfangen und aufnehmen können, so dass sich der Partner in unserer Nähe sehr wohl fühlt. Wir verstehen ihn. Beim ersten Kennenlernen kann der Mond hier schnell ein Gefühl der Vertrautheit entstehen lassen, das letztlich auch jede Intimität fördert.

Fällt der Merkur des Partners in das eigene 7. Haus, wird das tendenziell die Kommunikation und den geistigen Austausch des Paares anregen.

Fällt die Venus des einen im Horoskopvergleich in das 7. Haus des anderen, kann das die Harmonie in der Beziehung stark fördern. Im besten Falle hat derjenige, dessen 7. Haus von dieser Venus beglückt wird, das wunderbare Empfinden, den Idealpartner gefunden zu haben, den er schön und anziehend findet und mit dem er sich ein gemeinsames Leben vorstellen kann. Venus und ihr Eigner wecken hier meist die Liebe, die vor allem dann sehr stark sein kann, wenn sie direkt am Deszendenten des Partners steht und damit eine Opposition zum eigenen Aszendenten bildet.

Sehr schön und unbedingt erwünscht ist es natürlich, wenn der Jupiter des Partners in das eigene 7. Haus fällt oder umgekehrt. Jupiter erfüllt das 7. Haus zweifellos mit großer Freude, schenkt ihm Perspektive und unter Umständen sogar grenzenloses Glück, sofern andere Interaspekte im Horoskopvergleich eine Liebe bestätigen können. Der Jupiter des Partners im eigenen 7. Haus gibt einem das Gefühl, zusammen alles bewältigen und schaffen zu können. Steht nun der Jupiter des einen noch dazu am Deszendenten des anderen, also an der Spitze des 7. Hauses, dann will die Beziehung auch nach außen hin unbedingt eine große Bedeutung haben, was für eine Ehe spricht.

Mars im Horoskopvergleich ist immer ein Unruheherd, je nachdem, wo er auftaucht und welche Interaspekte er bildet. Fällt er beim Vergleich in das 7. Haus, belebt er die Ehe, kann hier aber auch zu vielen Konflikten und Auseinandersetzungen führen. Speziell der Mars-Eigner ist hier oft der Aggressor bzw. der Auslöser von Streitereien. Mars kann im 7. Haus aber auch ein feuriges sexuelles Begehren seines Eigners anzeigen, vor allem, wenn er am Deszendenten des Partners steht und damit eine Opposition zu seinem Aszendenten bildet.

Fällt der Saturn des anderen in das eigene 7. Haus, verliebt man sich vielleicht in diesen Menschen, weil er seriös, beständig und treu erscheint und man das Gefühl hat, gemeinsam die Schwierigkeiten des Lebens gut bewältigen zu können.

Saturn und sein Eigner können hier aber auch ablehnen und einengen, vor allem wenn er am Deszendenten des Partners und damit wieder in Opposition zu dessen Aszendenten steht. Saturn kann im 7. Haus eine schicksalhafte Verbindung und sogar karmische Vergangenheit anzeigen.

Fällt der Uranus des Partners in das eigene 7. Haus, deutet dies häufig eine aufregende und abwechslungsreiche Beziehung an, in der man zusammen neue Wege geht und die Zukunft gestaltet.

Der Neptun des Partners im eigenen 7. Haus besagt, dass der Partner einen unter Umständen idealisiert, auf einen hohen Sockel hebt, aber auch in der Lage ist, einen schnell zu täuschen, zu belügen, zu hintergehen.

Pluto im 7. Haus des Horoskopvergleichs kann ein starkes Begehren des Pluto-Eigners anzeigen, der im Extremfall versucht, seinen Partner abhängig zu machen und zu kontrollieren.

Allgemein können wir sagen, dass jeder Planet des Partners, der in unser 7. Haus fällt, eine große Bedeutung besitzt. Unser Partner übernimmt oft die Rolle dieses Planeten in der Beziehung.

Je mehr persönliche Planeten, wie Sonne, Mond, Merkur, Venus, Mars und Jupiter, in das 7. Haus des anderen fallen, desto größer wird für diesen der Wunsch nach einer Beziehung. Denn diese Planeten beleben das 7. Haus, das, um es noch einmal deutlich zu sagen, das Du, die ideale Ergänzung repräsentiert, die wir in diesem Leben brauchen, um uns weiterentwickeln zu können.

Der Wunsch nach Förderung durch den Partner ist, bewusst oder unbewusst, in jedem Menschen stark verankert, eine wichtige Motivation, vor allem in unserer Zeit, in der der Mensch die persönliche Weiterentwicklung sogar oft als den Sinn des Lebens betrachtet.

Befindet sich im 7. Haus kein Planet, heißt das nicht, dass wir keine Vorstellung von unserem Partner in uns tragen. Das Tierkreiszeichen, das sich an der Spitze des 7. Hauses, dem Deszendenten, befindet, verrät uns dann die Eigenschaften, die unser Partner besitzen sollte, um uns zu ergänzen und herauszufordern. Befindet sich hier der Widder, ziehen wir Partner an, die aktiv und sportlich sind, die bereit sind, schnell zu handeln, vorauszupreschen und Entscheidungen zu treffen. Der Partner muss kein Widder vom Sonnzeichen oder Aszendenten sein, aber auf irgendeine Art und Weise prägnante marsische Züge haben und darin einem typischen Widder ähnlich sein. Er könnte z. B. Mars am Aszendenten stehen haben. Es gibt viele Möglichkeiten.

Ähnlich ist das mit den anderen Tierkreiszeichen am Deszendenten. Der Stier zeigt hier an, dass wir einen bodenständigen, sinnlichen Partner brauchen, Zwillinge am Deszendenten lässt uns den intellektuellen Partner suchen, Krebs den sensiblen, gefühlsstarken und anhänglichen, Löwe den selbstbewussten, starken, im Mittelpunkt stehenden, Jungfrau den klugen und beredten, Waage den kultivierten, ausgleichenden, gut aussehenden, Skorpion den intensiven, tiefgründigen, leidenschaftlichen, Schütze den gläubigen, gerechten, meinungsstarken und gebildeten, Steinbock den erfolgreichen und beschützenden, Wassermann den freiheitsliebenden, eigenwilligen und immer überraschenden, Fische den sanften, aufopferungsvollen, friedliebenden und hingebungsvollen Partner.

Wollen wir noch mehr über unser 7. Haus, den Idealpartner, erfahren, was er uns geben und für uns bedeuten soll, wie wir mit ihm leben wollen und was wir mit ihm verwirklichen wollen, müssen wir unabhängig der Bedeutung des Deszendenten und davon, ob sich ein Planet im 7. Haus befindet oder nicht, den Herrscher des 7. Hauses, seine Häuserstellung und Aspekte im Horoskop betrachten.

Herrscher des 7. Hauses ist immer der Planet, der über das Tierkreiszeichen herrscht, das sich am Deszendenten befindet. Steht dort der Widder, ist es Mars, beim Stier Venus, bei den Zwillingen Merkur, beim Krebs der Mond, beim Löwen die Sonne, bei der Jungfrau Merkur, bei der Waage Venus, beim Skorpion Pluto, beim Schützen Jupiter, beim Steinbock Saturn, beim Wassermann Uranus und bei den Fischen Neptun. Schauen Sie also, in welches Haus der Herrscher Ihres 7. Hauses hinfällt.

Steht der Herrscher des 7. Hauses im 1. Haus, suchen und brauchen wir einen Partner, der uns in unserer persönlichen Entwicklung fördert. Eine ideale Partnerschaft ist die Basis, um sich selbst verwirklichen zu können. Der passende Partner erhöht zudem das eigene Ego und trägt zu mehr persönlicher Beachtung bei.

Steht der Herrscher des 7. Hauses im 2. Haus, soll der Partner mit beiden Beinen fest im Leben stehen. Ideal wäre ein vermögender Partner, da das 2. Haus mit Geld zu tun hat. Im Weiteren wünscht man sich ganz besonders einen Partner, mit dem man gemeinsam viel verwirklichen und etwas im Leben aufbauen kann.

Steht der Herrscher des 7. Hauses im 3. Haus, brauchen wir unbedingt einen Partner, mit dem wir gut kommunizieren und uns geistig austauschen können und mit dem wir im Alltag und seinen realen Anforderungen ein gutes Team bilden.

Steht der Herrscher des 7. Hauses im 4. Haus, wünschen wir uns einen gefühlvollen und heimatverbundenen Partner, dem die Familie das Wichtigste im Leben ist. Das gemeinsame häusliche Leben soll dabei im Mittelpunkt stehen.

Steht der Herrscher des 7. Hauses im 5. Haus, sollte der Partner mit uns gemeinsam viel unternehmen, feiern und Spaß haben. Auch gemeinsame Kinder und der Sex sind hier oft ein großes Thema. Der Partner sollte ein kreativer und schöpferischer Mensch sein, der einen unter Umständen auch selbst zu kreativem und künstlerischem Schaffen anregt.

Steht der Herrscher des 7. Hauses im 6. Haus, wünscht man sich einen Partner, der einem im Alltagsgeschehen nützlich ist und der unter Umständen für einen arbeitet. Etwas provokant könnte man hier auch sagen: Der Partner ist Diener.

Steht der Herrscher des 7. Hauses im 7. Haus, wird ein Partner gesucht, der seine Unabhängigkeit bewahrt, der für sich steht und seinen eigenen Weg geht. Die Partnerschaft ist wichtig, darf aber nicht so weit gehen, dass eine Abhängigkeit vom Partner entsteht.

Steht der Herrscher des 7. Hauses im 8. Haus, ist die Sehnsucht nach Verschmelzung, nach einer besonders engen, innigen und tiefen Beziehung besonders groß. Eine große Rolle spielen hier auch die Sexualität und der gemeinsame Vermögensaufbau.

Steht der Herrscher des 7. Hauses im 9. Haus, ist eine enge Liebesbeziehung oder Ehe mit einem Ausländer bzw. einer Ausländerin wahrscheinlich. Wichtig können hier zudem gemeinsame Reisen werden. Der Partner sollte ferner gebildet sein, feste Standpunkte haben und sich mit höheren Weltanschauungen auseinandersetzen. Steht der Herrscher des 7. Hauses in Haus 10, haben der berufliche Erfolg und das öffentliche Ansehen des Partners eine große Anziehungskraft. Es kann hier auch der Wunsch bestehen, mit dem Partner gemeinsam große berufliche Ziele oder andere bedeutende Vorhaben zu verwirklichen.

Steht der Herrscher des 7. Hauses in Haus 11, wünschen wir uns einen Partner, der sich gut auf gesellschaftlicher Ebene bewegen kann und mit dem wir gemeinsam Freundschaften pflegen. Auch sollte der Partner wie ein Freund sein, mit dem man „Pferde stehlen“ kann.

Steht der Herrscher des 7. Hauses in Haus 12, werden eigene Fähigkeiten, die im Verborgenen liegen, erst durch eine gute Beziehung zu Tage gefördert und erkannt. Der Partner ist entweder eher schwach und hilfsbedürftig, ein Mensch mit krimineller Energie oder eine geistig hochentwickelte Seele.

LIEBE UND SEXUALITÄT

Venus – Glück ist Liebe

Venus, griechisch Aphrodite, ist in der griechischen Mythologie ein Kind des Himmelsgottes Uranos und dessen Gattin Gaia, der Erdenmutter. Uranos, der gerne seine eigenen Kinder verschlang, wurde von Kronos (Saturn), seinem Sohn, mit einer Sichel entmannt. Kronos schleuderte das abgeschlagene Glied des Vaters ins Meer, worauf sich am Strand der Insel Kythera sogleich ein weißer Schaum bildete, dem die wunderschöne Aphrodite, sprich Venus, entstieg. Venus kommt also aus dem Meer, aus dem Wasser, dem Symbol für Seele und tiefe Gefühle, dem Weiblichen schlechthin. Sie wird durch die Entmachtung des Männlichen geboren, was durchaus bemerkenswert ist. Erst durch Opferung der Männlichkeit an das Meer, die tiefen Gefühle, entsteht Venus, die Liebe. Unglaublich! Ein Zeugungsakt, der erschrecken mag, da der Mann seiner Männlichkeit beraubt wurde, die in Verbindung mit Gefühl und Seele aber letztlich doch das Größte, die Liebe, erzeugt. Nur ein Gedankenspiel, das sicher noch sehr viel weitergeführt werden könnte.

Himmelsgott Zeus nahm Venus als Adoptivtochter an, und schnell war sie aufgrund ihres bezaubernden Wesens, ihrer Schönheit und ihrer unwiderstehlichen Anmut seine absolute Lieblingstochter. Sie wurde fortan zur Göttin der Liebe und der Schönheit und zur Herrin über die Herzen der Menschen. Venus war es jedoch verboten, ihre Liebe anderen Göttern zu schenken. Schließlich wurde sie Hephaistos zur Frau gegeben, dem hässlichen und verkrüppelten Gott der Schmiede und Vulkane. Im ersten Anblick eine tragische Partnerwahl, doch Venus, die wahre Liebe, sieht nicht nur die äußere Schönheit, sondern erkennt vor allem auch die innere von Göttern und Menschen. Venus und die Liebe lassen sich weder einengen noch beschränken.

Letztlich ließ sich Venus aber ebenso wenig bestimmen wie die Liebe selbst, die immer nur freiwillig ist und deren Hingabe, Lust und Zärtlichkeit nicht beschränkt werden können. Das ist auch der Grund dafür, warum die drei Kinder der Venus nicht von Hephaistos, sondern von dem schönen und wilden Jüngling Mars stammen, dem Gott, den Venus zutiefst begehrte. Venus und Mars waren und sind das perfekte Paar, da sie den jeweils extremen Gegenpol darstellen, da sie all das verkörpern, was dem jeweilig anderen völlig fehlt. Das ist pure Magie, das zieht sexuell unwiderstehlich an, das ist die sinnliche Liebe, die Leben erzeugt. Die harmonische, anmutige und friedliche Venus und der kriegerische, ungestüme und herrische Mars, deren Liebe oftmals auch zwischen Anziehung und Abstoßung hin- und herwechselt und sich auf der Erde im Kampf der Geschlechter offenbart. Venus, die Liebe, weckt die Leidenschaft des Mars, sie schafft sozusagen Leiden, vor allem, wenn sie andere Liebesbeziehungen eingeht, was allein ihrer Gefühlsnatur entspricht.

In den astrologischen Entsprechungen, Analogien, steht Venus unter anderem für die Liebe, für alles Schöne, für Ästhetik, Anmut, Erotik, Hingabefähigkeit, die junge Frau, die Geliebte, Lebensgenuss, das Geld, mit dem wir uns Schönes leisten können, gute Manieren und Kultur, schöne Formen, für Maler, Dichter, Bildhauer, Schriftsteller, überhaupt für alle Menschen, die das Schöne in die Welt hinaustragen, für Frieden und Harmonie.

Körperliche Entsprechungen sind vor allem die Nieren (zuständig für die Reinheit und Harmonie im Körper), Haut (Gefühl), Haare (Schönheit), erogene Zonen und inneren Geschlechtsorgane der Frau.

Interessant ist astrologisch gesehen auch der Selbstwert, mit dem Venus in Verbindung gebracht wird. Im weitesten Sinne bedeutet dies, dass Liebe nur dann möglich ist, wenn man sich selbst wertschätzt und liebt.

Venus, die Liebesgöttin, ist wie viele schöne Frauen nicht immer einfach zu verstehen. Es gibt die Legende, dass Venus eigentlich gar nicht zu unserem Sonnensystem gehört und erst nachträglich darin eintrat, sozusagen als ein Geschenk Gottes an die Menschheit. Eines ihrer großen für uns sichtbaren Wunder ist das magische Pentagramm. Es ist ein Geheimnis der besonderen Art: Verfolgt man die Konjunktionen der Venus mit der Sonne im Laufe der Jahre und zieht von Konjunktion zu Konjunktion ohne Absetzen eine Linie am Himmel, zeichnet sich das mystische Pentagramm, der fünfzackige Stern mit seinen gleichseitigen Dreiecken, am Himmel ab. Ein Himmelszeichen, ein altes Schutzsymbol, das im Volksmund auch Hexenfuß oder Drudenfuß genannt wird und auf einer Türschwelle gemalt vor Dämonen schützen soll.

Das Pentagramm, das sich unter anderem auch in der Rose verbergen soll, ist ein urweibliches Symbol, das Symbol der Liebesgöttin Venus. Da die Kirchenväter in der Kirchengeschichte alles mit teilweise brutaler Gewalt (Hexenverbrennung) unterdrückten, was die weibliche Seite der Natur symbolisiert, blieb nur wenig erhalten, was von der Verehrung der Liebesgöttin Venus zeugt – eben dieses Pentagramm. Venus wurde zum Satan verkehrt, Luzifer, der ursprüngliche lateinische Name der Venus als Morgenstern, was „der Lichtträger" heißt, wurde zum Namen des Teufels, der ja einst ein Engel war, der sich Gott gleichstellen wollte und deshalb vom Himmel gestürzt wurde.

Venus ist für die Kirche wohl insofern ein Problem, da sie nicht zuletzt das nicht geheuere Sinnbild für Liebe, Lust, Erotik und Verführung ist. In der Offenbarung des Johannes (22,16 EU.VUL) spricht allerdings auch Christus von sich als „strahlender Morgenstern". In der Spätantike und im Frühmittelalter hielten die Christen Luzifer sogar für einen Beinamen Christi.

Vielfach galt das Pentagramm als Sinnbild der Harmonie des Kosmos. Daneben wurde das Pentagramm auch als Arztsymbol und Schutzsymbol vor Krankheiten verwendet, angebracht auf Häusern und Kirchen.

Auch astrologisch gesehen ist Venus der für die Heilung wichtigste Planet. Träger dieses alten Wissens waren vielfach weise Hexen und keltische Priesterinnen, die Druidinnen, die aus den Sternen, dem Flug der Vögel und aus dem Wellenlauf der Flüsse weissagten und deren Aussprüche als heilig und untrüglich erachtet wurden.

In der Astrologie ist die Sonne-Venus-Konjunktion das Zeichen der Liebe schlechthin, da die Sonne das Symbol Gottes ist, während Venus eben für die Liebe, die Harmonie, das Verbindungsstreben, die Lust und Erotik steht.

Venus wird in der klassischen Astrologie seit jeher als das „kleine Glück" bezeichnet, während Jupiter das „große Glück" genannt wird. Venus, die Liebe, ist aber keineswegs klein. In der Rangfolge der beiden „Wohltäter" der Menschheit überragt Jupiter nur insofern, da er der wahre Glaube, das Vertrauen, der Draht zu Gott ist, der Planet, der Venus, der Liebe, den Boden bereitet. Venus ist die Liebe, die Liebe ist Glück, womit bereits alles Wichtige gesagt ist.

Menschen, die eine Sonne-Venus-Konjunktion oder eine Konjunktion, ein Sextil oder Trigon zwischen Venus und Jupiter in ihrem Geburtshoroskop haben, besitzen meist eine große Liebesfähigkeit, ja sie sind wahrhaftige Liebesnaturen, deren Nähe von Menschen und Tieren gesucht wird und die häufig über eine unglaublich starke Anziehungskraft verfügen.

Die psychologischen Entsprechungen der Venus sind vor allem das körperlich-seelische Empfinden, das Liebesempfinden, die Erotik, die Harmonie, das Streben nach Frieden und Ausgleich, das Verlangen nach Hingabe, der persönliche Geschmack, die Schönheit, die Ästhetik und natürlich der Verbindungstrieb, der ganz wesentliche Impuls der Venus. Ohne Liebe und Verbindungsstreben gäbe es auch keine Beziehung, keine Zweisamkeit, keine Fortpflanzung.

Venus ist das Sinnbild der schönen jungen Frau, weshalb sie auch über das Leben junger Frauen zwischen 12 und 18 Jahren herrscht. In dieser Lebensperiode ist sie sozusagen vereint mit den jungen Frauen, die in ihrer bezaubernden, natürlichen Weiblichkeit Venus oftmals in ihrer reinsten Form ausstrahlen.

Aber natürlich spielt Venus auch bei älteren Frauen eine ganz besondere Rolle und zeigt immer an, welchen Typ von Weiblichkeit sie verkörpert, was ihren persönlichen Reiz ausmacht, die eben bei jeder Venus einzigartig ist. Venus hat einen oft sehr sichtbaren Einfluss auf das Aussehen einer Frau, und niemand kann behaupten, dass die eine Venus bzw. Frau attraktiver als die andere ist. Vieles liegt hier im Auge des Betrachters. Zumindest kann jede Venus auf ihre Art schön sein und Frauen schön machen.

Im Geburtshoroskop einer Frau verkörpert Venus also ihre Schönheit, ihre erotische Ausstrahlung, ihre weiblichen Reize, ihre Hingabebereitschaft, ihr Gefühlsempfinden, ihr Verbindungsstreben. Eine Frau ist Venus bzw. Venus ist, wie auch der Mond, ein großer Teil ihrer ewig jungen, lockenden, verführerischen Weiblichkeit.

Aber auch im männlichen Horoskop haben wir eine Venus, und auch sie ist Teil des Mannes, der ja nicht nur männliche, sondern eben auch weibliche Anteile in sich trägt. Allerdings tritt Venus bei vielen Männern mehr in den Hintergrund zugunsten von Mars, der Männlichkeit. Die alte Rolle des Mannes besagt, dass er nicht zu weiblich oder gar feminin erscheinen darf, was etwa seine Kleidung oder das Zeigen von Gefühlen betrifft. Gerade die jüngere Generation der Männer in der westlichen Welt bekennt sich jedoch zunehmend zu ihrer Venus, zu ihrer verführerischen weiblichen Seite. Raum und Verständnis dafür bekommen sie von Müttern und Frauen, die die Emanzipation der Frau ernst nehmen und zunehmend auch ihren eigen Mars, den Anteil ihrer Männlichkeit, leben.

Männer, die einen Waage-Aszendent haben oder (und) eine sehr bedeutende, persönlichkeitsbezogene Venus-Stellung im Horoskop, können einen ebenso ausgeprägten guten Geschmack, Sinn für Mode und Schönheit und eine starke erotische Ausstrahlung wie Frauen haben, die dann einen weiblichen Beigeschmack hat.

Beim Mann kann sogar Venus gegenüber Mars überwiegen und das nicht nur bei homosexuellen Männern, die den weiblichen Teil der Venus besonders stark leben und empfinden.

Ebenso gibt umgekehrt Frauen, die ihre Venus „unter Verschluss" halten, da diese einfach nicht so stark in ihrem Horoskop gestellt ist, während Mars eine deutlich stärkere Rolle spielt. Ausgeprägt vor allem bei homosexuellen Frauen, die den männlichen Part leben.

Im männlichen Horoskop verrät Venus nicht zuletzt, von welchem Typ Frau sich der Mann körperlich angezogen fühlt und wie sie aussehen und gekleidet sein muss, damit sie seinem inneren Suchbild entspricht.

Unterscheiden können wir grundsätzlich zwischen einer besonders weiblichen und einer eher männlichen Venus, was sich aus ihrer Zeichenstellung ergibt.

In den Feuerzeichen Widder, Löwe und Schütze sowie in den Luftzeichen Zwillinge, Waage und Wassermann steht Venus in männlichen Zeichen und erhält von diesen sozusagen einen männlichen Touch, eine männliche Färbung. Im männlichen Zeichen kann Venus speziell Frauen manchmal sehr burschikos machen, wie etwa im Widder, oder männlich-intellektuell, wie etwa in den Zwillingen. Eher aktiv und nicht typisch passiv weiblich empfangend ist sie vor allem im Löwen und Schützen, wo sie selbst die Initiative ergreifen, sexuell den aktiveren Part spielen und erobern will. Eine Aufgabe, die normalerweise Mars übernimmt. In den Zwillingen wie in der Waage sucht Venus aktiv den Flirt, der gelegentlich auch unverbindlich, kühl und berechnend sein kann. Männlich kühl und eher kameradschaftlich als weiblich hingebungsvoll und verschmelzend kann sich die Venus im Wassermann zeigen, die einen starken Freiheitsdrang besitzt, was wiederum ihren Verbindungstrieb in Grenzen hält.

Doppelt weiblich ist Venus dagegen in den Erdzeichen Stier, Jungfrau und Steinbock sowie in den Wasserzeichen Krebs, Skorpion und Fische. Im Krebs dominiert die mütterliche, empfangende, fürsorgliche, fein empfindende und hingebungsvolle Venus. Im Skorpion findet sich dagegen die verführerische, lüsterne, verruchte, leidenschaftliche und zutiefst verschmelzende Venus. In den Fischen haben wir die aufopferungsvolle, passiv erwartende und besonders hingebungsvolle Venus. Im Stier herrscht die bodenständige, sinnliche, besonders erotische, körperliche Venus. Etwas spröde, aber dennoch überaus weiblich ist die Venus in der Jungfrau, in der sie tendenziell eher berechnend ist. Sie verbindet das Gefühl mit dem Verstand. Im Steinbock kann Venus kühl sein und sich abgrenzen, ist hier aber auch zu tiefer und hingebungsvoller Liebe fähig, sofern es sich um eine ernsthafte, dauerhafte und treue Bindung handelt.

Venus ist ihrer Natur nach beeindruckbar und leicht zu beeinflussen. Sie nährt sich von den äußeren sinnlichen Reizen, die auf sie einströmen. Ihre Ziele sind der Genuss, die Freude, das Wohlergehen, die Hingabe, die Verbindung, die Vereinigung. Damit Venus diese Ziele auch erreichen kann, muss sie selbst Reize und Sinnlichkeit aussenden, das heißt, ihre innerste Natur nach außen tragen. Deshalb ziehen sich Frauen schön und sexy an, deshalb schmücken wir unser Zuhause, fahren schöne Autos usw.

Alle sinnlichen Beziehungen, die der Mensch zu seiner Umwelt pflegt, unterstehen letztlich Venus. Und es ist wichtig, dass wir unsere Venus leben, dass wir sie nach außen bringen, erst dadurch nehmen wir am Leben teil, schaffen Verbindungen und geben uns die Möglichkeit einer persönlichen Weiterentwicklung. Denn erst durch Freude, die mit der sinnlichen Venus verknüpft ist, hellt sich unsere Seele auf und öffnet sich.

Naturgemäß hat Venus, wie gesagt, eine starke Beziehung zum Triebhaften durch das weibliche Geschlecht. Ähnlich wie der Mond kann sie deshalb auch schwankenden Stimmungen unterworfen sein. Eine zutiefst erfüllte, glückliche Venus ist gelöst, harmonisch, friedfertig, frei in ihren Gefühlsäußerungen, offen und hingebungsvoll.

Eine angespannte Venus, die keine Erfüllung findet, ist dagegen zutiefst unzufrieden, unbefriedigt und haltlos. Das wiederum endet in allen möglichen Exzessen, in unstillbarer Sucht nach Süßem oder (und) Sex, es macht launisch, gereizt, übergriffig und distanzlos, wie das häufig bei Venus-Mars-, Venus-Uranus- und Venus-Pluto-Spannungen im Horoskop der Fall ist.

In der Synastrie sind für die Venus eines Menschen vor allem die Konjunktion, das Quadrat und die Opposition vom Saturn des Partners schwierig, da Saturn hier alle aufkommenden Venus-Freuden im Keim ersticken kann. Die Venus leidet unter Saturn still vor sich hin, fühlt sich abgelehnt. Ab und zu können bei der Konjunktion und der Opposition zwischen Venus und Saturn jedoch auch die genau gegenteiligen Beobachtungen gemacht werden. Führt das Schicksal zwei Liebenden zusammen und besteht ein karmischer Hintergrund, dann ist diese Liebe besonders eng und innig, ja untrennbar, wenngleich es einige Hindernisse zu überwinden gilt, bis es zur Erfüllung der Liebe kommt.

Steht Venus in der Synastrie im Quadrat zu Mars, ist die Sexualität oft konfliktbehaftet, da Mars die Venus zwar anstachelt, sie aber auch in ihrem Wohlgefühl stört, und umgekehrt provoziert Venus den Mars zu eher ungezügelter Leidenschaft, was zu einer Überforderung der Venus führen kann, vor allem, wenn ihr Eigner weiblicher Natur ist. Bei Venus Konjunktion und Opposition Mars überwiegt in aller Regel die positive Anziehungskraft.

Interaspekte zwischen Venus und Uranus, da vor allem das Quadrat und die Opposition, lassen die Liebe und das Verlangen nach dem anderen wie einen Blitz einschlagen. Interaspekte, die völlig kopflos machen können und zu manchmal bizarren Abenteuern verführen. Sie verleiten zu spontanen Seitensprüngen und lassen Menschen oft nach einer kurzen Liebesaffäre mit heftigem Kater und großer Ernüchterung erwachen. Die Konjunktion zwischen Venus und Uranus ist mal so, mal so. Bei manchen Paaren, die schon lange zusammen sind, hilft dieser Interaspekt, die Liebe und die Sexualität immer wieder zu erneuern, meist in Form sexueller Experimente, die Abwechslung und Spannungen in das Liebesleben hineintragen.

Bei Interaspekten zwischen Venus und Pluto in Konjunktion, Quadrat oder Opposition ist die Liebe gewaltig, schicksalshaft, karmisch und manchmal fanatisch bis zur totalen Zerstörung. Venus verführt und weckt die unermessliche Leidenschaft des Plutos, Pluto wiederum kann Venus in die Tiefe der Lust und Sexualität hinabziehen. Beide Planeten können einander abhängig, ja hörig machen.

Die Freude der Venus ist auch der Grund, warum das liebe Geld der Venus untersteht. Venus repräsentiert sozusagen die helle Seite der Materie. Geld ist sicher nicht alles, aber mit ihm können wir uns etwas leisten und uns damit das Leben verschönern. Das Sammeln wertvoller und schöner Dinge sowie das Geld selbst findet sich im 2. Haus, dem irdischen Spiegel des Stiers, in dem die irdische Venus die Zeichenherrscherin ist. Geld ist grundsätzlich nichts Schlechtes, im Gegenteil, und Luxus auch nicht.

Nicht zuletzt hat Venus einen starken Bezug zur Kunst. So bemerkte Goethe einst: „...denn das Naturell der Frauen ist so nah mit

Kunst verwandt." Gemeint ist natürlich die klassische Kunst, nicht unbedingt die moderne. Hingebungsvoller venusischer Kunstgenuss, der sich an Malerei, Poesie, Musik, Gesang und Theater erfreut.

In der Synastrie werden Venus-Jupiter-Interaspekte als besonders hoch eingeschätzt, da hier das kleine und das große Glück Kontakt zueinander aufnehmen. Wirksam sind hier die Konjunktion, das Sextil, das Trigon wie auch das Quadrat und die Opposition, da sich die Wohltäter im Spannungswinkel nicht weh tun oder spalten, sondern vielmehr eine wohltuende, anziehende Spannung aufbauen können. Bei Quadrat und der Opposition gibt es vielleicht manche Störungen und Unregelmäßigkeiten, die die Liebe beeinträchtigen können, im Gegensatz zu Konjunktion, Sextil oder Trigon, die Paare oft bedingungslos Ja zueinander sagen lassen. Sprechen keine weiteren Interaspekte gegen eine enge Liebesbeziehung, dann führen die harmonischen Winkel zwischen Venus und Jupiter fast immer zur Heirat, zum legalen Liebes (Venus) - Glück (Jupiter). Jupiter hilft der Venus aufzublühen und ihre schönsten Seiten zu entfalten, Venus wiederum kann Jupiter das Vertrauen geben, die Welt zu erobern.

Sehr schön sind in der Synastrie natürlich auch die Interaspekte zwischen Sonne und Venus, die fast so etwas wie ein Pentagramm zwischen den Liebenden bilden können. Auch hier sind die Konjunktion und die Opposition am stärksten zu werten, wobei auch das Sextil und das Trigon zwischen Sonne und Venus die Liebe wecken können. Und selbst das Quadrat zwischen Sonne und Venus bringt zumindest Sympathie. Während die Sonne das Ich, das Ego repräsentiert, steht die Venus für die Liebe. Handelt es sich um die Venus eines Mannes in diesem Vergleich, dann empfindet er die Sonnen-Eignerin oft als Idealfrau, die ihm vor allem auch in geistiger Hinsicht voll und ganz entspricht.

Venus schafft Liebe, Venus ist die Liebe und die Astrologie spricht, wenn es um Venus geht, vom Wunder des Lebens, das die Frage, ob es Gott gibt oder nicht, doch eigentlich von ganz allein beantwortet.

Das Geheimnis der romantischen Liebe

An die Liebe zu glauben, fällt vielen Menschen schwer. Die einen haben große Trennungen hinter sich, die sie so sehr desillusioniert haben, dass sie allenfalls noch an Lebensabschnittspartner glauben. Andere befinden sich nur in einer scheinbar glücklichen Ehe, mit der sie innerlich längst abgeschlossen haben. Zurück bleibt die Überzeugung, dass die Liebe vergänglich ist, schon gar nicht ewig hält. Sie scheint nur ein Jugendtraum zu sein, der früher oder später der Realität weicht. Durch das Leben gewordene Realisten sehen daher die romantische Liebe, die immer mit großer Nähe einhergeht, zum Scheitern verurteilt, da alles, was mit Idealisierung beginnt, mit einer Desillusionierung enden muss. Aus einer Ehe, die mit großen Gefühlen und Erwartungen startet, kann, wenn der Alltag und das fortschreitende Alter ernüchtert haben, bestenfalls eine freundschaftliche, eher nutzorientierte Verbindung entstehen. Viele Menschen heiraten deshalb erst gar nicht mehr und halten es wie einst der berühmte Schriftsteller Oscar Wilde mit seinem Ausspruch: „Man sollte immer verliebt sein. Und deshalb sollte man nie heiraten".

Manche Psychologen sehen in der Symbiose, der übergroßen Nähe zweier Menschen, sogar das größte Übel von Beziehungen. Ihrer Meinung nach, die nicht völlig von der Hand zu weisen ist, beginnt jede Beziehung zunächst romantisch. Man verliebt sich ineinander, verschmilzt regelrecht, macht alles nur noch gemeinsam, bis aus zwei Menschen einer geworden ist. Doch dieses „alles zusammen machen müssen" führt letztlich in eine Sackgasse, in der sich Paare ihrer Individualität berauben und sich in ihrer persönlichen Entfaltung hemmen. Die Liebe erstickt regelrecht. Vor allem junge Paare begehen oft den Fehler, zu denken, auch künftig immer als Einheit auftreten zu müssen, wie es zunächst bei der ersten Verliebtheit ganz natürlich der Fall war. Doch genau das scheint der Anfang vom Ende: Die Enge kommt, die innere Nähe geht …

Die reife Liebe, oder sagen wir besser die bewusste Liebe, dagegen schenkt sich Raum und Vertrauen und versucht nicht zu zwingen und zu kontrollieren. Paare, die es schaffen, ihre Liebe lebendig zu halten, können sich loslassen, damit es immer wieder von Neuem funken kann. Und ganz wichtig: Der gegenseitige Respekt und die Achtung, die Grundvoraussetzung für jede gute Beziehung, können damit auch leichter aufrechterhalten werden. Menschen, die immer eins sind und alles gemeinsam tun müssen, verlieren im Umgang miteinander leicht die Distanz, wie man so schön sagt.

Was gegen die Ehe spricht, ist die Tatsache, dass in unserer Zeit und in unserer Welt nahezu jede zweite geschieden wird. Hatte Oscar Wilde also doch recht, sollten wir besser die Finger von ihr lassen? Nein, das wäre sehr einseitig gedacht. Die Liebe in der Ehe wird erst dann zum Gefängnis, wenn damit der Anspruch verbunden ist: „Du gehörst mir, du bist mein Besitz“.

Als positiv für die Ehe ist die Tatsache zu werten, dass der westliche Mensch in aller Regel aus Liebe heiratet. Ein Fakt, der hierzulande vielleicht selbstverständlich sein müsste, es aber nicht ist. In vielen Ländern spielen nach wie vor mächtige gesellschaftliche Zwänge in die Liebe hinein, und auch wir haben das Mittelalter, in dem man zwar offiziell rein aus Liebe heiraten durfte, dies aber eher selten tat, noch nicht wirklich lange hinter uns. Die Ehe war vielmehr ein ökonomisches Arrangement, dessen Sinn die Fortpflanzung und die gemeinsame Lebensführung war. Man versprach sich durch sie sozialen und gesellschaftlichen Aufstieg.

Inzwischen ist die Vernunftsehe ist bei uns nahezu ausgestorben. Die Ehe und ihr Ideal leben, auch wenn sie so oft scheitern. Mit der Liebesehe sind aber zumindest die Hoffnung und der Glaube verknüpft, dass die Liebe ewig halten kann. Und genau das ist der wunderbar idealistische Ansatz der Ehe.

Heiraten heißt, an die große Liebe zu glauben. Ein Glaube, der durch eine Trennung nicht immer erschüttert werden muss. Nicht wenige Menschen finden ihr Glück erst nach einer Scheidung oder gar erst nach zwei oder drei. Vielleicht haben Menschen, die es mehrmals versuchen, nur mehr Mut als andere und sind bereit, aus Beziehungsfehlern zu lernen. Warum eigentlich nicht? Das rückt die hohe Scheidungsrate, die auch nur eine Zahl ist, in ein völlig anderes Licht.

Die romantische Liebe muss keineswegs immer scheitern. Dem stimmte auch die amerikanische Psychologin Bianca Acevedo vom Albert Einstein College of Medicine in New York zu. Ihrer Meinung nach hegen viele Paare auch in langjährigen Beziehungen noch romantische Gefühle füreinander. In einer umfangreichen Auswertung stellte sie fest, dass immerhin 13 Prozent von 312 Teilnehmern nach einer langjährigen Ehe immer noch ihren Partner begehren – und zwar körperlich, emotional und geistig. Je romantischer eine Beziehung ist, desto zufriedener sind die Paare, unabhängig davon, ob sie erst drei Wochen oder dreißig Jahre zusammen sind. Es gibt sie, wie gesagt, die älteren Paare, die schon viele Jahre zusammen sind und die immer noch Entzugserscheinungen bekommen, wenn sie durch die Umstände einige Zeit voneinander getrennt sind und die mit Herzklopfen und großer Freude reagieren, wenn sie sie sich endlich wieder in die Arme schließen. Ja, diese Liebe gibt es, und wer genau hinschaut, wird auch alte Menschen in unserer Welt entdecken, die unglaublich besorgt und liebevoll miteinander umgehen, so, als wären sie gerade frisch verliebt.

Dass es die romantische Liebe gibt, die wie ein Alleskleber hält, das bestätigt auch die Astrologie. Manchmal stößt Mann oder Frau durch Zufall (im wörtlichen Sinne) auf einen Menschen, den sie riechen, schmecken, fühlen kann und mit dem sie am liebsten völlig verschmelzen würde. Und das Großartige an diesem Gefühl ist: Es vergeht nicht. Ein Indiz dafür, dass sie seinen Animus und er seine Anima gefunden hat. Der Horoskopvergleich bestätigt es in diesem Falle: Es passt einfach!

Manche Psychologen sehen in der romantischen Liebe, die keinen Grenzen kennt und die die Ewigkeit für sich in Anspruch nimmt, oft krankhafte Züge. Verständlich, solange daran gezweifelt wird, ob es überhaupt die eine große Liebe gibt. Aber: Die Psychologie ist auch nur ein System, das versucht, innere Vorgänge zu begreifen und daraus eine Regel zu machen. Was die Liebe angeht, kann das nicht funktionieren. Niemals dürfen wir die Sehnsucht der Menschen nach ihr in Frage stellen, die genauso groß ist wie die Sehnsucht nach Gott und dem Paradies.

Der Schriftsteller Carlos Fuentes beschreibt die Sehnsucht nach der absoluten Liebe mit folgenden Worten: „Die Liebenden wissen (auch wenn sie es, blind vor Leidenschaft, negieren), dass ihre Liebe begrenzt ist – wenn nicht im Leben, dann im Tod… Aber im Leben, befriedigt uns da die absoluteste und erfüllendste Liebe? Wollen wir nicht immer mehr? „Wenn wir unendlich wären, wären wir Gott“, sagt der Dichter. „Aber wir wollen wenigstens unendlich lieben. Es ist unsere mögliche Annäherung an das Göttliche.“

Der berühmte Psychologe Sigmund Freud sah die Ursache der großen Sehnsucht nach der idealen Liebe und dem darauf folgenden Liebesleid in der frühen Kindheit und der Abnabelung von den Eltern begründet. Nach seiner Auffassung bekommt ein Baby im Normalfall jegliche erdenkliche Liebe und Zuneigung. Es muss nicht um Liebe betteln, es muss nichts für die Liebe tun, es darf einfach nur sein.

Diese alles verzeihende und gebende Liebe der Mutter kennt keine Grenzen, die Nähe der Mutter ist so groß wie niemals wieder im Leben mit einem geliebten Menschen. Als Erwachsene trauern wir nun nach Freud unbewusst diesem Zustand der bedingungslosen Liebe nach, die nicht mehr existiert. Es gibt niemanden mehr, der uns alles verzeiht, egal was wir tun, und der alles versteht, egal was wir sagen.

Sigmund Freud hat mit diesem Gedanken sicherlich Recht. Doch er spricht hier eine Form der unreifen, kindlichen Liebe an, die nur das Nehmen und Aufgenommenwerden kennt, aber noch nicht das bewusste Geben. Eine erwachsene, reife Liebe besteht jedoch immer aus Nehmen und Geben.

Der Heilige Augustinus wies einst darauf hin, dass Gott als unerfüllte Sehnsucht auf dem Grunde jeder Seele wohnt. Der Mensch müsse begreifen, dass sein „Urglaube“ nach absoluter Liebe ein Geschenk ist und dass das Vakuum, das die unerfüllten Sehnsüchte hinterlassen, nur durch den Glauben aufgefüllt werden kann. Er muss dazu allerdings eine Art „Glaubensrisiko“ eingehen, denn niemand kann beweisen, dass es Gott gibt, wir können uns lediglich auf die Suche nach ihm begeben und ein sehr persönliches Verhältnis zu ihm entwickeln.

Eine Art Glaubens- und Liebesrisiko müssen wir auch mit jeder neuen Liebe, die wieder scheitern und Schmerzen bereiten kann, eingehen. Nichts ist so schwer zu verkraften wie eine gescheiterte Liebe.

Den höchsten Anspruch an die Liebe verkörpert im Horoskop Neptun, der Planet, der auch als die höhere Oktave von Venus bezeichnet wird. Konkret symbolisiert Neptun die geistige, allumfassende, göttliche Liebe, im Gegensatz zur irdischen, erotischen, körperlichen Liebe der Venus. Neptun ist die Sehnsucht, die platonische Liebe, die uns nach unserem Seelenpartner suchen lässt.

Neptun ist aber auch der Planet der Täuschung, des Traums, der Idealisierung und der Illusion, da er viele Seelenbilder in uns erzeugt. Er ist der Planet, der eigentlich viel zu hoch und zu fein für diese Welt ist, in der sich die Liebe und unsere Ideale nur dann verwirklichen können, wenn sie durch Enttäuschungen und Desillusionierungsprozesse frei von Trugbildern geworden sind.

Das Geheimnis der romantischen Liebe und der Schlüssel zu ihr ist dennoch Neptun. In einer Beziehung, die lange halten soll, geht es darum, sich immer wieder die schönen Seiten seines Partners vor sein inneres Auge zu holen und sie ausgiebig zu betrachten. Dadurch schenken wir unserem Partner die Möglichkeit, seine schönen Seiten zu leben und weiterzuentwickeln. Das ist ein Zeichen wahrer Liebe!

Bilden Venus und Neptun im Geburtshoroskop harmonische Winkel (Konjunktion, Sextil, Trigon) miteinander, dann haben wir es mit Menschen zu tun, die intensiv von der einen, großen Liebe träumen und sie auch suchen. Ähnlich ist das, wenn Venus im Tierkreiszeichen Fische steht, in dem Neptun herrscht oder im 12. Haus, dem irdischen Spiegel der Fische.

Stehen Venus und Neptun im Horoskop in einem kritischen Winkel (Quadrat, Opposition) zueinander, dann haben wir es allerdings mit Menschen zu tun, die dazu neigen, ihren Partner übermäßig zu idealisieren und auf einen Sockel zu heben. Kritisch wird es, wenn diese Menschen auf Biegen und Brechen an dem Bild ihres Partners festhalten, in das sie sich einst verliebt haben. Der Desillusionierungsprozess kann hier sehr hart sein und erst nach Jahren der Beziehung eintreten. Sie müssen dann feststellen, dass sie den Menschen, mit dem sie so lange zusammen waren, überhaupt nicht gekannt haben.

Ähnlich ist das, wenn sich Neptun im Horoskop im Bereich der Partnerschaft, dem 7. Haus, aufhält. Diese Menschen haben von der Liebe Erwartungen, die in der Realität nur sehr schwer zu erfüllen sind. Sie besitzen ein Beziehungsideal, das nicht von dieser Welt ist. Romeo und Julia hatten in unseren Vorstellungen vielleicht so eine reine Liebe, wie sie diese Konstellation anstreben lässt. Dass es auf diesem Wege zu Täuschungen und Enttäuschungen fast schon kommen muss, ist klar. Aber manchmal bleibt der Traum von der großen Liebe, vom Seelenpartner, dennoch nicht unerhört und geht in Erfüllung.

Da Neptun die Venus völlig entgrenzt, kann man hier auch von einer universellen Liebe sprechen, weshalb viele dieser Betroffenen oftmals einen religiösen Weg einschlagen. Einige davon sind auch in Klöstern wiederzufinden. Ihrer Meinung nach kann nur Gott und kein Mensch diesen gewaltigen Anspruch auf Liebe erfüllen.

Andere Menschen mit entsprechenden Venus-Neptun-Themen verlieben sich immer wieder in Personen, die dieses hohe Liebesideal nicht erfüllen können oder völlig unerreichbar sind. Sie träumen dann von ihnen, himmeln sie an und werden sie doch niemals bekommen. Fernsehstars und andere Prominente bieten hier eine ideale Projektionsfläche. Diese Form von Anschwärmen kann sogar Züge einer Persönlichkeitsstörung annehmen. Unbewusst ist damit möglicherweise die Absicht verknüpft, wirklicher, realer Liebe auszuweichen, da sie in der Realität wie eine Seifenblase zerplatzen und schmerzhafte Wunden in die Seele reißen könnte.

Nicht wenige leben ihr Venus-Neptun-Thema in einer Art Opferrolle. Sie geben sich ihrem Partner völlig hin, lassen sich von ihm aber auch quälen, ausnutzen oder sogar missbrauchen. Die Gefühle werden dadurch nur noch stärker, denn Venus-Neptun flüstert ihnen ein, dass es schön ist, für den anderen zu leiden und dass nur die völlig selbstlose Liebe die richtige ist. Eine tragische Interpretation dieses Themas, das oft in riesigen Lebensdramen endet.

Die „Opferliebe“ nehmen vielfach Frauen ein, die sich etwa in Schwerverbrecher in Gefängnissen verlieben und auf diese ihr ganzes Leben warten. Auch in dieser Situation erfüllt sich Venus-Neptun in gewisser Hinsicht. Die Gefühlsverirrung und -Enttäuschung liegt hier nahe, die gelegentlich auch in Alkohol- und Drogenkonsum flüchten lässt.

Menschen mit diesem Thema konsumieren vielfach Liebesfilme und -romane oder drücken ihre unstillbare Sehnsucht nach Liebe in der Kunst aus. Auf jeden Fall ist die Liebe hier noch mehr als sonst alles im Leben. Die Venus-Neptun-Sucht kann zu wechselnden Liebespartnern mit dem immer gleichen Muster führen. Oftmals steht das Verlangen nach einem romantischen Gefühl, möglicherweise nach einer Hollywood-Hochzeit, im Vordergrund, die zum reinen Egoprogramm wird, in dem der Partner nur eine Art Statist ist, der die eigenen Sehnsüchte und Vorstellungen erfüllen muss, was früher oder später in das Verlassenwerden, in der totalen Enttäuschung enden muss. Das Leben ist kein Spiel und schon gar nicht die Liebe.

Die Frage bei allen Venus-Neptun-Auslösungen ist, ob wir aus unseren Enttäuschungen lernen wollen oder ob wir sie zum festgefahrenen Enttäuschungsthema im Leben werden lassen. Wer ein dermaßen hohes Liebesideal besitzt, muss meist große Prüfungen bestehen. Menschen, die viel Lebenserfahrung gesammelt und sich weiterentwickelt haben, die durch Zeiten großer Ernüchterung hindurchgegangen sind und dennoch weiterhin an die Liebe glauben, können diese Venus-Neptun-Energien schön und befreit leben. Neptun spielt dann nicht länger den großen Enttäuscher, er schwingt sich vielmehr zum himmlischen Wohltäter auf, der insbesondere in der Konjunktion, im Sextil und im Trigon mit Venus einen irdischen Platz für romantische Gefühle schafft und in den Garten der Liebe entführt. Aus diesem Traum können nicht einmal der Tod und das Altwerden erwachen lassen, denn dieser Traum ist Realität geworden, diese reife Liebe, die unter Umständen auch junge Menschen haben können, überschreitet alle Grenzen und lebt immer fort. Sie muss nicht nur zu einem Partner existieren, sie kann auch zu einem Kind, den Eltern, Geschwistern, guten Freunden oder einem nahen Tier für immer leben. Das Ideal, das gereift und durch alle Prüfungen hindurchgegangen ist, hat die Kraft, jedes Leben zu verändern und positiv zu beeinflussen.

Diese neptunische Liebe ist die eigentliche Botschaft des Christentums, das ja als Symbol die Fische hat, deren astrologischer Zeichenherrscher Neptun ist. Die romantische Liebe ist ihr Kind, die Suche nach dem Seelenpartner der vielleicht schönste und wichtigste innere Antrieb im Leben, auch wenn er manchmal noch reifen muss, um Erfolg zu haben.

Bei Paaren, die so etwas wie eine romantische Liebe leben, kommt es häufig vor, dass etwa der eine Partner Venus im 12. Haus hat und der andere einen Venus-Neptun-Winkel. In beiden Horoskopen zeigt sich unabhängig von der Synastrie oft eine Anlage für diese sehr idealistische und ausschließliche Liebe. Tauchen Venus-Neptun-Interaspekte beim Horoskopvergleich auf, kann die Liebe wie von einem geheimen Zauber umgeben sein. Man liebt oder sieht etwas in dem jeweilig anderen, was sich mit großen inneren Sehnsüchten verbindet. Das kann, muss aber nicht immer in der Enttäuschung enden, auch nicht bei der Konjunktion, dem Quadrat oder der Opposition zwischen Venus und Neptun. Eine alte alchemistische Karte mit dem Titel Vereinigung sagt: „Im Wasser gezeugt, in der Luft geboren, doch auf der Erden verwandelt. Das Mädchen, das diese Regel beachtet, findet den Mann ihres Herzens für die Ehe.“ Wenn die Liebe trotz aller irdischen Widrigkeiten bleibt, hat sie einen Hauch von Ewigkeit.

Venus und Mars – Was macht Frauen und Männer attraktiv?

Eine Frage, die sich jeder von uns mit Sicherheit schon einmal gestellt hat. Schließlich wollen wir, der eine mehr, der andere weniger, das Beste aus uns herausholen, um vom anderen Geschlecht wahrgenommen zu werden. Frauen kennen dieses bohrende Gefühl der Eifersucht, des Neides und der heimlichen Bewunderung, wenn eine andere Frau in ihrer Umgebung auftaucht, die Männer wie das Licht die Motten anzieht. Und Männer schielen unbemerkt nach anderen Männern, die es irgendwie schaffen, immer die Aufmerksamkeit der schönsten Frauen auf sich zu ziehen. Was hat die Frau, was ich nicht habe? Was kann der Mann, was ich nicht kann? Spätestens, wenn eine andere Frau oder ein anderer Mann zur Nebenbuhlerin bzw. Nebenbuhler wird, werden diese Fragen aktuell, beginnen uns zu quälen, greifen unseren Selbstwert an und führen zu einer größeren Infragestellung unserer eigenen Person.

Natürlich gibt es so etwas wie allgemeine Fakten und Forschungen, die Frauen und Männer attraktiv und anziehend für das andere Geschlecht machen, und zwar völlig unabhängig vom Aussehen. Es gibt zahlreche unterschiedliche Attraktivitätsmerkmale, die Verhaltensforscher in aufwendigen Studien erforschen und die begründen, warum wir auf den ersten Blick diese Frau oder jenen Mann als attraktiv und anziehend empfinden.

Doch wenn wir diese „schönen" Menschen näher kennenlernen, kann es passieren, hat dieser Zauber, den sie/er für uns im ersten Moment verströmt hat, schnell verblasst. Letztlich ist es die persönliche Ausstrahlung von Menschen, die sie dauerhaft anziehend, attraktiv und spannend macht. Und eine gute Ausstrahlung kann jeder Mensch haben. Auch die vermeintlich eher schlecht aussehenden Menschen haben gute Chancen beim anderen Geschlecht, wenn sie authentisch sind, wenn sie sich ihrer sicher, also selbstsicher sind und ihren ganz individuellen Charme versprühen.

Ein Mensch, der in sich ruht und von sich überzeugt ist, ist einfach irgendwie sexy. Das ist der eigentliche Grund, warum so manch hässlicher Mann oft schöne Frauen hat oder umgekehrt. Natürlich können daneben Reichtum und beruflicher Erfolg, der enorm attraktiv macht, eine große Anziehungskraft besitzen. Und auch Menschen, die aufgrund ihrer besonderen Leistungen oder ihrem gesellschaftlichen Stand von vielen bewundert werden, gewinnen in aller Regel automatisch an Strahlkraft.

Betrachten wir nur einmal die unterschiedlichen Stellungen der Venus in den Horoskopen von Frauen. Ihre jeweilige Zeichenstellung hat ihren eigenen Reiz und spezielle Schönheit, die jede Frau nutzen kann, um sich auf ihre Art schön und attraktiv zu machen. Aber Frauen müssen sich natürlich auch bemühen und im Sinne ihrer Venus ihre Haare gestalten und sich entsprechend kleiden.

Große Unterscheidungen weist Venus, wie bereits erwähnt, in den männlichen Feuerzeichen Widder, Löwe und Schütze stehend auf, die Frauen eine leicht burschikose Note verleiht. Die Widder-Venus gibt sich gerne sportlich-trendig, sie ist laut, direkt, impulsiv und bezaubert genau auf diese Art und Weise das andere Geschlecht. Die Löwe-Venus strahlt viel Herzenswärme aus, will sich aber auch prächtig darstellen und nach außen erscheinen. Sie ist der selbstbewusste Frauentypus, der das Spiel der Liebe und der Lust perfekt beherrscht. Frauen mit Schütze-Venus verkörpern die schlichte, ebenfalls sportliche Eleganz. Sie ist in der Liebe direkt, aber auch ehrlich und idealistisch.

In einem männlichen Luftzeichen befindet sich Venus in den Zwillingen, in der Waage und im Wassermann. Die „luftige" Venus ist eher leicht, aktiv und kontaktfreudig. Die Zwillinge-Venus gilt als besonders verspielt, was sich auch in ihrem Äußeren widerspiegeln sollte. Sie ist kokett, frech, flirtet gerne, ohne dabei immer gleich aufs Ganze zu gehen. Die Waage-Venus ist die Zaubervenus, was die rein äußere Erscheinung betrifft. Ihr guter Geschmack und ihr Sinn für Ästhetik spiegeln sich in ihrer Kleidung wider, die farblich perfekt und harmonisch aufeinander abgestimmt ist. Oft eine wahre Augenweide, sie anzuschauen. Die Wassermann-Venus ist eher schrill bunt, bizarr, ungewöhnlich und freiheitsliebend. Sie lebt davon, dass sie einfach anders ist als die anderen und weckt dadurch Interesse.

In weiblichen Erdzeichen steht die Venus im Stier, in der Jungfrau und im Steinbock. Besonders naturverbunden, sinnlich und erotisch anziehend ist die Stier-Venus, die viel körperliche Nähe braucht, und gutes Essen und Gemütlichkeit schätzt. Jede Stier-Venus hat eine natürlich-schöne Ausstrahlung. In der Jungfrau versucht die Venus, ihre Gefühle über den Kopf zu verarbeiten. Sie ist die klare, reine, madonnenhafte Schönheit, was sich auch in einem klaren und geordneten Äußeren widerspiegeln sollte. Im Steinbock steht Venus für die kühle Schönheit, die sich langsam, aber dafür umso nachhaltiger und intensiver erwärmt. Ihr steht im Gegensatz zu vielen anderen oftmals schwarze Kleidung, die ihre Melancholie und Eleganz betont.

In einem weiblichen Wasserzeichen befindet sich die Venus im Krebs, Skorpion und in den Fischen. In diesen Zeichen ist die Venus besonders gefühlsbetont und verschmelzend. Speziell die Krebs-Venus hat etwas sehr Feines, Feenhaftes, ist romantisch, zärtlich und einfühlsam. Frauen mit dieser Venus strahlen oft etwas sehr Weibliches aus und besitzen eine enorme Gefühlstiefe. Im Skorpion ist die Venus ebenfalls von großer und vor allem intensiver Gefühlstiefe. Sie ist die magische Venus, die einen sinnlichen Zauber umgibt, den jede Frau auf Art besitzt, die diese verführerische Venus im Horoskop hat. Die Fische-Venus ist bekannt für ihre grenzenlose Hingabefähigkeit, ihre Bereitschaft, sich für die Liebe aufzuopfern und ihre starken Sehnsüchte, die sie so unergründlich machen. Diese Venus verrät die unergründliche Frau, die eine enorme Anziehungskraft auf Männer haben kann.

Wichtig ist, dass eine Frau zu ihrer Venus steht und diese leben kann. Dann ist sie auch attraktiv, wie gesagt auf ihre ganz persönliche Art und Weise.

Bei Männern sollten wir den Mars beachten, dessen Stellung im Horoskop über die jeweilige Männlichkeit viel zu berichten hat.

Bei Mars in den Feuerzeichen Widder, Löwe und Schütze dominiert die begehrende, erobernde Männlichkeit. Speziell unter Mars im Widder finden wir oft mutige, draufgängerische, athletische, muskulöse Männer, die Entscheidungen treffen und ihre Ziele direkt ansteuern. Ihr Charme liegt in ihrer Urmännlichkeit begründet. Im Löwen deutet Mars wieder auf eine eher dominante Männlichkeit hin. Er verkörpert männliche Kräfte, die sich zeigen und bewundert werden wollen, die selbstbewusst sind und Lebensfreude ausstrahlen. Mit Mars im Schützen finden wir die besonders schwungvolle, mitreißende, motivierende Männlichkeit, die sich immer um Standpunkte, Meinungen und Überzeugungen bemüht. Oft haben sehr sportliche Männer diesen Mars, der schnell entflammt und im besten Falle etwas Weltmännisches ausstrahlt.

Bei Mars in den Luftzeichen Zwillinge, Waage und Wassermann herrscht eine eher intellektuelle Männlichkeit vor. Besonders redegewandt, schlau und wendig zeigt sich speziell der Zwillinge-Mars. Ein wahres Ass, was die Kommunikation betrifft. Auf ihn stehen vor allem Frauen, die sich von Männern betören lassen, die einfach nur gut reden können. Mars in der Waage haben dagegen Männer, die mit ihrem außergewöhnlichen Charme punkten. Sie können unglaublich sympathisch und kultiviert auftreten und verkörpern so etwas wie den Liebhaber mit Stil. Mars in der Waage haben Männer, die meist nicht allzu stark in ihrer Durchsetzung sind, die aber dieses gewisse Extra haben können, auf das Frauen stehen. Mars im Wassermann verkörpert den ungewöhnlichen Mann, der über eine große Eigenwilligkeit und Eigenständigkeit verfügt. Ein Mann, der Frauen immer wieder mit guten Ideen und spontanen Handlungen überrascht, der der Frau nicht nur Liebhaber und Gatte, sondern auch ein guter Freund ist.

Bei Mars in den Wasserzeichen Krebs, Skorpion und Fische haben wir es in der Regel mit sehr gefühlsbetonten Männern zu tun, die sehr einfühlsam, aber auch sehr emotional sein können.

Speziell den Mars im Krebs haben Männer, die von ihren starken Emotionen oft hin- und hergeworfen werden, die bisweilen hochgradig empfindlich auf Störungen reagieren und schnell gekränkt sind. Sie verkörpern den braven, kindlichen Mann, den Frauen so gerne beschützen wollen. Mars im Krebs macht zärtlich, hingebungsvoll und emotional – so, wie viele Frauen es lieben. Mars im Skorpion deutet auf starke männliche Kräfte und einen überaus stark entwickelten Sexualtrieb hin. Er verkörpert den Typ von Mann, dem sich Frauen aufgrund seiner erotischen Ausstrahlung und Anziehungskraft nur schwer entziehen können. Er handelt und entscheidet aus dem Bauch heraus und beeindruckt Frauen mit seiner enormen Leidenschaft.

Mars in den Fischen steht für den sanften Mann. Viele Astrologen behaupten, dass dieser Mars den vielleicht besten Liebhaber anzeigt, da er so unglaublich einfühlsam macht. Ein Mars, der die betroffenen Männer einfach feiner macht, was viele Frauen sehr schätzen.

Allein die jeweilige Stellung von Venus und Mars in den Horoskopen von Frauen und Männern führen uns klar vor Augen, dass die Attraktivität viele unterschiedliche Gesichter hat. Attraktiv und anziehend werden Menschen dadurch, dass sie sie selbst sind, was nicht immer so einfach ist und manchmal einer Entwicklung bedarf, da wir durch Erziehung und andere Einflüsse oftmals ein falsches Bild von uns selbst haben. Erkenne dich selbst, steh zu dir, dann funktioniert es mit Sicherheit auch in der Liebe besser!

Pikante Venus-Mars-Aspekte – Zaubertrank von Lust und Liebe

Eine besondere Stellung, wenn es um Lust und Liebe geht, nehmen Venus-Mars-Aspekte im Horoskop ein, darunter insbesondere die Konjunktion, das Quadrat und die Opposition. Diese Aspekte deuten auf besonders starke Emotion hin. Aber auch Venus-Mars-Sextil, Venus-Mars-Trigon, Mars im Stier oder in Haus 2 sowie Mars in der Waage oder im 7. Haus haben eine überragende Bedeutung in Bezug auf Liebe und Partnerschaft. Alles überragend ist die Konjunktion zwischen Venus und Mars, die zu den stärksten Liebesenergien überhaupt gehört. Menschen, die sie besitzen, haben ein gewaltiges Verlangen nach Einssein mit dem Partner. Das seelische Wohlbefinden und die Zufriedenheit im Leben sind hier eng gekoppelt mit der Sexualität. Neben der stark veranlagten Erotik, Triebhaftigkeit und Aggressivität spielen die Kunst und die Ästhetik eine übergeordnete Rolle, da Venus und Mars nach Ausdruck verlangen.

Wer unter einer Venus-Mars-Konjunktion geboren ist, bei dem gehen die männlichen wie weiblichen Anteile eine enge Verbindung ein, gelegentlich mit größeren Folgen, was die eigene Geschlechterrolle betrifft. Frauen können mit diesem Aspekt männlich begehrend, fordernd und triebhaft auftreten und beim Sex die aktive Rolle spielen, während Männer zum bezaubernden, lockenden weiblichen Mann mutieren. Oftmals besitzen sehr weibliche Frauen mit Venus-Mars eine eher männliche Seele und sehr männliche Männer mit diesem Aspekt eine eher weibliche Seele. Auch die weiblichsten Frauen können mit einer Venus-Mars-Konjunktion unglaublich willensstark und rational auftreten, während die betroffenen Männer nach innen fühlen und auf andere deshalb gelegentlich irrational wirken.

Die meisten Menschen mit dieser Konjunktion wechseln zwischen den klassischen Geschlechterrollen hin und her und haben eine ausgesprochen bisexuelle Neigung, auch wenn diese aufgrund von Erziehung und gesellschaftlichen Tabus oft verdrängt und geleugnet wird. Oftmals führen speziell die Venus-Mars-Spannungen zu einem Kampf gegen das andere Geschlecht oder zur reinen Homosexualität, wie das etwa bei der berühmten Schauspielerin und Regisseurin Jodie Foster der Fall ist, die sich offen zur Frauenliebe bekennt. In ihrem Horoskop steht die überaus leidenschaftliche Venus im Skorpion im Quadrat zu Mars im Löwen, was die Gegensätzlichkeit der Geschlechter betont und sie eben trennen kann.

Der bekannte Astrologe Michael Roscher (1960 – 2005) sprach von einem „kosmischen Kurzschluss“, was Venus-Mars-Verbindungen angeht. Nach seiner Auffassung sind „die polaren Prinzipien der Umweltorientierung“ (Selbstdurchsetzung und Hingabe) ohne Isolation miteinander verbunden. Als Folge kommt es zu unberechenbaren Energiefreisetzungen und Überreaktionen bis hin zum Zusammenbruch. Auf der vitalen Ebene äußert sich das in Form von Liebe auf den ersten Blick, von starker sexueller Anziehung, starker Erregbarkeit, sich in Szene setzen, Aufmerksamkeit erzwingen, extremen Stimmungs- und Motivationsschwankungen, Angst, verlassen zu werden und alleine zu sein, von der Fähigkeit zum „Seelenstriptease“ Fremden gegenüber, Fremdheit sich selbst gegenüber, spontanen Leidenschaften und Aggressionen dem Partner gegenüber. Venus-Mars-Spannungen können sehr destruktiv sein, wenn sie im Leben nicht bewältigt werden können. Speziell bei Frauen führt sie gelegentlich zu Prostitution, bei Männern oftmals in Alkoholsucht. Venus-Mars-Spannungen am Himmel konnten in der Vergangenheit überdurchschnittlich oft bei Amokläufen an Schulen beobachtet werden, was wiederum ein Hinweis für tiefsitzende Liebeskonflikte der Täter war.

Adolf Hitler (geb. am 20.4.1889 um 18:30 Uhr in Braunau) hatte eine Venus-Mars-Konjunktion im Horoskop, was seine einstigen Ambition Künstler zu werden unterstreicht. Diese Konjunktion machte ihn jedoch unfassbar hasserfüllt, rachsüchtig und grausam, vor allem durch das Quadrat von Saturn. Dadurch fühlte er sich ungeliebt, unerkannt, reagierte heftig auf Ablehnungen und war stets zutiefst unzufrieden und unbefriedigt.

Erlöst tauchen Venus und Mars im Sextil zueinander im Horoskop des berühmten Autors Erich Fromm (geb. am 23.3.1900 um 18:30 Uhr in Frankfurt) auf, der mit dem Buch „Die Kunst des Liebens" weltweit große Beachtung fand. Ein Bestseller über die Liebe, den es sich noch heute zu lesen lohnt. Bei Erich Fromm steht die Venus im irdischen und sinnlichen Stier und Mars in den gefühlvollen Fischen. Der Planet der Weiblichkeit und der Männlichkeit blicken sich hier wohlwollend an.

Erich Fromm appellierte in „Die Kunst des Liebens" an die eigene Liebesfähigkeit, die für ihn wichtiger war, als geliebt zu werden. Für Fromm steht fest, dass der Mensch das Geheimnis aller Dinge niemals begreifen, aber durch die Liebe erkennen kann. Er wandte sich unter anderem gegen die gesellschaftliche Norm, die den Idealmann als durchsetzungsstark, aktiv und führend sah und die Idealfrau als hingebungsvoll, geduldig und mütterlich. In der Realität kommen nach seiner Meinung meistens Mischtypen von solchen Idealen vor, was auch die Astrologie bestätigt (an der Betonung der Elemente von Horoskopen können wir sehen, wie viele männliche und weibliche Anteile Männer und Frauen haben).

Der bereits erwähnte Tiefenpsychologe C.G. Jung bemerkte einst zum Thema Mann-Frau-Klischee: „Wie beim Manne im Allgemeinen in der äußeren Einstellung Logik und Sachlichkeit überwiegen oder wenigstens als Ideale betrachtet werden, so bei der Frau das Gefühl. In der Seele aber kehrt sich das Verhältnis um, der Mann fühlt nach innen, die Frau überlegt. Deshalb ist der Mann leichter verzweifelt, wo die Frau immer noch trösten und hoffen kann, darum bringt er sich eher um als die Frau."

Ein weiterer Vertreter der Venus-Mars-Fraktion ist Oswalt Kolle (geb. am 2.10.1928 in Kiel), der in den 60er und 70er Jahren in Filmen und Schriften zur sexuellen Aufklärung vieler Menschen weltweit beigetragen hat. In seinem Horoskop steht Venus im Skorpion, die gerne Tabus bricht, im Trigon zu Mars. Oswalt Kolle bekannte sich zur Bisexualität und praktizierte mit seiner Frau die freie Liebe, die ebenfalls häufig unter Venus-Mars beobachtet werden kann. Er kämpfte sein Leben lang für eine liberale Sexualmoral.

Der sicherlich prominenteste Vertreter mit einer Venus-Mars-Konjunktion ist Giacomo Casanova (geb. am 2.4.1725 um 20 Uhr in Venedig), der als unwiderstehlicher und ungemein potenter Verführer zur Legende wurde. In seinem Horoskop befinden sich Venus und Mars in den Fischen, und das auch noch im 5. Haus, dem Bereich der Lust und Liebe. Männer mit Mars in den Fischen gehören übrigens zu den besten Liebhabern, da sie als sehr einfühlsam und zärtlich gelten, während die Fische-Venus für enorme Sehnsüchte und Hingabefähigkeit steht.

Von einem etwas härteren Kaliber war zweifellos Marquis de Sade (geb. am 2.6.1740 um 17 Uhr in Paris), der so etwas wie der Urvater des Sadomaso ist und aufgrund seiner obszönen und gewaltvollen Schriften als der berüchtigtste Schriftsteller aller Zeiten gehandelt wird. In seinem Horoskop steht der Aszendent wie bei Casanova im Skorpion. Venus bildet eine enge Konjunktion mit Saturn im Krebs, und im Quadrat dazu steht Mars im Widder. Wie bei Adolf Hitler haben wir hier also eine Spannung zwischen Venus, Mars und Saturn. Bei Marquis de Sade fand die Grausamkeit vor allem Eingang in die Sexualität. Speziell seine Venus-Saturn-Verbindung drückt Leid, Enttäuschung und Frust in der Liebe aus, die bei konventionellem Sex nichts mehr empfinden kann, während Mars vehement die Lust einfordert. In diesem Spannungsfeld kommt es zu sexuellen Praktiken, bei denen es um Macht, Abhängigkeit, Gewalt und Schmerz geht. Es liegt nahe, dass Sadomaso mit unbewältigten Venus-Mars-Themen zu tun hat.

Und auch den ehemaligen Präsidenten der USA, Bill Clinton (geb. am 19.8.1946 um 8.51 Uhr Hope), dürfen wir in dieser Aufzählung prominenter Venus-Mars-Vertreter selbstverständlich nicht vergessen. Seine Affäre mit der Praktikantin Monica Lewinsky gehörte zu den größten öffentlichen Skandalen, in die je ein Politiker verwickelt war. 1989 drang die Affäre in die Öffentlichkeit, worauf ein Amtsenthebungsverfahren gegen Clinton eingeleitet wurde, das jedoch scheiterte. Clinton dementierte die Affäre am 26. Januar in einer Presseansprache im Weißen Haus mit dem berühmt gewordenen Satz „I did not have sexual relations with that woman, Miss Lewinsky". Auf Druck von Medien und Öffentlichkeit erklärte der Präsident schließlich, dass er Oralsex mit Lewinsky hatte. Später kritisierte er die Heuchelei in Gesellschaft und Politik und bekam dafür prominente Unterstützung von Nelson Mandela oder König Hussein I. im US-Fernsehen.

Es ist für Männer wie Frauen, die Venus-Mars-Themen im Horoskop haben, nicht immer leicht, treu zu sein, vor allem wenn es sich um eine Konjunktion der beiden Geschlechterplaneten handelt. Der Trieb, das Verlangen nach Vereinigung, kann hier extrem groß sein und seine Horoskopeigner wie ferngesteuert nach Erfüllung suchen lassen.

Der berühmte französische Schriftsteller Honoré de Balzac (geb. am 20.5.1799 um 11 Uhr in Tours, Frankreich), dessen Romane und Erzählungen ein Gesamtbild der Gesellschaft im Frankreich seiner Zeit zu zeichnen versuchen, hatte ebenfalls die pikante Venus-Mars-Konjunktion, die bei ihm im Krebs stand und durch ein Trigon von Pluto in die Tiefe gezogen wurde. Einer seiner bekanntesten Sprüche lautet: „In der Ehe muss man einen unaufhörlichen Kampf gegen ein Ungeheuer führen, das alles verschlingt: die Gewohnheit." Honoré de Balzac trifft damit den Nagel auf den Kopf: Venus-Mars-Aspekte können alles ertragen, nur keine Eintönigkeit und Langeweile. Diese Aspekte führen, unabhängig von gesteigerten sexuellen Aktivitäten, oft zu einem Leben voller Leidenschaften. Vieles, was diese Menschen angehen und zu verwirklichen versuchen, geschieht mit mehr als hundertprozentigem Einsatz.

Sich riechen können – Ein mächtiger Liebeszauber

Viele unter Ihnen kennen vermutlich den berühmten Roman von Patrick Süskind, „Das Parfüm". In dieser ungemein spannenden Geschichte, die vor einiger Zeit auch in den Kinos über die Leinwand flimmerte, geht es ausschließlich um den Geruchssinn bzw. über die emotionale Bindung von Menschen an Düfte und Gerüche. Das Buch stand von 1985 an über 316 Wochen lang auf der Bestsellerliste.

„Das Parfüm" handelt von einem Mann, der ohne Eigengeruch, aber mit einem ausgeprägten Geruchssinn auf die Welt kommt. Seine Leidenschaft für Gerüche geht so weit, dass er beschließt, ein Parfüm, das alles bisher Dagewesene übertrifft, zu kreieren. Das, was ihn am meisten fasziniert, ist der Duft der schönsten jungen Frauen der Stadt, die er ermordet, um aus ihnen in seiner Parfumwerkstatt das wunderbarste Parfum der Welt zu kreieren. Als man dem Mörder auf die Spur kommt und ihn zum Hinrichtungsplatz führt, warten zehntausend Menschen neugierig auf die Vollstreckung. Doch plötzlich wird der Mädchenmörder von allen geliebt und verehrt. Vergessen sind seine Schandtaten, keiner will mehr seinen Tod sehen.

Der Grund ist, dass sich der geniale Duftschöpfer mit dem Parfüm der Frauen benetzt hat, welches ihm eine geradezu göttliche Aura verleiht. Er wird geliebt wie ein Gott, doch seine Göttlichkeit kommt jetzt auch in der Macht zum Ausdruck, die er über die Menschen und ihre Gefühle besitzt. Wie wild fallen die Zehntausend übereinander her, es beginnt eine ausschweifende Sex-Orgie. Hinterher will sich niemand daran erinnern, da alle Anwesenden daran teilgenommen haben. Der Mädchenmörder wird begnadigt, doch in der Folgezeit keineswegs glücklich. Es schmerzt ihn tief, dass nicht er, sondern nur das Parfüm geliebt wird. Verzweifelt nähert er sich unerkannt aufgrund seines fehlenden Eigengeruchs einer Gruppe von Bettlern, Mördern und Dieben in der dunkelsten Ecke von Paris. Dann passiert es: Unauffällig zieht er seine Parfümflasche heraus und übergießt sich mit dem Inhalt. Nachdem er das Parfüm absichtlich überdosiert hat, ist die Wirkung auf die Umstehenden so gewaltig, dass sie ihn für einen Engel halten, jeder ein Stück von ihm besitzen will und sie ihn im Rausch schließlich zerreißen und vollständig verzehren.

Eine extreme Geschichte mit wahrem Hintergrund, könnte man sagen. Längst weiß man auch von wissenschaftlicher Seite, dass Gerüche eine unglaubliche Macht ausüben, die den meisten Menschen nicht bewusst ist. Gemeinhin wird der Geruchssinn nämlich für weniger wichtig gehalten als das Sehen, Hören oder Tasten. Frauen und Männer reden gewöhnlich über das gute oder sympathische Aussehen ihres Partners, aber bestimmt nicht darüber, ob er beim ersten Näherkommen auch gut gerochen hat. Dabei sind gerade die unbewussten Düfte, die aus Sexuallockstoffen oder (und) aus einem ganz speziellen Eigenduft bestehen, die Träger und Vermittler von Gefühlen. Der Eigenduft ist, wie das Aussehen, die Augen und die Weichheit der Haut, ein Ausdruck der Seele.

Ein Mensch kann tatsächlich tausende von unterschiedlichen Gerüchen in seinem Gedächtnis speichern. Gerüche können dabei die Neugierde von Menschen wecken und wissbegierig machen oder Gefühle und tiefsitzende Emotionen hervorholen. Der Volksmund sagt es uns deutlich: „Sich riechen können“, heißt nichts anderes als sich sympathisch finden.

Das Schicksalshafte an Gerüchen ist, dass sie meistens unbemerkt, da nicht bewusst wahrgenommen, direkt in unser Innerstes fließen und uns dort zutiefst treffen, berauschen, ja überwältigen. Möglicherweise verlieben sich Menschen über das Aussehen, über gute Gespräche, über gemeinsame Interessen und all das, was sie mit dem anderen in Verbindung bringen. Die Leidenschaft, das Gefühl, ohne ihn bzw. ohne sie nicht mehr sein zu können, entsteht aber wohl erst nach dem ersten intimen Beisammensein.

Völlig egal ist es dabei, ob es beim Sex funktioniert hat oder nicht. Denn was ist schon der Sex gegen die Verschmelzung, die die guten Eigendüfte bewirken können? Sie sind es, die im Gedächtnis haften bleiben, die die Leidenschaft erzeugen, die Seele berühren und nach mehr verlangen.

Ein Duft ist feinstofflich und deshalb auf seine Art spirituell. Fatal, dass wir Menschen geneigt sind, nur das zu akzeptieren, was wir sehen oder greifen können. Aus astrologischer Sicht wird der Geruchssinn dem Skorpion und seinem Zeichenherrscher Pluto zugesprochen. Sie kennen vermutlich alle den Pluto von Walt Disney, den Hund mit der langen Nase. In der Mythologie ist der Hund der Wächter der Hölle, in dem Hades, der Gott der Unterwelt, herrscht, der wiederum Pluto zugeordnet ist. Hades hat sein Unwesen auf der oberen Welt mit einer Tarnkappe getrieben, so wie Düfte wirken und nicht sichtbar sind. Die Macht der Gerüche drückt sich also auch in der oft verborgenen und unbemerkten Macht des Skorpions aus. Skorpione gelten als ungeheuer leidenschaftlich, vor allem, wenn Venus neben ihrer Geburtssonne im Skorpion steht. Demnach müssten sie also Menschen sein, die einen besonderen Zugang zu Düften haben oder sogar selbst ausströmen.

Düfte gehen uns aber letztlich natürlich alle an, schließlich hat jeder einen Pluto und den Skorpion in seinem Horoskop. Wichtig ist, dass wir Düfte ernst nehmen und nicht einfach sagen: Ist ja nur ein Geruch. Wer einen Menschen von Anfang an nicht riechen kann, tut sich selbst und der Beziehung keinen Gefallen, wenn er sich aus irgendwelchen pragmatischen Gründen dennoch näher darauf einlässt. Der Geruch muss einfach stimmen. Männer und Frauen müssen sich riechen können, damit die Liebe und vor allem die sexuelle Anziehungskraft erhalten bleiben.

Manchmal verzögert sich die Liebe von Paaren bzw. hält sie auf Distanz, weil wir unseren persönlichen Geruch durch Deos, Aftershaves oder Parfüms nur allzu gerne überdecken. So gesehen sind wir alle ein wenig Pluto, verbergen unseren Eigengeruch, weil wir, bewusst oder unbewusst, nicht gleich erkannt werden wollen. Die Wahrheit kommt meist ans Licht, wenn Mann und Frau erstmals intim werden. Prägnante Eigengerüche bahnen sich dann ihren Weg. Für viele bleibt es bei diesem ersten Mal, weil sie sich halt nicht gut riechen können, was sicher nicht immer bewusst wahrgenommen wird. Zurück bleibt oft nur die plötzlich eintretende innere Sperre und Distanz gegenüber dem anderen und die Gewissheit, keine Intimität mehr mit ihm teilen zu wollen. Für andere

Paare ist der erste Sex dagegen die Initialzündung, die zu großer und nachhaltiger Verliebtheit führt. Nicht selten geschieht es sogar, dass sich Menschen oft erst in jemanden, den sie bisher kaum oder gar nicht attraktiv fanden, verlieben, wenn sie ihn das erste Mal riechen und schmecken.

„Riech mich, nimm mich!" Der richtige Geruch weckt erst die sexuelle Gier und Leidenschaft. Wenn wir jemanden anschauen, finden wir ihn schön oder weniger schön. Berühren wir jemanden, fühlt sich das gut oder weniger gut an. Riechen wir jemanden, atmen wir diesen dagegen ganz in uns ein, nehmen ihn sozusagen fühlend in uns auf. Alle Sinneswahrnehmungen werden dadurch auf einmal geweckt. Enorme Emotionen werden freigesetzt. „Das Parfüm" beschreibt, mit welcher Kraft, ja Urgewalt das geschieht: „Und mitten in sie hinein ging der Duft, direkt ans Herz, und unterschied dort kategorisch über Zuneigung und Verachtung, Ekel und Lust, Liebe und Hass".

Die Duftbotschaften, die von außen auf uns einstürmen, bahnen sich durch die Nase ihren Weg mitten in unser Gehirn, wo der Sitz des sogenannten Limbischen Systems ist, eine sehr alte Funktionseinheit des Gehirns, die der Verarbeitung von Emotionen und der Entstehung von Triebverhalten dient. Dieses System ist wie ein offenes Tor zu unserem Unbewussten, in dem tiefsitzende Ängste, Wünsche, Sehnsüchte, Erinnerungen usw. gespeichert sind, die mit jedem neu ankommenden Duft aktiviert werden und unser Handeln beeinflussen. Gerüche haben Magie, sind Magie.

Dem Skorpion und seinem Herrscher Pluto ist, wie gesagt, der Geruchssinn astrologisch zugeordnet. Als alter Herrscher des Skorpions und Regent über den Kopfbereich spielt hier aber auch Mars eine Rolle, ebenso wie Venus, die im Gegenzeichen des Skorpions, dem Stier, herrscht. Man darf deshalb davon ausgehen, dass alle Interaspekte zwischen Venus und Pluto sowie zwischen Venus und Mars eine starke Anziehungskraft, was den Geruch betrifft, zwischen zwei Menschen erzeugen können.

Bei Konjunktion zwischen Venus und Mars bzw. Venus und Pluto dürfte der Duft des jeweilig anderen einen besonders nachhaltigen Eindruck hinterlassen. Beim Sextil und Trigon zwischen diesen Planeten dürfte geruchlich auf alle Fälle ein gewisses Wohlgefallen gegeben sein. Beim Quadrat und der Opposition könnte das Gefallen am Geruch des jeweilig anderen ebenso schnell und häufig wechseln wie die körperliche Anziehungskraft. Auf alle Fälle dürften auch diese Gerüche einen mehr oder weniger starken Reiz besitzen, der aber mitunter in Missfallen und Ablehnung kippen kann.

Grundsätzlich kann man sagen, dass gerade Pluto wie eine Art Spürhund in Bezug auf den Geruch ist. Er lässt uns die Witterung aufnehmen, was den Geruch anderer Menschen betrifft. Es ist anzunehmen, dass er immer eine Art Bild, eine Vorstellung über den Geruch von einer Person bekommt, die den jeweiligen Aspekten entsprechen, die er vor allem zu persönlichen Planeten, wie Sonne, Mond, Merkur, Venus, Mars, und den Aszendenten des anderen bildet.

Wissenschaftliche Forschungen bestätigen längst, dass das weibliche Hormon Östrogen, das Frauen als Duft verströmen, ein wahres Feuerwerk im Kopf eines Mannes auslösen kann. Umgekehrt kann testosteronhaltige Ausdünstung von Männerschweiß Frauen regelrecht verrückt machen und jede Vernunft und Moral umgehend über Bord werfen lassen.

Venus ist dem Östrogen zugeordnet, weshalb die Zeichenstellung und die Aspekte der Venus im Geburtshoroskop einer Frau darüber entscheiden, was sie ausstrahlt und wie ihre geruchliche Magie beschaffen ist. Bei Männern ist es Mars, der sich in seinem Schweiß und Testosteron verbirgt und je nach Zeichenstellung und Aspekten den individuellen männlichen Duft verrät. Deshalb dürften Venus-Mars-Interaspekte immer eine besondere Bedeutung besitzen, gerade auch in Hinblick auf die unbewusste geruchliche Anziehungskraft.

Eine große Bedeutung, was unseren Körper und seine Ausdünstung betrifft, hat nicht zuletzt unser Aszendent. Interaspekte der Venus zum Aszendent, vor allem die Konjunktion, das Sextil, das Trigon oder die Opposition zum Aszendenten, deuten immer auf Gefallen, Sympathie oder gar Liebe des Venus-Eigners hin, der dann den Aszendent aber bestimmt auch riechen kann.

Ähnlich dürfte es bei den entsprechenden Interaspekten des Mars zum Aszendenten sein. Mars begehrt in dem Falle den Körper, der aber eben immer nur im Duett mit seinen Ausdünstungen zu haben ist. Die Macht, die Magie und der überragende Einfluss des Geruchs auf unser Liebesleben ist ihrer Tragweite bestimmt noch nicht vollständig erforscht. Es bleibt ein enorm spannendes Thema.

Die magische Frau

Es ist schon viel gesprochen und geschrieben worden über magische Frauen, die über eine unfassbare Anziehungskraft verfügen und die oft einen großen Einfluss auf Menschen haben. Beispiele dafür gibt es viele. Es sind Frauen, die mächtige Leidenschaften in sich tragen, die irgendwie Macht und oft auch große Weisheit besitzen. Im Mittelalter wurden viele dieser Frauen als Hexen verfolgt und hingerichtet. Der Höhepunkt der Verfolgungswelle in Europa lag zwischen 1550 und 1650. 40 000 bis 60 000 Frauen wurden damals grausam hingerichtet und starben einen qualvollen Tod, indem sie meist auf dem Scheiterhaufen verbrannt wurden. Natürlich gibt es diese Hexen, diese magischen Frauen, vor denen die Männer zu allen Zeiten große Angst hatten, auch heute noch. Bei uns ist es die Femme fatale, die verhängnisvolle Frau, vor denen Mütter ihre Söhne schon früh warnen, und in den von Aberglauben durchsetzen Ländern, wie Afrika, Südostasien und Lateinamerika, gibt es sogar immer noch Hexenverfolgungen. Eigentlich unvorstellbar. Wenn wir es psychologisch sehen, baut sich an diesem Thema vermutlich der Urkonflikt zwischen Mann und Frau bzw. zwischen Venus und Mars auf.

Männer verstehen diese Frauen, die im positiven Sinne mit Recht Vollweiber genannt werden dürfen, nicht, weil sie tief in ihren Gefühlen und in ihrem Spüren verankert sind. Die meisten Männer befinden sich auf der Insel der Ratio, des Verstandes, mit dem sie ganz objektive Feststellungen treffen, die konsequent aufgebaut und erklärbar und deshalb auch berechenbar sind. Gefühle können dagegen je nach Eingebung und Situation rasch wechseln, was Menschen, vorwiegend Männern, die rein in ihren Gedanken und Einsichten verhaftet sind und Probleme haben, Zugang zu ihren Gefühlen zu finden, natürlich unlogisch erscheinen muss. Fühlen kann jedoch auch großes Wissen bedeuten. Ein empathischer Mensch nimmt Situationen und Geschehnisse mit seinem Inneren wahr und ist damit in der Lage, diese richtig einzuschätzen. Ein Mensch dagegen, der schwer zu begreifende Geschehnisse immer nur kopfmäßig zu erfassen versucht, um sie für sich verständlich zu machen, verliert sich nur allzu leicht in den unterschiedlichsten Theorien, in Meinungen, die diskutiert und hin- und hergeworfen werden, ohne Ergebnis. Ein Gefühl dagegen kann Gewissheit sein, wenn auch nicht beweisbar.

Männer sind oft verunsichert, wenn sie Frauen treffen, die in ihren Gefühlen verankert sind und die ihre Einsichten aus sich heraus, aus den tiefsten Schichten ihrer Seele, schöpfen. Diese Frauen sind für sie eben typisch weiblich und irrational. Besitzen diese Frauen dann noch viel Sexappeal, werden sie schnell zur Gefahr, zum Feindbild, da diese Frauen in der Lage sind, mit ihren Reizen zu spielen und den gefühlsmäßig dermaßen unbeholfenen und dennoch triebbetonten Mann komplett zu manipulieren. Diese Art des Ausgeliefertseins durch das weibliche Geschlecht, das letztlich auf seine Art mehr Macht als das männliche zu besitzen scheint, ruft bis zum heutigen Tag den Hass vieler Männer gegenüber Frauen hervor, was eben in den Hexenverbrennungen seinen traurigen Höhepunkt fand.

Astrologisch gesehen finden wir vor allem in der Konjunktion, dem Quadrat und der Opposition zwischen Mond und Pluto im weiblichen Horoskop den sogenannten Hexenaspekt. Oftmals taucht diese weibliche Macht bei Frauen verdrängt auf, da sie ihre Schönheit, ihre weiblichen Reize und ihre emotionale Klugheit als etwas Schlechtes und Minderwertiges betrachten.

Unsere Gesellschaft hat gerade erst vor kurzem erfahren, dass es so etwas wie die emotionale Intelligenz gibt, die hoch einzuschätzen ist. Der Mond symbolisiert das Frausein, die Seele, im Symbol des Pluto, im Planet der Macht, ist der Mond im Kreis eingeschlossen, was auf tiefsitzende Gefühle, aber auch auf Verdrängtes, unsere Schatten, auf Eigenschaften, auf Triebe, Begehren und Wünsche, die nicht sein dürfen, hinweist. Zum einen, weil sie Schaden anrichten können, zum anderen, weil es sich hier um Tabuthemen handelt, die gesellschaftlich nicht sein dürfen. Um als Mensch vollständig zu werden, müssen wir unsere Schatten erkennen, akzeptieren und integrieren. Erst dann können wir mit ihnen positiv umgehen. Ein Trieb, ein Begehren, der weibliche Reiz, der versteckt und beiseitegeschoben wird, wird letztlich missachtet und misshandelt. Frauen mit Mond-Pluto-Themen haben die Aufgabe, ihre Weiblichkeit zu befreien und die Macht der Gefühle und der Weiblichkeit bewusst zu erkennen.

Mond-Pluto ist der Hexenaspekt schlechthin, ein ähnliches Thema haben aber auch Frauen mit dem Mond in Haus 8 (irdischer Spiegel des Skorpions, Zeichenherrscher Pluto), mit dem Mond im Skorpion (Herrscher Pluto) und Pluto in Haus 4 (irdischer Spiegel des Krebses, Zeichenherrscher Mond).

Steht der zweite weibliche Planet, die Venus, in Konjunktion, Quadrat oder Opposition zu Pluto, sind noch mehr die Macht und Magie der weiblichen erotischen Ausstrahlung angesprochen. Frauen, die diese Aspekte im Horoskop haben, wirken auf Männer sexuell oft unwiderstehlich. Es besteht bei diesen Aspekten jedoch die Gefahr, Übergriffe von Männern zu erleiden, sofern die Spannungen zwischen Venus und Pluto im Leben nicht aufgelöst werden können, etwa in Form eines erfüllten und befreiten Liebeslebens. Die eigene Lust muss erkannt und gelebt werden dürfen. Die Verdrängung kann auch hier gefährlich werden und neben dem Risiko, Opfer von Missbrauch und Vergewaltigung zu werden, zu großen Verlustängsten und Machtkämpfen in der Liebe führen. Diese Menschen sind besitzergreifend und manipulierend und kennen in der Liebe keine Kompromisse, ähnlich wie die plutonisch gefärbte Venus im Skorpion oder im 8. Haus, Pluto in Haus 2 (irdischer Spiegel Stier, Herrscher Venus) bzw. Pluto in Haus 7 (irdischer Spiegel Waage, Herrscher Venus).

Auch diese Venus-Pluto-Aspekte beziehen sich jedoch nicht nur auf die Sexualität, sondern können wie Mond-Pluto-Winkel in

Form von anderen Leidenschaften gelebt werden. Alle Frauen, die diese Aspekte im Horoskop haben, verfolgen Vorhaben und wirkliche Ziele in ihrem Leben oft mit größtmöglichem Einsatz, der bisweilen an Zwanghaftigkeit grenzt.

In große schöpferische Energie werden diese enormen Mond-Pluto- bzw. Venus-Pluto-Aspekte häufig von bedeutenden Künstlerinnen umgewandelt.

Ein gutes Beispiel für magische Weiblichkeit und eine große Künstlerin ist Lena Meyer-Landrut, die junge Frau, die mit ihrer Interpretation des Liedes „Satellite" für Deutschland den Eurovision Song Contest 2010 gewann. Der sensationelle Erfolg war sicher ihrer Stimme und dem schönen Lied zuzuschreiben, ganz besonders aber ihrer zauberhaften Ausstrahlung, mit der sie nicht nur Männer, sondern auch Frauen in ihren Bann zog. In ihrem Horoskop (geb. am 23.5.1991 in Hannover, Geburtszeit unbekannt) steht Venus im Mondzeichen Krebs, wo sie eine große seelische Wärme verströmt. Venus bildet ein Trigon mit Pluto, der die Venus unwiderstehlich macht. Gleichzeitig steht Venus Uranus und Neptun gegenüber. Uranus macht Venus in Opposition frech und kokett, während Neptun dieser Venus etwas Verträumtes und Romantisches verleiht.

Speziell Neptun ist ein Planet, der bei entsprechender Stellung im Horoskop ebenfalls die Anziehungskraft merklich steigert, da er eine enorme Projektionsfläche bietet. Er verkörpert Sehnsüchte und sendet diese auch aus. Während er sozusagen süchtig macht, bewirken Venus und Pluto den starken Wunsch nach Erfüllung.

An Emotionalität und Leidenschaft nur schwer zu übertreffen ist die italienische Rocklegende Gianna Nannini, die so großartige Lieder schrieb und sang wie America, Latin Lover, Fotoromanza, Bello e impossibile oder I maschi. Diese zierliche Frau ist ein Vulkan und besitzt eine überwältigende Stimme, die fast jeden Menschen in ihren Bann zieht, der ihre Lieder hört. Sie ist am 14.5.1954 um 03:05 MEZ in Siena, Italien, geboren und hat unter anderem ein Mond-Pluto-Quadrat, das doppelt stark und intensiv auftaucht, da ihr Mond zusätzlich im Pluto-Zeichen Skorpion steht und ihr Pluto im 4. Haus, das dem Krebs und dem Mond zugeordnet ist. Ihre starken Gefühle, die sich in ihrer gewaltigen Stimme ausdrücken, kommen aus der Tiefe des Bauchs.

Eine ähnlich plutonische Energie besitzt Lady Gaga (geb. am 28.3.1986 um 09:53 EST in Yonkers, NY, USA), die mit über 150 Millionen verkauften Tonträgern gar zu den erfolgreichsten Sängerinnen aller Zeiten zählt. Sie hat eine Mond-Pluto-Konjunktion im Skorpion, die eine tiefe, abgründige Seele mit vielen Konflikten und einer gewaltigen Stimme verrät, mit der sie sich einst das wenig bescheidene Ziel gesetzt hatte, die Popmusik zu revolutionieren, was ihr auch eindrucksvoll gelang.

Eine große und unvergessene Künstlerin ist die Mexikanerin Frieda Kahlo (geb. am 6.7.1907 um 08:30 LMT in Coyoacán, Mexiko), die für viele künstlerisch tätige Frauen zu einem Vorbild wurde, da die Malerei einst eine reine Männerdomäne war. Sie hat in ihrem Horoskop eine sehr enge Venus-Pluto-Konjunktion in der malerischen Waage. Dass Leidenschaft auch Leiden schafft, verkörperte sie wie kein anderer Künstler. Nach einem schrecklichen Unfall lernte sie zunächst gegen alle medizinischen Prognosen wieder gehen, ein Ziel, das sie mit unbeirrbarer Leidenschaft verfolgte. Dennoch litt sie ihr ganzes Leben unter den Folgen des schweren Unfalls. Das Malen wurde zum Ausdruck ihrer seelischen und körperlichen Qualen. Infolge des Unfalls konnte sie keine Kinder bekommen. Mehrere Fehlgeburten verarbeitete sie in Bildern wie „Meine Geburt“. Schmerz, Leiden und Leidenschaft waren lebenslange Begleiter.

Sich selbst zum Kunstobjekt hatte sich die einst unwiderstehliche Uschi Obermeier gemacht, ein ehemaliges Fotomodell und deutsches Rockmusik-Groupie, die in der Zeit der 68er-Bewegung in Deutschland als Verfechterin der sexuellen Revolution und Mitglied der berühmt-berüchtigten Kommune I in Erscheinung trat. In ihrer Autobiografie „Das wilde Leben“ bestätigt sie unter anderem Affären mit Mick Jagger und Keith Richards von den Rolling Stones sowie indirekt mit Jimi Hendrix. Ihren Schilderungen zufolge bestand das Frühstück mit den Stones immer aus Kaviar und Champagner – in ihrem Fall aus Apfelsaft, einer Linie Heroin und einem Joint. In ihrem Horoskop hat Uschi Obermeier (geb. am

24.9.1946 in München, Geburtszeit unbekannt) Venus im Quadrat zu Pluto, wobei auch dieses Quadrat verschärft auftaucht, da Venus zusätzlich im plutonischen Skorpion steht. Ein Liebesmagie, die zusammen mit dem Gedanken der freien Liebe der Hippies die sexuellen Männerfantasien bis heute befeuert.

Es gibt viele bemerkenswerte Frauen mit diesen Aspekten und Themen, die nicht berühmt sind, die in ihrem Kreis aber dennoch viel bewältigen und bewegen.

Das 5. und 8. Haus

Wenn es um Liebe, Lust und Leidenschaft geht, werden vor allem die Häuser 5 und 8 im Horoskop betrachtet. Speziell beim Thema Sexualität tauchen hier jedoch öfter einmal Irritationen und Unterscheidungsprobleme zwischen diesen Häusern auf, wie wir auf den Seminaren des Astro-Kollegs häufig beobachten können. Wieso kann es zwei Lebensbereiche geben, die mit der Sexualität zu tun haben? Am besten kommen wir dem Ganzen auf die Spur, indem wir versuchen, den Hintergrund dieser Häuser zu verstehen.

Inhaltlich abgeleitet werden diese beiden Häuser von den Tierkreiszeichen Löwe (5. Haus) und Skorpion (8. Haus). Löwe und dessen Zeichenherrin, die Sonne, symbolisieren das Leben, die göttliche Kraft, die Schöpfung und Zeugung, während Skorpion und sein Herrscher Pluto für den Tod, das Loslassen und den Wandel stehen.

Astrologisch gesehen ist das 5. Haus eine große Spielwiese, auf der wir uns vergnügen und das Leben in vollen Zügen genießen. Es ist das Haus der Lebensfreude, in dem wir unsere persönlichen Fähigkeiten, die wir ererbt haben, angezeigt durch das vorausgehende 4. Haus, kreativ umsetzen. Es sagt uns: Alles, was spielerisch und schöpferisch ist, macht Spaß und bringt uns die Freude, lässt unsere Seele aufleben und uns weiterentwickeln. Wer das 5. Haus lebt, sagt Ja zum Leben. Drückendes Pflichtgefühl hat hier nichts zu suchen, weshalb sich Menschen, die hier etwa Saturn stehen haben, oft sehr schwertun, Lust und Freude unbeschwert zu empfinden. Im 5. Haus findet sich unser inneres Kind, das spielen und nicht erwachsen werden will, wie die Märchenfigur Peter Pan, dem die guten Gedanken, die Liebe und die Freude am Leben Flügel verleihen.

Auch unsere realen, leiblichen Kinder sind diesem Bereich zugeordnet, von denen wir Eltern wieder lernen können, was wesentlich im Leben ist: Offenheit, Freude und Leben im Jetzt. Zum 5. Haus und zur Freude gehören folgerichtig die Sexualität, der Flirt, der Eroberungsdrang und die Fähigkeit, sich zu verlieben. Menschen, die eine gut gestellte Sonne, Venus oder (und) Jupiter in diesem Bereich haben, sind tatsächlich oft sehr glückliche Menschen, da sie mit diesen „Wohltätern" hier eine hohe Bereitschaft besitzen, sich auf die schönen Seiten des Lebens einzulassen und in der Lage sind, diese in einer großen Intensität zu spüren.

Wie der Astrologe Stephen Arroyo sagt, erleben Menschen oft die glücklichste Zeit ihres Lebens, wenn Jupiter im Transit ihr 5. Haus durchquert. In dieser Zeit finden wir tatsächlich oft erst den Mut zu leben, wieder jung zu werden, was uns in der saturnischen Mühle des realen Lebens so schnell abhandenkommen kann.

Für eine gute Partnerschaft, zu der die Sexualität als seelischer und körperlicher Ausdruck der Liebe gehört, ist es unheimlich wichtig, diesen Bereich lebendig zu halten. Denn eine gute und erfüllte Sexualität verbindet und baut auch in einem turbulenten Alltag immer wieder Nähe auf. Sexualität, die beiden wohltut und eine Bereicherung für das Leben ist, entsteht ganz natürlich, ohne Zwang, aus Liebe, Flirt und Lebensfreude.

Das 5. Haus ist sehr hell und so etwas wie der Motor unseres Lebens. Ohne Lebensfreude ist keine seelisch-geistige Entwicklung in einem höheren Sinne möglich. Im 5. Haus leben wir unser schöpferisches Potenzial, entwickeln Ich-Kräfte und lernen dabei, uns selbst anzunehmen und zu spüren, was wiederum unerlässlich für eine erfüllende Sexualität ist. Es sagt uns: Sei kreativ, lebe dein Potenzial, auch wenn das bisweilen zwangsläufig mit einem gewissen Egoismus einhergehen muss. Das Aufleben der Sonne und des Ichs gehören nun einmal zum 5. Haus.

Sexualität als Ausdruck der Lebensfreude ist also das 5. Haus. Das 5. Haus ist, um es noch einmal verkürzt zu sagen, der spielerische Sex, der einfach Spaß macht und bisweilen auch nur die Lust, die Freude am Spaß, im Visier hat.

Das 8. Haus ist dagegen sehr viel schwerer zu verstehen. Es ist dunkel, sehr ernst und tiefgründig. Hier geht es um die verborgenen Seiten des Lebens und die Tabus, die Verbote, auf die sich die Menschen geeinigt haben. Das 8. Haus ist der Spiegel des Skorpions und verbirgt vieles, was wir nicht bewältigt, verdrängt und weggeschoben haben. Kräfte, die Schaden anrichten können, die aber auch ein Kraftreservoir darstellen, auf das wir immer zurückgreifen können, das uns hilft, neu zu entstehen, uns zu wandeln und das uns Energie verleiht, wenn wir glauben, dass nichts mehr geht.

Menschen, die diesen Bereich in ihrem Horoskop stark besetzt haben, können nicht so einfach auf die Tanzfläche gehen und gleich loslegen. Sie können auch das Leben nicht nur von der leichten, unbeschwerten Seite aus betrachten. Was ihnen von außen begegnet, berührt sie in ihrem tiefsten Inneren, macht ihnen oft Angst und kann sie verunsichern. Wenn sie sich fallenlassen, ist es ein Sprung in die Tiefe, ins Ungewisse, bei dem sie sich selbst vergessen und überwinden müssen. Deshalb versuchen sie auch immer, sich selbst, das Leben und seine Vorgänge irgendwie zu kontrollieren.

Haus 8 hat mit Grenzerfahrung und Grenzüberschreitungen zu tun, gerade was Tabus betrifft. Es ist die Gratwanderung unseres Lebens. Hier testen wir permanent aus, wie weit wir gehen können, wie weit wir uns trauen, auch und gerade in der Sexualität. Es ist der Bereich, der uns dazu anstößt, uns auf einer tieferen Ebene zu wandeln, tief sitzende Ängste und Probleme anzugehen, Traumata aufzulösen, die möglicherweise noch aus vorigen Leben stammen sowie Emotionen und verdrängte Wünsche anzunehmen, die uns am Aufleben hindern. Hier gilt es, die verlorenen Seelenanteile wiederzufinden und zu integrieren.

Was die Sexualität betrifft, können wir am 8. Haus erkennen, inwieweit ein Mensch in der Lage ist, loszulassen, sich hinzugeben und mit seinem Partner zu verschmelzen. Der Orgasmus, von den

Franzosen „la petite mort“, der kleine Tod, genannt, taucht im Zusammenhang mit dem 8. Haus als Stirb-und-Werde-Erfahrung auf.

Saturn ist in diesem Bereich wiederum ein Planet, der das „Loslassen“ erschweren kann und, nicht immer, aber häufig, sexuelle Hemmungen anzeigt. Diese Saturn-Stellung ist ein wichtiger Hinweis dafür, dass es in diesem Leben höchste Priorität hat, sich mit dem 8. Haus, der Tiefe der Sexualität und auch dem Tod zu beschäftigen.

Wer hier dagegen eine gut aspektierte Sonne oder die beiden Wohltäter Venus und (oder) Jupiter stehen hat, kann ungehindert in die Tiefen der Sexualität vordringen und damit regelrechte Liebesmagie entfachen. Sexualforscher haben häufig ein prominent besetztes 8. Haus oder etwa, wie Oswalt Kolle, der in den 60er-Jahren maßgeblich zur sexuellen Aufklärung der Deutschen beigetragen hat, Venus im Skorpion. Diese vereint, wie Venus-Pluto-Aspekte, alle 8. Haus-Eigenschaften, was die Sexualität betrifft.

Besonders tief und beglückend können wir die Sexualität erleben, wenn Venus oder Jupiter im Transit das 8. Haus durchqueren, die Leidenschaften werden aber auch entfacht, wenn z. B. Mars oder Pluto das 8. Haus durchwandern. Liebesdramen, die oftmals mit unglaublichen, kaum zu ertragenden sexuellen Erlebnissen einhergehen, deuten sich in aller Regel auch an, wenn der laufende Pluto vor allem in Konjunktion, Quadrat oder Opposition zur Geburts-Venus steht.

Zusammenfassend können wir sagen, dass die Sexualität des 5. Hauses spielerischen Charakter hat, während sie im 8. Haus zum tief berührenden, fundamentalen, existenziellen Erlebnis wird, das sehr viel mit Tod, im Sinne von Loslassen, Vertrauen und Aufgeben aller Egokräfte zu tun hat. Ein spannendes Thema, über das noch viel mehr geschrieben werden könnte.

Vergleichen wir die Horoskope eines Paares (Synastrie), dann sind ganz besonders die persönlichen Planeten Sonne, Mond, Venus, Mars und Jupiter im 5. Haus des anderen in der Lage, Liebe zu entzünden. Jeder dieser Planeten kann hier die Lebensfreude, die Lust auf Sex und gemeinsame Unternehmungen steigern. Auch der Kinderwunsch kann durch sie lebendig werden. Wer das 5. Haus seines Partners in irgendeiner Weise positiv besetzt, kann damit eine Quelle der Freude in seinem Leben installieren. Diese Freude kann so etwas wie eine Garantie dafür sein, dass es im Zusammensein niemals langweilig wird. Und darum geht es letztlich in einer Beziehung. Es gibt tatsächlich Paare, die auch nach vielen Jahren der Beziehung noch Herzklopfen bekommen, wenn sie ihren Partner aus irgendwelchen Gründen einige Zeit nicht sehen konnten und dann wiedertreffen. Positive Planetenkräfte im 5. Haus beim Horoskopvergleich fühlen sich einfach nur gut an und gehen häufig mit der Liebe auf den ersten Blick einher.

Fallen beim Horoskopvergleich die Sonne, der Mond oder (und) die beiden Wohltäter Venus oder Jupiter in das 8. Haus des anderen, helfen sie diesem loszulassen, gemeinsam große Wandlungen und Veränderungen im Leben anzugehen und zu bestehen. Natürlich können diese Planeten auch helfen, die Tiefe der Sexualität zu erleben, und nicht zuletzt fördern sie den gemeinsamen Lebensstil und die gemeinsame Geldverwaltung, die ja auch noch dem 8. Haus zugesprochen ist.

Das 8. Haus gehört, um dieses Thema noch weiter zu vertiefen, wohl zu den am schwersten verständlichen astrologischen Feldern, da es sich hier um Verborgenes, nicht Sichtbares, um seelische und weniger um konkrete Inhalte handelt. Pluto hat, seit er 1930 entdeckt wurde, die Regentschaft über dieses Haus übernommen, was allein schon den Wandel dieses Bereiches verdeutlicht. Bedenken sollten wir an dieser Stelle, dass der Zeitraum von damals bis jetzt nicht wirklich groß ist in der Astrologie, die als Erfahrungswissenschaft auf jahrtausendelange Beobachtungen des Sternenhimmels gründet. Allein das Symbol Plutos, der Kreis mit dem eingeschlossenen Mond, symbolisiert die seelische Betonung des 8. Hauses. Der in den Kreis integrierte Mond versinnbildlicht daneben das Streben nach Ganzheit und steht gleichzeitig für die verdrängten und verlorenen Seelenanteile des Menschen, die es wieder zurückzuholen, zu integrieren gilt.

Um dem 8. Haus auf die Spur zu kommen, müssen wir zunächst das 2. verstehen, das ihm gegenüberliegt und mit Geldverdienen und Selbstwert zu tun hat. Das 2. Haus ist der Spiegel des Stiers, ein venusischer Bereich, in dem wir Ja zum Leben sagen und uns verwirklichen sollen.

Im 8. Haus liegen nun das Vermögen des Partners bzw. der Besitz, der in der Beziehung oder Ehe gemeinsam angehäuft wird, sowie Erbschaften, Legate, Versicherungen, Bankgeschäfte etc. Da es auf das 7. Haus folgt, geht es hier auch sehr viel um den gemeinsamen Lebensstil eines Paares, der im Laufe der Beziehung entwickelt wird und zur Ausprägung kommt. Es heißt, dass sich im 8. Haus alle Kräfte des Tierkreises ansammeln und konzentrieren. Es ist der Bereich der Heilung, der Regeneration, der Transformation, des persönlichen Wandels, des Stirb-und-Werde und ganz konkret auch des Todes.

Das 8. Haus ist reinste Kräftekonzentration und letztlich der Sitz der mächtigsten Energie überhaupt, der Sexualität, die eine Art Motor des Lebens und der Liebe ist. Im Wassermannzeitalter wird es immer mehr Menschen geben, die es verstehen, diese enormen Energien in pure Durchsetzungskraft und Kreativität umzuwandeln. Sie werden unglaublich mächtig sein, im guten wie im bösen Sinne. Bis es soweit ist, muss jedoch die Sexualität aus ihrem Gefängnis befreit werden, das ihr in den vergangenen Jahrhunderten vor allem durch fehlgeleitete Religiosität und Körperfeindlichkeit auferlegt wurde. Und genau in dieser Befreiungsphase befinden wir uns gerade.

Die Sexualität gehört wie der Tod zu den größten Tabus, die eine weitere Entsprechung des 8. Hauses sind. Die Sexualität ist etwas Privates, Intimes, Heimliches, für viele Menschen auch Schmutziges und Verbotenes, der Tod darf nicht sein, ist für die meisten pures Grauen und wird verdrängt, bis er da ist.

Das 8. Haus ist das wohl behütete Geheimnis aller Dinge, über die man nicht spricht, die man besser verdrängt, da sie Ängste, Befürchtungen und unangenehme Erinnerung erzeugen oder in tiefe Gewissensnöte stürzen.

Der richtige Umgang mit dem 8. Haus, das einen so großen Einfluss auf unser Beziehungs- und Sexualleben hat, zwingt uns, immer wieder loszulassen: von Besitz, der unserer Entwicklung im Wege steht, aber auch von zwanghaften falschen Vorstellungen,

Gewissensbissen und Ängsten, die uns quälen. Loslassen müssen wir aber auch in der Stunde des Todes und natürlich auch in der Sexualität, im Orgasmus, dem „petite mort", wie die Franzosen sagen, dem kleinen Tod.

Mit der sexuellen Befreiung, der Bemühung um eine bessere Haltung dem Tod gegenüber und überhaupt mit der therapeutischen Konfrontation von Tabus gewinnt das 8. Haus zunehmend an Bedeutung im Leben des modernen Menschen. Zwangsläufig fallen viele Tabus, und gerade die Sexualität wird für viele Menschen zu einem großen Experimentierfeld. Wir wissen inzwischen, dass ohne eine gesunde Sexualität auch die Beziehung nicht erfüllt ist und deshalb nicht stimmen kann. Immer ist die Sexualität so etwas wie ein Gradmesser, ob es zwischen Paaren passt oder eben nicht, und niemand kann sie in einer aufgeklärten Welt noch als nebensächlich oder gar bedeutungslos in Beziehungen abtun.

Inzwischen wird die Homosexualität in den großen Metropolen unserer westlichen Welt weitgehend als eine sexuelle Ausrichtung akzeptiert und nicht mehr als pervers angesehen. Viele Menschen bekennen sich außerdem fast selbstverständlich zu ihren bisexuellen Neigungen. Erotikpartys und Gruppensex greifen um sich, da die Menschen die Sexualität auch als Spielfläche verstehen, die sie nicht ausschließlich mit ihrem Partner teilen wollen. Es fallen immer mehr Tabus: Sado-Maso-Praktiken greifen um sich, Handschellen und Fesseln gehören ebenso wie Sextoys schon beinahe in jeden Haushalt. Und auch in rein spiritueller Hinsicht gibt es in der Sexualität einen Boom zu vermelden. Tantraseminare, bei denen die Befreiung und das bewusste Leben der sexuellen Energien im Vordergrund stehen, werden zahlreich angeboten.

Was immer sexuell auch interessiert und gefällt, darf gelebt werden, solange es anderen nicht schadet. Natürlich gibt es viele negative Auswirkungen der erwachenden Sexualität. Sie ist nicht zuletzt ein großer Markt geworden, in dem ungeheuer viel Geld fließt, denkt man an die Pornoindustrie, die einen kleinen, eher seelenlosen, klischeehaften, männlich unerlösten Teil der Sexualität bedient und die die Freiheit der Zeit und das Unbefriedigtsein der Menschen nutzt, um Geld zu machen.

Trotzdem ist das Fallen von Tabus insgesamt wichtig und von großer Bedeutung, da damit wichtige Selbsterfahrungsprozesse einhergehen, die den modernen Menschen auf die neue Zeit vorbereiten. Wenn wir persönlich wachsen wollen, was unseren Glauben und unsere Liebe betrifft, dürfen wir nicht den Fehler der Kirche begehen und in alten Formen und Ritualen, die längst zu Gefäßen mit leerem Inhalt geworden sind, erstarren.

Wir alle sollten uns bemühen, und das gehört ganz sicher zu unserem Weg, an die Energien heranzukommen, die tief in uns schlummern und die die Zeit bewegen. Es gilt, das 8. Haus völlig neu zu begreifen und zu entdecken. Erst damit können wir uns vollständig von alten Glaubenssätzen und Moralvorstellungen befreien, was den Zugang in eine hellere, freiere Zukunft und glücklichere Partnerschaft ermöglicht. Zu lange haben falsche Moralvorstellungen und Gewissenskonflikte, die zum größten Machtmittel der Kirche wurden, den Menschen gequält und ihm verboten, glücklich zu sein und erfüllte Sexualität zu leben.

Die Balance muss stimmen – Aktive und reaktive Menschen in Beziehungen

Bei manchen Paaren mag die Synastrie, der Horoskopvergleich, gar nicht einmal so ungut sein, und trotzdem mag die Beziehung nicht so richtig funktionieren. Vieles deutet dann auf ein Ungleichgewicht der Beziehung hin, das z. B. dadurch entstehen kann, dass der eine tatkräftig und selbstbewusst ist und der andere passiv und eher zweifelnd, was den eigenen Wert angeht. Klassisch spiegelt das häufig die Mann-Frau-Beziehungen wider.

Er ist der Macher, sie die Helferin im Hintergrund, die ihm alles recht machen will und ihn oft auch noch in seiner Karriere stützt und fördert. Auch heute, in unserer aufgeklärten Zeit, können wir dieses Rollenverhalten noch sehr oft beobachten. Der Mann strotzt vor Selbstbewusstsein und kennt nur den Erfolg, die Frau macht sich klein, passt sich an, „verkauft“ sich beruflich oft unter ihrem Wert.

Der Grund dafür, warum solche Verhaltensweisen auch bei aller Emanzipation der Frau nicht aussterben, ist zweifellos in der Natur verankert. Im chinesischen Yin und Yang, den polaren Naturkräften, dem Ursprung des Seins, beinhaltet das männliche Yang Eigenschaften wie hell, hoch, hart, heiß, positiv, bewegt und aktiv, während das weibliche Yin für feucht, dunkel, weich, kalt, negativ, ruhig und passiv steht. Es gibt also eine natürliche Männlichkeit, die darum bemüht ist, aktiv zu sein, die Initiative auch in der Beziehung zu ergreifen, und es gibt eine natürliche Weiblichkeit, die empfangend, hingebungsvoll, erwartend und reaktiv ist.

In unserem spirituellen abendländischen Weltbild, das ganz entscheidend von der Astrologie geprägt ist, finden wir Yin und Yang in Form von Venus und Mars. Populäre Bücher, in denen etwa berichtet wird, dass Frauen von der Venus und Männer vom Mars stammen, führen allerdings zu einer sehr einseitigen, ja oft klischeehaften Einteilung von Mann und Frau, die im Leben oft nicht stimmt und durch die Überbetonung der Unterschiedlichkeit das Männliche wie Weibliche abwertet. Letztlich werden damit alte und überholte Vorstellungen bedient, die nicht mehr in unsere Zeit passen und die dazu führen, dass Männer ihre Gefühle leugnen und Frauen sich nicht zutrauen, Karriere zu machen.

Die Wahrheit über Mann und Frau liegt wie immer in der Mitte. Natürlich haben Frauen von Geburt an und hormonell bedingt normalerweise mehr Yin und verkörpern ihre Venus und ihren Mond, die Planeten der Weiblichkeit, während Männer oft mehr Yang sowie ihre männlichen Planeten Sonne und Mars verkörpern. Aber, den reinen Mann wie die reine Frau gibt es in Wirklichkeit nur sehr selten, weshalb wir uns nicht auf Mann und Frau und deren typische Verhaltensweisen reduzieren sollten. Auch eine Frau hat in ihrem Horoskop eine Sonne und einen Mars und ein Mann eine Venus und einen Mond, die männliche wie weibliche Wesensanteile in ihnen spiegeln. Mond und Venus in den weiblichen Tierkreiszeichen Stier, Krebs, Jungfrau, Skorpion, Steinbock und Fische machen Frauen noch femininer. Und Sonne und Mars in den männlichen Zeichen Widder, Zwillinge, Löwe, Waage, Schütze und Wassermann einen Mann noch männlicher.

Letztlich entscheidet jedoch die Elementeverteilung aller Planeten im Horoskop darüber, wie viele männliche oder weibliche Anteile ein Mensch hat. Hat ein Mann z. B. einen Krebs-Aszendenten und auch sonst seine persönliche Planeten Sonne, Mond, Merkur, Venus, Mars und Jupiter vorwiegend in weiblichen Zeichen stehen, dann hat er eben auch große weibliche Anteile in sich, ohne dabei gleich zu einer Frau zu mutieren. Er ist dennoch ein Mann, der Gefühle zeigen kann, oft sehr emotional ist und seinem Gespür noch mehr folgt als seiner Ratio und seinem Intellekt. Und Frauen, die ihren Aszendenten etwa in einem urmännlichen Zeichen wie dem Widder stehen haben und ihre persönlichen Planeten weitgehend ebenfalls in männlichen Zeichen, haben dann auch ausgeprägte maskuline Züge, ohne deshalb Mann zu sein. Das sind dennoch die Frauen, die im Zusammenleben meist die Initiative ergreifen, während die „weiblichen" Männer oft sehr viel Empathie, aber auch eine gewisse Passivität besitzen und gerne die Frau machen lassen. In vielen Beziehungen funktioniert das ausgezeichnet, auch wenn der Mann von der Venus und die Frau vom Mars zu kommen scheint.

Wird ein Partner zu aktiv, zu dominant und der andere zu passiv, kann jedoch, wie gesagt, ein Ungleichgewicht entstehen, das die Beziehung lähmt und dafür verantwortlich ist, dass die gegenseitige Anziehungskraft schwindet. Menschen, die viel Wasser und Erde im Horoskop, also vorwiegend die weiblichen Zeichen besetzt haben, haben die Fähigkeit, abwartend zu reagieren, was zu einer reifen Persönlichkeit gehört. Sie müssen aber auch lernen, spontan und entschieden zu handeln, wenn es die Situation erfordert. Umgekehrt müssen die Menschen, die viel Luft und Feuer im Horoskop haben, bei denen also die männlichen Zeichen stark besetzt sind, lernen, Geduld zu wahren, aufzunehmen, zuzuhören, sich hinzugeben. Fehlende Elemente im Horoskop können durch Bewusstheit und entsprechendes Leben durchaus ersetzt werden, was uns hilft, ein gutes Gleichgewicht in unserer Beziehung herzustellen und uns weiterzuentwickeln.

Der Wandel der Liebe im Wassermannzeitalter – Der Partner wird zum Coach

Es gibt in der Astrologie eine Zeitrechnung, die unabhängig von planetarischen Konstellationen ist und die uns sehr viel über die Entwicklung der Welt und der Menschheit verraten kann. Konkret rechnen Astrologen in so genannten „platonischen Jahren“, dem größten kosmischen Zyklus überhaupt. Dieser Zyklus umfasst den Zeitraum, in welchem der Frühlingspunkt rückwärts einmal durch den gesamten Tierkreis läuft. Dieses dauert ganze 25 920 Jahre.

Durchschnittlich verweilt damit der Frühlingspunkt 2160 Jahre in einem Zeichen, was gleichzeitig einem Zeitalter entspricht. Ein Zeitalter wird deshalb auch als ein „platonischer Monat“ bezeichnet. Und momentan haben wir einen platonischen Monatswechsel. Der Frühlingspunkt ist gerade erst von den Fischen in den Wassermann zurückgewandert. Das Zeitalter des Wassermanns zieht herauf.

Der genaue Zeitpunkt des Beginns des Wassermannzeitalters kann allerdings nicht auf das Jahr bzw. den Tag festgelegt werden, und das hat folgenden Grund: Der Tierkreis, der für die Bestimmung eines Zeitalters verantwortlich ist, wird von den so genannten Fixsternbildern Widder bis Fische gebildet, die wir zeitweise am nächtlichen Sternenhimmel beobachten können. Diese Fixsternbilder dürfen keineswegs verwechselt werden mit unserem astrologischen Tierkreiszeichen Widder bis Fische, die an der Ekliptik (Sonnenbahn) zu je 30 Grad pro Tierkreiszeichen unsichtbar am jeweiligen Frühlingspunkt angeordnet sind, quasi reine geistige Energiefelder sind und die einstmals von diesen Fixsternbilder abgeleitet wurden.

Das Problem bei den Fixsternbildern und der exakten Berechnung eines Zeitalterbeginns ist nun, dass diese Fixsternbilder am Himmel teilweise ineinandergreifen, was Sie selbst in einer sternenklaren Nacht gut beobachten können. Das wiederum erschwert die genaue Bestimmung des genauen Frühlingspunktes von einem in das andere Zeichen. Nach Auffassung von bedeutenden Esoterikern, Okkultisten und New-Age-Anhängern steht die Welt seit der zweiten Hälfte des 20. Jahrhunderts im Wassermannzeitalter, was auch die rein äußerlichen Vorzeichen klar bestätigen.

Das Wassermannzeitalter ist, um es kurz zu sagen, das Zeitalter des technischen Fortschritts. Dafür steht Uranus, der Herrscher des Wassermanns. Uranus ist ein sehr radikaler Planet, der in der Zeit der französischen Revolution entdeckt wurde und deshalb auch deren Inhalte „Freiheit, Gleichheit, Brüderlichkeit" verkörpert. Er ist ein Rebell, der alles Alte radikal abstößt, der soziale Gerechtigkeit fordert, der die Zeit enorm beschleunigt und uns von einem Moment auf den nächsten in die Moderne katapultierte. Unter ihm gibt es keine langsamen Prozesse mehr, nur noch fortwährende Umbrüche und Neuerungen. Was früher Wochen, Monate oder Jahre gedauert hat, kann nun in wenigen Momenten und Stunden geschehen. Dies gilt für innere und äußere Entwicklungen, die sich in Wirklichkeit gegenseitig bedingen. Die Menschen werden zunehmend erkennen, dass das gesamte Leben auf dem kosmischen Gesetz „wie oben, so unten, wie innen, so außen" gründet. Die Menschheit entwickelt sich in eine geistige Richtung. Die Spiritualität und die Naturwissenschaft werden sich schon bald nicht mehr als unüberbrückbare Gegensätze gegenüberstehen, die Menschen werden insgesamt feinnerviger, wenn auch vielfach verrückter. Sie werden intuitiver, erlernen wie selbstverständlich die Kunst der Telepathie, und viele werden sich, wie das heute bereits geschieht, der geistigen Welt annähern.

Zum Mittler zwischen der irdischen und der höheren Welt werden die Engel, die in der Astrologie, ebenso wie der Heilige Geist, dem Uranus zugeordnet werden. Über unsere Intuition werden zunehmend viele Menschen die Botschaften und Hilfe der Engel empfangen, was auch dringend nötig ist. Denn die Welt trennt sich im Wassermannzeitalter immer noch stärker in Helligkeit und Dunkelheit, so dass in ihr nicht nur der Himmel, sondern auch die Hölle erscheint. Wir brauchen die Führung der Engel.

Wir befinden uns, wie gesagt, erst am Anfang des neuen Zeitalters. Doch dieser Anfang hat es in sich. Der für unsere Zeit bedeutendste Tiefenpsychologe C.G. Jung, der eine Brücke von der

Psychologie zur Spiritualität schlug und der sich in der Astrologie sehr gut auskannte, sah in den jeweiligen Zeitenwenden von einem Zeitalter in das nächste immer die jeweils größten Veränderungen. Ein neuer Typ von Mensch entsteht, wie er ihn bereits 1958 in seinem Buch „Ein moderner Mythos – Von Dingen, die am Himmel gesehen werden“ angekündigt hat. C.G. Jung spricht darin von einem Wandel des Menschen und der Zeit, „zunächst im Übergang des Stier-Zeitalters zu dem des Widders, sodann vom Zeitalter des Widders zu dem der Fische, dessen Anfang mit der Entstehung des Christentums zusammenfällt“. C.G. Jung weiter: „Wir nähern uns jetzt der großen Veränderung, die mit dem Eintritt des Frühlingspunktes in den Wassermann erwartet werden darf.“

Das Liebesleben und die Beziehungen verändert haben vor allem die Emanzipation der Frau in den 60er Jahren und die sexuelle Revolution. Bis zu diesem Zeitpunkt durften Frauen mehr oder weniger keine Lust empfinden. Die Menschen waren sexuell völlig unaufgeklärt, der Geschlechtsakt war für viele verheiratete Frauen eine reine Pflicht. Alte, überholte Moralvorstellungen, die sich jahrhundertelang gehalten hatten, wichen völlig neuen Erkenntnissen und Einsichten. Alles wurde freier, der autoritäre Führungs- und Erziehungsstil, der sich noch aus der Vergangenheit herübergerettet hatte, wurde nun endgültig zu den Akten gelegt. Im Nachhinein sprach man von der größten gesellschaftlichen Revolution, die in der modernen Zeit stattfand. Und auch wenn wir diese Zeit oft belächeln und uns langhaarige, kiffende Hippies vor Augen erscheinen, wenn wir an diese Zeit denken, dürfen wir nicht vergessen: Die Menschen haben damals persönliche Rechte erkämpft, die die nachfolgenden Generationen wie selbstverständlich übernommen haben.

Das Liebesleben wurde nicht nur freier, sondern auch deutlich aufregender, weil Frauen mit ihren sexuellen Vorlieben und Bedürfnissen nicht mehr hinter dem Berg halten mussten, sondern diese offen ansprachen. Die Frau von heute hat ihr altes Rollenverständnis, das die jahrtausendelange Herrschaft des Patriarchats festlegte, endgültig aufgegeben. Sie ist nicht mehr nur Mutter und Ehefrau, die in Abhängigkeit vom Gatten lebt, sie will nun selbst ihr Leben bestimmen, Arbeiten gehen, Anerkennung finden, Karriere machen.

Die Frau arbeitete sich, um es kurz sagen, in die Männerwelt vor und stieß diese vom Thron, indem sie Tätigkeiten und Rollen übernahm, die bisher nur Männern zugewiesen waren. Und damit begann erst das große Dilemma des Mannes, der nun als reiner Versorger und als Familienoberhaupt, Macher ausgedient hatte. In die Frauenwelt konnte er, wie umgekehrt die Frauen in die Männerwelt, nicht so einfach vorstoßen, da Männer bis heute eine andere Erziehung genießen. Und wenn der Mann ausbricht, wird er als „Weichei" und „Softie" verspottet. Nein, Männer müssen „ihren Mann stehen", Frauen haben sich in unserer westlichen Welt auf den Weg der Emanzipation begeben. Und so kommt es, dass das Selbstbewusstsein und Selbstverständnis der Frauen zunehmend ansteigen, während Männer immer mehr in eine Rollenkrise geraten.

Diese fängt bereits in jungen Jahren an. Psychologen und Pädagogen sprechen schon seit Jahren von einem ernsthaften Jungenproblem. Die Statistiken der vergangenen Jahre beweisen es: Die Abiturientenquote von Mädchen liegt bei 55%, die von Jungen bei 45%. Nahezu zwei Drittel der Hauptschüler sind männlich, mehr noch gehen auf die Förderschule. ADHS, das „Zappel-Philipp-Syndrom", tritt bei weniger als einem Drittel der Mädchen auf, ebenso Schulversagen und Leistungsverweigerung. Selbstmorde kommen bei Jungen zehnmal häufiger vor als bei Mädchen. Diese alarmierende Liste ließe sich beträchtlich verlängern. Von diesem Jungenproblem nimmt die Öffentlichkeit dennoch kaum Notiz.

Vermutlich kommen Frauen in dieser Wassermannwelt, in der es keinen Alleingang mehr gibt und in der das soziale Netzwerk, das es privat wie beruflich aufzubauen gilt, eine Notwendigkeit darstellt, einfach besser zurecht. Zumindest liegt es mehr in ihrer Natur. Es ist nicht mehr die Zeit, in der man mit der Muskelkraft spielt und in der das Recht des Stärkeren gilt. Es ist die Zeit, in der wir auf andere ein- und zugehen müssen, um Erfolge zu erzielen. Wir müssen Kompromisse eingehen, Kooperationen anstreben und können uns nur dann dauerhaft durchsetzen, wenn wir soziale

Kompetenz besitzen. Nur draufhauen, befehlen und unter Druck setzen können sich auch die mächtigsten Arbeitgeber bald nicht mehr erlauben, was die vielen sozialen Revolutionen und der zunehmend laute Schrei nach Gerechtigkeit in unserer Welt beweist.

Mädchen tragen von Geburt an ein sogenanntes soziales Gen in sich, Jungen das Krieger-Gen. Jungen lieben den Wettkampf, wollen sich messen und körperlich in Form von Raufereien spüren. Ein natürlicher Unterschied, dem allerdings nicht mehr Rechnung getragen wird. Denn in nahezu allen Erziehungsberufen haben Frauen die eindeutige Mehrheit, allein in Grundschulen sind 90% der Lehrer weiblich. Vielen Familien fehlt heute außerdem der Vater, der seine Kinder oftmals nur alle 14 Tage am Wochenende bei sich hat, da viele Frauen sich inzwischen auch Kinder ohne Mann „leisten". Das wiederum hat zur Folge, dass viele Jungen schlichtweg keine männliche Identifikationsperson mehr finden.

Was die Sexualität betrifft, sind Männer ebenfalls stark verunsichert. Plötzlich ist sie da, die starke Frau, die man(n) so sehr fürchtete, dass er sie, wie in einem der vorigen Kapitel beschrieben, noch im Mittelalter als Hexe darstelle und verbrannte. Jetzt will sie beim Geschlechtsakt selbst dominieren, wie die mythologische Figur Lilith, die erste Frau Adams, die, wie im Talmud berichtet wird, beim Sex stets oben liegen wollte. Lilith war Adam gleichgestellt, wie er von Gott aus Lehm erschaffen, sie war stolz und selbstbewusst und sehr eigenwillig. Jede Art von Unterordnung war ihr fremd. Oft wird sie von Kopf bis zum Nabel als eine wunderschöne Frau dargestellt, hüftabwärts aber als brennendes Feuer, das auf ihre starken sexuellen Leidenschaften hinweist. Zwischen Lilith und Adam entbrannte nach den alten Erzählungen schon bald ein Streit darüber, wer beim Geschlechtsakt oben liegen durfte. Adam konnte sich nicht durchsetzen, und Lilith verließ im Zorn das Paradies. Gott versuchte sie vergeblich aufzuhalten, und so wurde Lilith, um es kurz zu machen, zur Göttin der Nacht.

Aus der Bibel tatsächlich verbannt, entdeckten die spirituell orientierten Feministen in den 60er Lilith wieder und machten sie zur Symbolfigur ihrer Bewegung. Die ersten Frauenbuchhandlungen und Frauencafés nannten sich oft Lilith. Und auch als weiblicher Vorname wurde Lilith immer beliebter. Der Lilithmythos steht letztlich für die Unabhängigkeit und Gleichheit der Frau, für ihre starke Sinnlichkeit und Sexualität, die durch die Kirche und das Patriarchat in unserer Gesellschaft lange unterdrückt wurde, so dass Lilith und die triebhafte Seite der Frau, die vor allem in der Hexe ihre Symbolfigur findet, ein Schattendasein führen musste.

Diese „Schatten“ sind mit der Emanzipation der Frau, die inzwischen nicht mehr nur mit kurzen Haaren und maskulinem Gehabe die Gleichberechtigung einfordert, sondern in unserer Zeit erst die volle Stärke und Macht des Weibseins allmählich erkennt, zum Leben erwacht.

Und was passiert mit dem Mann? Seien wir ehrlich, er hat zumindest sehr oft Angst vor dieser Stärke. Eine Frau, die mehr verdient als er, eine Frau, die beim Sex nicht nur hingebungsvoll ist, sondern jetzt auch die Initiative ergreifen will, wenn ihr danach ist, beraubt ihn seines Mars, seiner Männlichkeit, seiner Libido, die dazu bestimmt ist, zu führen, zu beherrschen (siehe Kapitel „Die Angst der Männer vor starken Frauen“).

Die Frau befindet sich in unserer Zeit irgendwo zwischen Lilith und ihrem Gegenstück Eva, die in der patriarchalen Tradition steht und für Mütterlichkeit, Bescheidenheit und Folgsamkeit steht. Der Mann ist wie gesagt verunsichert, da mit dem Untergang des Patriarchats auch seine Rolle in Frage gestellt wird, die er jahrtausendelang einnahm.

Aus astrologischer Sicht müssen wir zunächst ganz nüchtern feststellen, dass natürlich der Mann dem männlichen Sonnen- und Mars-Prinzip unterworfen ist. Während die Sonne für den Geist, die Einsicht die Vernunft steht, ist Mars der Planet männlichen Muskel- und Willenskraft, der Planet, der handelt, agiert, kämpft und immer siegen will. Umgekehrt ist die Frau dem Mond- und Venus-Prinzip unterworfen. Während die seelischen und mütterlichen Kräfte des Mondes sie oft instinktiv handeln lassen und ihr dieses unauslöschlich gewaltige Bedürfnis des Umsorgens und Behütens schenken, verleiht ihr Venus diese zauberhaften erotischen Kräfte, ihre Anmut und ihr Bedürfnis nach Frieden, Harmonie, Nähe und Zweisamkeit.

Sonne und Mond, Venus und Mars gehören einfach zusammen. Die Sonne im förderlichen Aspekt mit dem Mond steht für Harmonie zwischen Geist und Seele und zwischen Mann und Frau. Die Venus günstig zu Mars steht für die sexuell erfüllende Beziehung zwischen Mann und Frau.

Im alten Patriarchat hatten Männer, wie gesagt, ausschließlich ihre aktiv männliche Seite gelebt und die Frauen ihre passiv weibliche. Das ist jetzt völlig anders. Im Wassermannzeitalter werden die Menschen nämlich zunehmend androgyner – genauso wie die Engel, die nicht nur zu den Führern, sondern mit ihrer bedingungslosen Liebe auch zu unseren Vorbildern werden. Wir werden wie sie lernen, Menschen mit dem inneren Auge zu betrachten, was sicher auch zu vielen ungewöhnlichen Liebesbeziehungen in dieser Zeit führen wird.

Männer und Frauen nähern sich im Wassermannzeitalter einander an, was nicht heißen soll, dass sie nun alle bisexuell werden, wobei die Zunahme dieser sexuellen Neigung durchaus eine Begleiterscheinung davon ist, die wir bereits jetzt beobachten können. Die Frauen entdecken insgesamt ihre männlichen und die Männer ihre weiblichen Kräfte und werden diese immer mehr zulassen und leben. Sich zu allen Nuancen der eigenen Persönlichkeit zu bekennen, fällt Frauen im Moment sicher noch leichter als Männern. Sie gehen insgesamt auch sehr viel unverkrampfter mit dem eigenen Geschlecht um, was den Austausch von Zärtlichkeiten betrifft. Männer wurden zumindest in der westlichen Welt niemals Hand in Hand miteinander spazieren gehen. Nein, das wäre undenkbar, da sie sofort den Stempel des Schwulseins aufgedrückt bekämen.

Das Ziel der Liebe im Wassermannzeitalter ist die Liebe in Freiheit, Gleichheit und Freundschaft. Diese neue Form der Liebe gibt Uranus vor, der in seinen radikalen Veränderungen auch die Liebe miteinbezieht.

Freier heißt, dass sich die Menschen durch ihre Beziehung nicht mehr einschränken lassen wollen. Auch nicht von Kindern, die, wie es bereits in Frankreich, Schweden und Finnland passiert, früh in Kindertagesstätten unterbracht werden. Frauen gehen nicht mehr an den Herd zurück, wobei auch hier die Ausnahme die Regel bestätigt. Was die Bildung betrifft, haben Frauen längst aufgeholt, und sie sind immer öfter in führenden Positionen zu finden, wenngleich diese Entwicklung erst angefangen hat.

Die neue Freiheit bezieht sich aber auch auf die Ehe und die Sexualität. In der Ehe muss es Reformen geben, ganz ähnlich wie in der katholischen Kirche. Denn nach wie vor zerstören kostspielige Scheidungen, die durch die Schnelllebigkeit der Zeit eher noch zunehmen als abnehmen werden, viele Existenzen. Zumindest aber erschweren sie jeden Neuanfang.

Ihrer Zeit weit voraus, was nötige Ehereformen betrifft, war bereits 2007 ausgerechnet eine Politikerin von der konservativen Partei CSU, Gabriele Pauli, mit der Forderung, Ehepartner sollten nach einem bestimmten Zeitraum zu einer Verlängerung ihres Bundes aktiv „Ja sagen", um ihre Ehe zu verlängern. „Es kann also auch lebenslange Ehen geben", sagte Pauli. Tatsächlich aber werde jede zweite Ehe frühzeitig geschieden. Viele Ehepartner blieben nur noch aus Angst vor Trennung, finanzieller Abhängigkeit oder wegen Steuervorteilen zusammen. Aber die Ehe sei nicht dazu da, Sicherheit zu bieten, sondern „nur die Liebe" zähle, sagte Frau Pauli zur Begründung ihres Vorstoßes.

„Nur die Liebe zählt" ist der Grundgedanke des Wassermannzeitalters. Die Liebe entsteht und kann sich auch nur weiterentwickeln aus absoluter Freiwilligkeit. Der neue Mensch wird sehr empfindlich auf Verpflichtungen reagieren, die er nicht aus Liebe bereit ist einzugehen. Die Zeit, in der man Menschen moralisch unter Druck setzte, sie an ihre Eheversprechen erinnerte, ist endgültig vorbei. Verpflichtungen können nur noch aus eigener innerer Einsicht und eigenem Wollen entstehen und nicht, weil es ein Vertrag vorschreibt.

Schon länger angebrochen ist die Zeit des Lebensabschnittspartners. Das heißt, der Lebensweg wird nur so lange gemeinsam gegangen, bis sich Menschen auf mehr oder weniger natürliche Weise auseinanderentwickeln. Viele Menschen werden dadurch bestimmt noch berechnender, pragmatischer und egoistischer, denn das Risiko, das sie nun bei einer Heirat eingehen, ist überschaubar und kalkulierbar geworden.

Viele Menschen, die im Wassermannzeitalter den spirituellen Weg gehen, werden nun aber auch wieder sehr positiv auf die Heirat reagieren. Ihnen ging es sowieso noch niemals um einen Vertrag, der alles Rechtliche regelt, sondern in erster Linie um das innere Versprechen, um die Liebe, die aus vollem Herz ja sagt zu ihrem Partner und die daran glaubt, dass sie ewig hält.

Schwierig bleiben vorerst sicherlich die Themen Ehe und sexuelle Treue. Bedenkt man, dass die Menschen im Mittelalter durchschnittlich 30 Jahre alt geworden sind und dass in den kommenden 50 Jahren das durchschnittliche Alter bereits an die 90 kratzen wird, dann müssen wir uns doch ernsthaft fragen, ob es überhaupt möglich ist, über solch lange Zeiträume, in denen man verheiratet ist, treu zu bleiben. 20, 30, 50 Jahre niemanden mehr anfassen, mit niemandem mehr flirten, kuscheln und küssen zu dürfen, ist das nicht geradezu unmenschlich? Haben wir uns mit diesen Erwartungen, die von körperfeindlichen religiösen Dogmen gefördert wurden, nicht selbst maßlos überschätzt?

Treue ist und bleibt für die Liebe unerlässlich. Aber was ist Treue, wo fängt die Untreue an? Sind bereits sexuellen Fantasien ein Zeichen von Untreue? Ist es überhaupt Untreue, wenn man sich sexuell mit einem fremden Menschen vergnügt, aber innerlich seinem Partner treu bleibt? Fragen, die den modernen Menschen zunehmend beschäftigen. Es ist anzunehmen, dass sich die Menschen in Zukunft in festen Beziehungen größere sexuelle Freiheiten zugestehen als bisher. Wie weit diese reichen, darüber aber kann und darf es nicht wieder Regeln geben. Der Mensch des neuen Zeitalters will es allein mit sich und seinem Partner ausmachen, welche Freiheiten er sich selbst und ihm zumuten kann. Wer liebt, will seinen Partner nicht verletzen, und die Treue, wie immer sie ein Paar für sich definiert, entsteht wiederum aus Liebe und absoluter Freiwilligkeit.

Geändert hat sich in unserer Zeit zunächst die Erwartungshaltung an einen festen Partner. Auch sind die Menschen zweifellos anspruchsvoller in ihrer Partnerwahl geworden. Die Beziehung auf Augenhöhe ist angesagt. Achtsamkeit wird zum geflügelten Wort für Beziehungen. Viele Partnerschaftsberater sehen inzwischen die tiefe Freundschaft als unbedingte Basis einer Ehe an, die halten soll. Denn in der Freundschaft steckt viel von dem, was auch eine Liebesbeziehung gut gebrauchen kann: Solidarität, freiwilliges Zusammensein, soziales Verhalten. Alles Attribute, die dem Wassermann und seinem Zeichenherrscher Uranus entsprechen. Freundschaften tun gut, weil sie eng und erfüllend und trotzdem zwanglos sind. Freundschaften muss man wie die Liebe aber auch pflegen, und dafür brauchen wir wieder das soziale Verhalten. Wir müssen uns um unseren Partner genauso kümmern wie um unsere Freunde, wenn wir ihn behalten wollen.

Eine moderne Beziehung braucht neben der Arbeit an ihr aber auch Lebendigkeit. Es gilt, seinen Partner in seinem ganzen Sein zu erkennen, zu sehen und zu fördern. Die Frau und der Mann sind von ihren traditionellen Rollen befreit, was sie aber nicht daran hindert, alte Rollen wieder aufzugreifen. Sie werden sich nur auf einzelne Rollen nicht mehr reduzieren lassen. Der höchste und ideale Anspruch an eine Frau wird sein, dass sie Gattin, Liebhaberin, Freundin und Mutter in einem ist. Und der perfekte Mann soll Gatte, Liebhaber, Freund und Vater sein. Noch viel mehr sollte der Partner immer auch eine Art Coach sein, er soll einen fördern und weiterbringen im Leben. Gemeint ist damit keine berufliche Förderung, sondern mehr die Unterstützung in der eigenen Persönlichkeitsentwicklung. Das bringt Paare zusammen, ja das schweißt sie zusammen und das trennt sie, wenn diese Förderung fehlt, da die Entwicklung in irgendeiner Form auseinandergegangen ist. So gesehen ist es wichtig, dass Paare trotz aller Gegensätze, die auch im Horoskopvergleich durchaus erwünscht sind, doch auch über große Gemeinsamkeiten verfügen sollten. Ob man dann nur seelenverwandt ist oder tatsächlich seinen Seelenpartner gefunden hat, kann nur das Leben zeigen.

Der Zeitpunkt, wann sich Wege von Liebenden kreuzen und wo sie sich treffen, bleibt ein Mysterium, das auch der beste Astrologe nicht lösen kann. Ein Astrologe kann allenfalls sagen, es besteht eine gute Chance, seinen Seelenpartner kennenzulernen, wenn etwa Jupiter, „das große Glück“, wie ihn die alten Astrologen nannten, durch Haus 7, den Bereich der Partnerschaft im Horoskop, läuft. Nicht mehr, nicht weniger. Der Zufall selbst ist göttlich: Zwei Menschen wandeln durch Zeit und Raum, und plötzlich kreuzen sich ihre Wege, wenn beide genau an dem Punkt ihrer Entwicklung angekommen sind, an dem eine Liebesbeziehung mit dem jeweilig anderen möglich wird.

Erfolg ist auch ein Geschenk der richtigen Partnerwahl

Frauen wünschen sich heutzutage ebenso häufig den beruflichen Erfolg wie Männer. In alten klassischen Astrologie-Lehrbüchern finden wir unter der Sonne in Haus 10, dem Bereich der großen Lebensziele, noch Aussagen wie: „Beruflich erfolgreicher, gesellschaftlich angesehener Gatte“ etc. Die Sonne, das geistige, männliche Prinzip, die Entfaltungskraft, wurde ausschließlich den Männern zugeschoben. Heute akzeptieren wir, dass auch eine Frau eine Sonne und einen Mars in ihrem Horoskop hat, den sie nicht abgeben, sondern selbst leben will. Dasselbe gilt auch für Männer, die eben auch einen Mond und eine Venus in ihrem Horoskop haben, die selbst eine Fürsorglichkeit, einen guten Geschmack usw. besitzen.

Gegenseitige Förderung ist, wie bereits im vorherigen Kapitel beschrieben, im heutigen Wassermannzeitalter ein Muss, eine unbedingte Grundlage für jede Beziehung, die dauerhaft bestehen soll. Ja, man könnte dieses sich gegenseitig weiterhelfen, sich stärken und Türen öffnen sogar als eine Art Motor von modernen Beziehungen sehen.

Sehen wir nun unsere Planeten des Geburtshoroskops als Kräfte, die gelebt werden wollen, dann sollten wir uns darum bemühen, sie durch unser Leben und unsere Tätigkeiten zum Ausdruck zu bringen. Wir freuen uns auf gute Transite, die diese Planeten ansprechen und fördern, so dass wir in manchen Zeiten eben besonders große Erfolge feiern dürfen.

Neben den Transiten dürfen wir aber nicht das Horoskop und die Planeten unseres Partners vergessen, die in Form der Synastrie, wie in einem der ersten Kapitel beschrieben, eine Art Dauertransit zu unserem Horoskop bilden. Die Erfahrung und die Geschichte lehren uns nun, dass hinter erfolgreichen Menschen immer ein Partner steht, der diese auf seine Art fördert. Beispiele dafür gibt es unzählige.

Der richtige Partner kann aus jemandem, der eine schwache Sonne hat und sich mit durchschnittlichem beruflichen Erfolg zufriedengeben würde, einen Erfolgsmenschen machen – wenn etwa der Jupiter seines Partners eine Konjunktion oder ein Trigon zu seiner Sonne bildet. Jupiter schenkt der Sonne Vertrauen und das Gefühl, viel erreichen zu können. Allein durch die Verbindung mit dem Jupiter-Eigner wird so das eigene Ich unglaublich aufgebaut. Manche Menschen fühlen sich durch einen neuen Partner plötzlich unglaublich motiviert und entwickeln Interessensgebiete, die bislang für sie gar nicht auf dem Plan standen. Andere entdecken durch ihren Partner gar ihren Beruf im Sinne der Berufung, weil seine Sonne oder sein Jupiter in ihr 10. Haus (große Lebensziele) fällt. Wiederum andere bekommen durch ihren Partner das Gefühl, sich überhaupt erst entfalten und selbstverwirklichen zu können, weil dieser etwa seinen Jupiter an ihrem Aszendenten bzw. im 1. Haus hat.

Steht ein Wohltäter, wie die Sonne, Venus oder Jupiter, im eigenen 5. Haus, wird der Partner zu einem Quell niemals versiegender Lebensfreude. Und ganz wichtig: Er fördert bewusst oder unbewusst die eigenen Talente und Anlagen. Wer ein Künstler ist, dem werden solche Planeten des Partners in seinem 5. Haus unter Umständen sogar zu wahren Meisterwerken verhelfen. Letztlich können wir unseren Partner und er uns auf allen möglichen Gebieten fördern oder umgekehrt auch blockieren. Hat der Partner etwa eine Mars-Saturn-Opposition, und steht diese nun beim Horoskopvergleich in Konjunktion oder im Quadrat zur eigenen Sonne, dann hemmt der Partner die eigene Entfaltung, ja fühlt sich davon sogar angegriffen, was dazu führt, dass man in so einer Partnerschaft niemals sein eigenes Potenzial ausschöpfen kann.

Der Gradmesser für eine gute Partnerschaft ist heutzutage – noch mehr als zu allen anderen Zeiten zuvor – der Erfolg, den beide in ihrem Leben haben. Es ist geradezu unglaublich, welche Möglichkeiten aus einer sich gegenseitig anregenden Synastrie entstehen können, welche Kräfte sie beim Einzelnen freisetzen kann. Eine gute Synastrie kann das gesamte Schicksal in eine komplett andere Richtung lenken. Denken wir z. B. an die 60er-Jahrgänge, die vielfach Saturn in Opposition zu einer Uranus-Pluto-Konjunktion in ihrem Geburtshoroskop haben, dann ist es für diese Menschen besonders wichtig, dass sie einen Partner haben, der durch sein Horoskop diese Opposition, die sehr destruktive Kräfte anzeigt und die auch gesundheitliche Beeinträchtigungen bringen kann, nicht zusätzlich angreift. Ein Partner, dessen aufbauende Planeten, wie Sonne, Mond, Venus, Jupiter, in einem harmonischen Sextil bzw. Trigon zu dieser schwierigen Opposition stehen hat, ist ein Segen, ja ein großartiger Helfer, mit dessen Unterstützung auch schweres Karma aufgelöst werden kann.

Letztlich müssen wir bei der Synastrie nicht nur die gegenseitige Wirkung der Planeten und Achsen beachten, sondern eben auch die Wirksamkeit unserer Planeten in den Horoskophäusern des anderen und umgekehrt. Die Astrologie lehrt uns eindrucksvoll, dass wir durch unseren Partner tatsächlich zu einem anderen Menschen werden können. Auch bei dieser Betrachtungsweise der Synastrie gilt jedoch, dass spannungsgeladene Interaspekte zwischen Menschen nicht immer nur blockieren, sondern durch ihre Reibung mitunter anregen und zu größeren Taten motivieren können.

Eine Synastrie richtig zu deuten, ist wirklich nicht einfach, es bedarf Zeit und Ruhe, um sie vertieft betrachten zu können. Immer wieder können wir die Horoskope von unserem Partner und uns vergleichen und werden niemals aufhören, Neues zu entdecken. Am schwierigsten ist die Bewertung aller Einflüsse und Interaspekte zusammen, die erst ein Gesamtbild der Beziehung ergeben.

Grundsätzlich können wir sagen, dass alle Planeten des Partners, die in unsere Eckhäuser des Horoskops (1,4,7,10) fallen, eine besonders große Bedeutung haben und umgekehrt, da die Eckhäuser so etwas wie unsere Lebensgrundlagen sind. Das 1. Haus und der

Aszendent beschreiben unsere Persönlichkeit, der IC und das 4. Haus unsere Wurzeln, der Deszendent und das 7. Haus die Partnerschaft und der MC und das 10. Haus unsere Lebensziele.

Allein sind wir nicht so viel wie mit unserem Partner. Die meisten unter uns sehen heute als eines der größten Ziele in ihrem Leben die persönliche Entwicklung an, zu der der Beruf oder doch zumindest eine große Leidenschaft gehören, die unserem Leben Sinn verleiht. Alle Planeten auf oder in unserem 10. Haus haben, wie gesagt, großen Einfluss auf unsere Ziele, wobei dieser auch völlig unbemerkt sein kann. Ein Partner, der seinen Saturn in unserem 10. Haus hat, kann unsere berufliche Entwicklung hemmen, gegebenenfalls aber auch fördern, sofern dieser Saturn weitere günstige Aspekte zu unserem Horoskop bildet und im eigenen Horoskop nicht allzu angeschlagen ist. Dann ist mit Hilfe des Partners auch ein langsamer, aber stetiger beruflicher Aufstieg möglich. Fällt der Uranus des Partners in unser 10. Haus und erscheint angespannt, kann die Unruhe, die durch den Partner hinzukommt, unter Umständen permanente berufliche Wechsel anstoßen.

Vom ersten Augenblick einer Begegnung beginnen wir, uns zu wandeln, gibt es ein gemeinsames Schicksal. Wir haben – bewusst oder unbewusst – den Anspruch, dass uns der Partner irgendwie auch weiterbringt. Und das ist richtig.

Paare, die zusammenarbeiten – Fluch oder Segen?

Gemeinsam leben und arbeiten ist allerdings ein Wunsch, den gewiss nicht alle Paare teilen. Die einen sehen darin die totale Erfüllung, für andere wäre es geradezu ein Albtraum, mit ihrem Partner auch noch den beruflichen Existenzkampf führen zu müssen. Unterschätzen sollte man dieses Thema trotzdem nicht. Bei den einen funktioniert es, bei den anderen ist die enge Zusammenarbeit gleichbedeutend mit dem Ende der Ehe.

Es ist eine Tatsache, dass viele große und erfolgreiche Unternehmen der Geschichte von Mann und Frau im Wohnzimmer gestartet wurden. Der Zusammenhalt, den sich ein Paar durch seine Liebe aufgebaut hat, kann Berge versetzen, ist eine Kraft, die durch nichts und niemand ersetzt werden kann. Es gibt viele Beispiele prominenter Menschen, die ihre großen Erfolge nur dadurch feiern konnten, dass ihnen ihr Ehepartner tatkräftig zur Seite stand. Man denke hier etwa an das einst mächtigste Ehepaar der Welt, Michelle (geb. am 17.1.1964 in Chicago IL, Geburtszeit unbekannt) und Barack Obama (geb. am 4.8.1961 um 19:24 Uhr in Honolulu). Er war vermutlich einer der besten und klügsten Präsidenten der USA, dem heute noch viele Menschen, nicht nur in Nordamerika, nachweinen. Und er konnte das nur sein, weil er und seine Frau, die ihm intellektuell und von ihrer Ausbildung her in nichts nachstand, ein geradezu perfektes Team waren. Michelle Obama, die erfolgreiche Rechtsanwältin und Autorin, hielt ihrem Mann nicht nur den Rücken frei, damit er sich entfalten konnte. Nein, als First Lady dieser großen Nation war sie im Hintergrund aktiv an seiner Regentschaft beteiligt.

Während er ein sensibler Löwe mit einem Sonne-Neptun-Quadrat ist, ist sie ein eher dominanter Steinbock, der vermutlich den größeren Willen zur Führung besitzt. Aber genau so hat es gepasst. Sie sagte einmal: „Er ist einer der wenigen Männer, die ich kenne, die vor starken Frauen keine Angst haben".

Natürlich hatte auch dieses erfolgreiche Paar Krisen, wie jedes andere Paar auch. Und natürlich musste sich auch Obama als mächtigster Mann der Welt Kritik von seiner Frau anhören. Bewundernd bemerkte er damals: „Sie ist klug. Und sie sagt mir Dinge, die sich andere vielleicht nicht trauen würden".

Für die beiden war die Zusammenarbeit ein Segen. Es ist ein unbeschreibliches Gefühl, wenn sich Menschen in einer engen Liebesbeziehung auch noch von ihren Fähigkeiten her ergänzen und gegenseitig fördern. Das Talent im jeweilig anderen zu erkennen, es zu lieben, zu schätzen, verleiht Flügel, holt einfach das Schönste und das Beste aus Menschen heraus. Paare können durch eine gemeinsame Tätigkeit und die gegenseitige Unterstützung dabei in ihrer persönlichen Entwicklung weiterwachsen und reifen. Der Erfolg wird sich in diesen Fällen von allein einstellen. Aber, wie gesagt, es muss passen.

Der gegenseitige Respekt, die Begegnung auf Augenhöhe und auch die Bewunderung für den jeweilig anderen sind ein Muss, ohne die jede Beziehung gnadenlos scheitert. Versucht sich einer über den anderen zu stellen, bekommt einer das Gefühl, vom anderen ausgenutzt oder nur ihm zu Diensten zu sein, entsteht ein Ungleichgewicht, das nicht nur die Beziehung allmählich sterben lässt, sondern auch für das berufliche Ziel nicht förderlich ist.

Und es gibt weitere Regeln, die ein gemeinsam tätiges Paar unbedingt beachten muss. So dürfen die Sorgen des Büros nicht mit nach Hause genommen werden, da sonst die Möglichkeit, in der Begegnung mit dem Partner zu entspannen, verlorengeht. Beruf ist Beruf, und Privates muss ein geschützter Raum bleiben. Im Berufsleben müssen beide professionelle und klare Grenzen ziehen. Es müssen unbedingt Freiräume für beide bestehen, die nicht angetastet werden dürfen, zuhause und am Arbeitsplatz. Für gemeinsame freizeitliche Tätigkeiten muss Zeit übrigbleiben. Privat- und Liebesleben dürfen nicht vernachlässigt werden. Wichtig ist es ferner, für seinen Partner äußerlich attraktiv zu bleiben. Niemand darf sich in die Zuständigkeit des jeweils anderen hineinmischen, es dürfen lediglich Ratschläge gegeben werden, sofern diese gefragt werden. Die Tücke liegt hier oft im falschen Ton, der keinesfalls implizieren darf: „Ich weiß es besser". Werden solch gefährliche Klippen bewusst umschifft, kann es funktionieren, dann können die gemeinsamen Ziele eine unglaubliche Erfüllung bedeuten, das kann immer wieder beobachtet und erlebt werden.

Für manche Paare kann, wie gesagt, ein berufliches Miteinander auch der Anfang vom Ende der Beziehung sein. Nicht jedes Paar und nicht jede Synastrie sind dafür geeignet. Klar, es müssen im Horoskopvergleich auch Widerstände da sein, an denen sich ein Paar reiben kann. Aber, es müssen auch die Reife und die Bereitschaft bestehen, diese als Herausforderung zu sehen. Wird die gegenseitige Kritik destruktiv und persönlich, geraten Beziehung und Zusammenarbeit schnell in eine Abwärtsspirale.

Bei jedem Paar gibt es Punkte, die den einen beim anderen nerven und umgekehrt. Und gerade da stellt sich immer wieder die Frage, wie sehr der Partner als Gesamtperson geschätzt und geliebt wird und ob diese Wertschätzung auch für eine enge Zusammenarbeit genügt, in der wir permanent die guten Interaspekte mit ihm spüren, in der wir aber auch häufig an den schwierigen Interaspekten zu kauen haben, welche wie ungute Transite sind, die leider nicht vergehen. Dieses Spannungsfeld ist, solange wir uns die schönen Seiten unseres Partners vor Augen halten und diese auch noch erkennen können, fruchtbar.

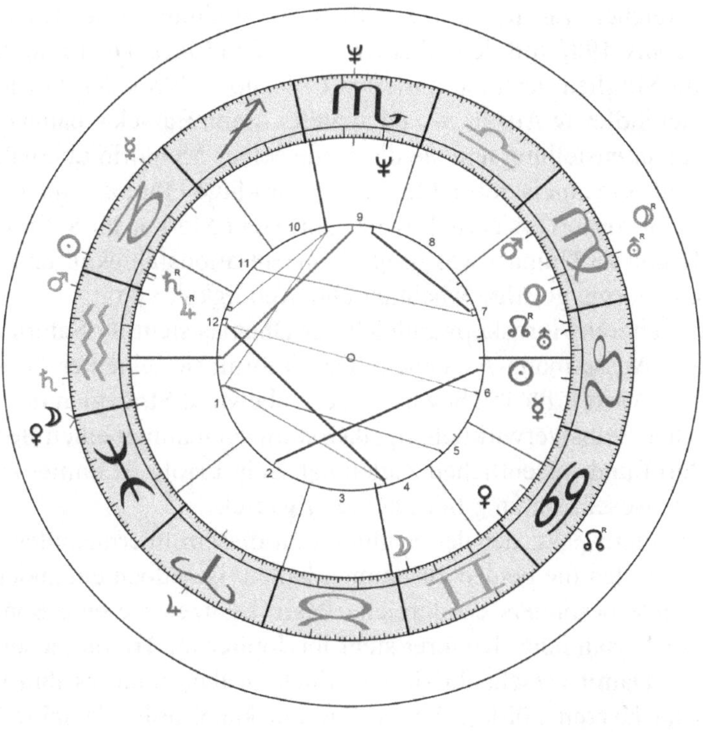

Beispiel: Horoskopvergleich (Synastrie) Barack und Michelle Obama

Beim Horoskopvergleich der Obamas tun sich überraschende Interaspekte auf. Im Spiel ist Saturn, der Planet des unausweichlichen Schicksals. Der Saturn von Barack Obama steht auf ihrer Geburts-Sonne. Ein Interaspekt, den viele haltbare Ehen besitzen. Saturn verleiht der Sonne Stabilität und Orientierung. Die Sonne umgekehrt fügt sich in die ehrgeizigen irdischen Ziele des Saturns ein, der Form und Richtung vorgibt. Die Tragik dieses Interaspekts ist, dass die Sonne unter diesem Saturn-Einfluss des Partners nur noch wenig eigenen Bewegungs- und Entfaltungsspielraum vorfindet. Saturn verpflichtet die Sonne, ihm zu dienen.

Michelle Obama hatte ja ihre Karriere für die ihres Mannes auch erst einmal aufgegeben, obwohl sie selbst zunächst wesentlich erfolgreicher war als er. Sie schloss ihr Studium an der Harvard University 1988 mit dem akademischen Grad Juris Doctor ab und wurde Mitglied des renommierten Chicagoer Büros der Anwaltskanzlei Sidley & Austin, wo ihr späterer Mann Barack Obama eine Praktikantenstellung und sie die Rolle seiner Mentorin übernahm. Michelle Obama ist tatsächlich eine sehr kluge Frau, was auch aus ihrem Horoskop ersichtlich wird. Dort steht Merkur im Steinbock im Trigon zu Uranus, was große Konzentrationsfähigkeit und zugleich enorme geistige Wachheit und Wendigkeit verrät.

Im weiteren Horoskopvergleich der Obamas steht ihr Saturn auf seinem Wassermann-Aszendent. Damit formt sie seine Persönlichkeit, entwickelt für ihn bewusst oder unbewusst Strategien der beruflichen Selbstverwirklichung, da Saturn auch immer einen Bezug zu Beruf und wesentlichen Zielen hat. Sein Erfolg ist immer auch ihrer gewesen. Daran gibt es keinen Zweifel.

Der Interaspekt, der der Schlüssel zu diesem überragenden Erfolg war, den die beiden zusammen hatten, ist jedoch ein anderer: Wie viele besonders erfolgreiche Paare besitzen sie eine Sonne-Jupiter-Verbindung. Konkret steht ihr Jupiter im Trigon zu seiner Sonne. Damit verschenkt sie ihr Glück an ihn, gönnt es ihm von ganzem Herzen, fördert ihn, wo sie nur kann, holt alle seine Fähigkeiten aus ihm heraus, machte ihn zu dem, was er heute ist. Man darf hier durchaus von einem großen „Wohltäter-Interaspekt" sprechen. Ohne Michelle Obama und ihren Jupiter wäre sein Aufstieg zum mächtigsten Mann der Welt wohl nicht geglückt, denn Barack Obama hat kein wirklich auffälliges Horoskop, was äußerlichen Erfolg betrifft. So steht unter anderem seine Löwe-Sonne im 6. Haus, in dem sie dienen soll. Sie ist fein und idealistisch, auch durch das Quadrat, das sie mit Neptun bildet. Sie ist aber keine typische Löwe-Sonne, die sich um jeden Preis in den Mittelpunkt stellen wollte. Dies hat erst der Jupiter von Michelle aus ihr herausgekitzelt.

Auf jeden Fall profitiert aber auch der Jupiter von Michelle Obama vom guten Winkel seiner Sonne zu ihm. Die Sonne stachelt den Jupiter ebenfalls dazu an, den Erfolg zu suchen, groß zu denken und zu handeln, wie es der Natur Jupiters entspricht, dem Planeten der Fülle, der Weite, der Expansion und des alles überragenden Erfolgs. Seine Sonne gibt ihrem Jupiter das Gefühl, dass es nach oben keine Grenzen gibt, die nicht zu überwinden wären.

Alle Paare, bei denen die Sonne des einen in Konjunktion, Sextil, Trigon oder auch Opposition zum Jupiter des anderen steht, haben auf ihre Art grenzenlose Perspektiven, auch in einer gemeinsamen Tätigkeit, sofern sie innerlich bereit sind, sich gegenseitig bewusst zu fördern und auch an gemeinsamen Widerständen zu wachsen. Sonne-Jupiter-Winkel bedeuten nicht alles, sind aber doch sehr prominente und vielversprechende Interaspekte.

Der gegenseitige Einfluss Saturns im Horoskopvergleich der Obamas offenbart aber auch, dass große gemeinsame Erfolge nur dann möglich sind, wenn der eine für den anderen auch bereit ist, Opfer zu vollbringen und wenn Pflicht, Verantwortung, Ehrgeiz und Ausdauer der Unterbau des Glücks sind.

Das i-Tüpfelchen des gemeinsamen Glücks ist immer Jupiter. Oftmals genügt es, wenn Paare in ihrem Horoskop jeweils selbst einen Sonne-Jupiter-Winkel haben. Es müssen keine Interaspekte in der Synastrie zwischen Sonne und Jupiter vorhanden sein, damit Paare sich gegenseitig fördern und weiterhelfen, beruflich wie privat. Sonne-Jupiter gibt, ohne eine Gegenleistung zu erwarten. Das ist wunderbar.

Sonne, Mond und die Liebe im Alltag

Viele von uns kennen das: Wir verlieben uns auf einem Fest, auf einer Reise oder im Urlaub. Die Liebe ist rauschend, schön und ideal, eine himmlische Liebe, die keine Grenze zu kennen scheint. Wird sie dann jedoch tatsächlich konkret und sinkt vom Himmel in den Alltag hinein, zerplatzt sie oft wie eine Seifenblase. Irgendwie hat sich das Gesicht, die Stimme, vielleicht sogar der Geruch des Menschen verändert, für den man eben noch sein bisheriges Leben aufgeben wollte. Plötzlich nervt er, stellt Ansprüche, engt ein. Und auch der Sex, der zu Beginn geradezu ekstatisch war, fühlt sich nach totaler Ernüchterung an.

Es ist das alte Lied: Zur echten Liebe reifen die Gefühle erst dann, wenn sie im Alltag bestehen können. Für den Alltag und vor allem auch unser Zuhause und das häusliche Leben ist vor allem unser Mond zuständig. Er hat mit unserer Seelenlage und unseren Grundstimmungen zu tun, die zwangsläufig mit dem Partner harmonieren müssen, will man gemeinsam den oft nüchternen Alltag oder gar Krisenzeiten bewältigen.

Der Widder-Mond ist eher aktiv und unruhig, manchmal auch etwas laut und poltrig, bringt zeitweise viel Unruhe ins Heim, der Stier-Mond strahlt Ruhe aus, fühlt sich zuhause am wohlsten, der Zwillinge-Mond ist irgendwie immer auf Achse, als würde er von zuhause flüchten, will Kontakte knüpfen, sucht Begegnungen und liebt den geistigen Austausch, der Krebs-Mond braucht ein geradezu riesiges Quantum an Häuslichkeit und seelischer Nähe und kümmert sich permanent um seine Familienmitglieder, der Löwe-Mond entwickelt vor allem im häuslichen Bereich eine gewisse Dominanz und Geltungsbedürfnis, spielt gerne König bzw. Königin, der Jungfrau-Mond muss es zuhause ordentlich und überschaubar haben und wird im Alltagsgeschehen oft arg nüchtern, was seine Gefühle betrifft, der Waage-Mond kann plötzlich große Ansprüche entwickeln und spielt aufgrund seiner Harmoniesucht nur Freundlichkeit vor, der Skorpion-Mond kann plötzlich eifersüchtig, besitzergreifend und unendlich kompliziert werden, der Schütze-Mond fühlt sich gerade im Alltag und im Zuhause schnell eingeengt und bevormundest, der Steinbock-Mond will sich unbedingt zurückziehen dürfen, braucht viel Ruhe und Beschaulichkeit und kann keinen Unruhegeist im Zuhause ertragen, der Wassermann-Mond fühlt sich wie der Schütze-Mond schnell eingeengt, was ihn oft spontan die Flucht aus einer Beziehung ergreifen lässt, und der Fische-Mond will auch im Alltag träumen dürfen und nicht durch selbst gemachten Stress aus seiner inneren Ruhe gerissen werden.

Jede Mond-Stellung im Horoskop hat ihre ganz eigene und persönliche Gefühlslage, die, wie gesagt, vor allem im Alltag zum Ausdruck kommt und nicht mit jedem funktioniert. In der Synastrie sind deshalb Mond-Mond-Harmonien, also wenn der Mond des einen im Sextil oder Trigon zum Mond des Partners steht, unbedingt erwünscht. Diese Interaspekte helfen einem Paar, auch im größten Stress den inneren Kontakt zueinander nicht abreißen zu lassen bzw. sich nach Auseinandersetzungen wieder zu finden. Mond Quadrat Mond kann dagegen durch die permanent unterschiedlichen Empfindungen nerven, reizen, provozieren.

Eine starke innere Harmonie kann wiederum die gleiche Zeichenstellung des Mondes und noch mehr die genaue Konjunktion zwischen Mond und Mond anzeigen. Die ähnliche Seelenlage und gleiche Empfindungen schaffen einfach eine gewisse Grundübereinstimmung im Vorgehen und in der Abwicklung des Alltags. Viele gedankliche, intellektuelle Gegensätze können damit überwunden werden. Eine Ausnahme bildet auch hier die Opposition zwischen Mond und Mond, die gegensätzlich, aber auch irgendwie anregend ist. Wenn der eine im Stimmungstief ist, kann es dem anderen gelingen, durch die völlig andere Wahrnehmung und Empfindung seinen Partner aus dem Tief zu befreien und umgekehrt.

Sehr erwünscht im Alltagsgeschehen sind ferner das Sextil und das Trigon zwischen Sonne und Mond, was eine Übereinstimmung zwischen Geist, Entfaltung und Empfinden schafft. Auch diese Interaspekte helfen Paaren, ein gutes Team im Alltag zu bilden. Einen sehr lebendigen Energieaustausch zwischen Paaren verspricht ferner die Opposition zwischen Sonne und Mond. Der Mond-Eigner kann dabei den Sonnen-Eigner gleichzeitig herausfordern wie emotional stützen. Die Sonne fordert umgekehrt den Mond heraus und stößt ihn dennoch nicht aus seiner inneren Mitte.

Die Sonne-Mond-Konjunktion ist ohnehin einer der besten Interaspekte, die in der Synastrie möglich sind, vor allem wenn der Mond-Eigner der Mann und der Sonnen-Eigner die Frau ist. Diese Konjunktion kann ein großer Hinweis darauf sein, dass der Idealpartner gefunden ist. Im besten Falle kann hier sogar von so etwas wie Dualseelen gesprochen werden.

Falls die restliche Synastrie gegen eine Liebesverbindung spricht, ist hier auch auf freundschaftlicher Ebene oder in der beruflichen Zusammenarbeit zwischen Mann und Frau ein beinahe blindes Verstehen, das von einer starken Grundsympathie getragen wird, möglich.

Bin ich für die Heirat gemacht? Die Astrologie als Ehetest

Obwohl die Ehe von vielen nicht mehr als zeitgemäß gesehen wird, ist und bleibt sie doch für viele Menschen sehr bedeutend. Schließlich ist ihr Versprechen auch mit dem Glauben an die eine große Liebe verknüpft. So sollte es zumindest sein. Dennoch kommt sie nicht für jeden infrage, weshalb man sich vor einer Heirat testen sollte – idealerweise mit Hilfe der Astrologie.

In unserem Kulturkreis ist die Frage nach Heirat, Ja oder Nein, eine Frage zur Liebe. Möchte ich diesen Ausschließlichkeitspakt mit diesem Menschen eingehen? Wie fühlen sich mein Herz, mein Bauch und mein Verstand mit dieser Entscheidung? Und egal, wie ich mich in dieser Frage entscheide – es ist gut so! Niemand kann mich in dieser Sache zu etwas zwingen, das ich nicht will. Auch wenn manche tatsächlich erst vor dem Traualtar kehrtgemacht haben. Kein Mensch ist wie der andere. Und auch der Bindungswille ist sehr individuell ausgeprägt. Bei manchen ist das charakterlich veranlagt, bei anderen wurde es durch Erfahrungen geprägt. Wie immer, bei allen wichtigen Entscheidungen des Lebens, ist es daher so wichtig, sich über sich selbst und seine Bedürfnisse im Klaren zu sein.

Ein Mensch mit ausgeprägten Näheängsten wird mit jeder Art von enger Beziehung Schwierigkeiten bekommen. Die Liebe und eine Heirat können diese Probleme nicht heilen. Sie kann nur Auslöser dafür sein, sich den Ängsten zu stellen und daran zu arbeiten. Erst wenn sie überwunden sind, kann man sich tiefer einlassen. Es gibt andere Menschen, die blühen geradezu auf, wenn sie einen Partner sicher hinter sich wissen. Die zur Entfaltung der persönlichen Eigenarten und Talente die Energien des Partners wie einen Katalysator brauchen. Man sollte sich also, bevor man eine Heirat erwägt, eingehend mit sich selbst und seiner Psyche beschäftigt haben.

Überall, wo es um die Selbsterforschung geht, kann die Astrologie zur großartigen Hilfe werden. Sie gibt uns über das Horoskop einen Überblick über unsere innere Struktur. Und sie kann uns auch in Einzelbereichen weiterhelfen.

Über unsere Bindungsfähigkeit und -bereitschaft gibt uns unter anderem das 7. Haus im Horoskop Auskunft. Vor allem Planetenbesetzungen in diesem Bereich sind sehr aussagekräftig. Menschen, die den Partner als „Katalysator" brauchen, haben oft die Sonne im 7. Haus stehen. Diese Menschen sind sehr auf das Du bezogen und heiraten gerne. Trotz dieser Bindungsneigung haben sie gewisse Freiheitsansprüche. Das muss unter einen Hut gebracht werden.

Ein starkes Bedürfnis nach einem Partner und einen nahezu instinkthaften Bindungsdrang haben Menschen mit dem Mond in diesem Haus. Sie haben ein starkes Bedürfnis nach Verbundenheit, können jedoch in ihren Ansichten recht schwankend sein.

Merkur steht für Kontaktfreudigkeit und Vielschichtigkeit. Hier ist der geistige Austausch mit dem Partner sehr wichtig. Aber eine Heirat muss es nicht unbedingt sein, denn die Neugier auf andere Menschen treibt immer wieder voran.

Sehr romantisch, liebevoll und hingabefähig macht die Venus im Partnerschaftshaus. Sie kann sich nichts Schöneres vorstellen als zu heiraten. Sie unterschätzt allerdings häufig die Anforderungen und Pflichten, die mit so einem Schritt verbunden sind und kann dann leichtfertig und unbeständig werden.

Streit und Versöhnung wechseln sich ab, wenn Mars im 7. Haus steht. Alles wird lebendig, temperamentvoll und aktiv, aber auch anstrengend. Die Anpassungsbereitschaft ist nicht sehr hoch und der Partner kann als Konkurrent empfunden werden, den man gerne mal im Wettstreit an die Wand spielt.

Einen Vorschuss an Vertrauen gewährt jemand mit Jupiter im Partnerhaus. Jupiter, als Zeichen der Legalität, heiratet auch gerne. Vor allem, wenn dabei seine hohen Ideale mit ins Spiel kommen. Er kann das Beste aus einer Beziehung machen und wie kein anderer eine Partnerschaft als Bereicherung erleben. Wird es allerdings zu unbequem für ihn, sucht er schon mal das Weite.

Ein Zeichen für Näheängste und Verletzungen kann Saturn in Haus 7 sein. Aus Angst vor dem Alleinsein flüchtet man in eine Beziehung, die man selbst dann noch aufrechterhält, wenn Hopfen und Malz längst verloren sind. Hier ist es wichtig, langsam in eine Beziehung hineinzuwachsen. Erfahrungen zu sammeln und zu prüfen, ob das wirklich der richtige Partner ist. Denn einmal eingegangene Verbindungen sind nur schwer zu lösen.

Lebendigkeit, Abwechslung und immer wieder Neues bringt Uranus in die Partnerschaft. Er ist das Gegenteil vom Bindungswillen, denn sein Freiheitsdrang ist enorm. Er braucht die Unabhängigkeit, doch wenn die gewährleistet ist, lässt er sich sogar auf Beziehungen ein. Und er bleibt auch – solange er die freie Wahl hat.

Um eine Seelenverwandtschaft geht es mit Neptun in Haus 7. Der Partner wird gerne zum Idealbild auf einen Sockel erhoben und in ihm wird der Liebe gehuldigt. Anpassungs- und Opferbereitschaft, die aber zu großen Enttäuschungen führen kann.

Extrem kann sich das Beziehungsleben mit Pluto in Haus 7 gestalten. Leidenschaft, Sex, Exzesse, Gier, Eifersucht, Macht und Ohnmacht bilden die Grundlage. Ein starker Magnetismus hält die Partner beieinander, und eine Lösung dieses Pakts fällt meistens sehr schwer.

VERSCHIEDENE ARTEN VON BEZIEHUNGEN

Plutonische Beziehungen – Wenn Lust und Liebe Leiden schaffen

Wollen Sie wissen, woran Sie plutonische Beziehungen erkennen? Eigentlich müssen Sie sich nur einmal die Geschichte der berühmten Schauspieler Liz Taylor und Richard Burton näher zu Gemüte führen. Ihre Verbindung gilt als eine der bewegendsten und dramatischsten Liebesbeziehungen des 20. Jahrhunderts. Sie hassten sich zutiefst und liebten sich grenzenlos, konnten nicht dauerhaft zusammen sein, litten aber unendlich unter einer Trennung. So kam es, dass sie sich immer wieder in extremen Auseinandersetzungen entzweiten, um dann wieder in einem Liebesrausch zusammenzufinden. Zweimal heirateten sie gar, zweimal ließen sie sich scheiden. Letztlich endete die Beziehung nicht gut.

Plutonische Beziehungen ziehen einen vollständig in ihren Bann. Für andere Dinge und Menschen bleibt da oft keine Zeit mehr. Solch eine magische Liebe kann einen in jungen Jahren oder in weit fortgeschrittenem Alter überraschen und das bisherige Leben komplett aus den Angeln heben. Oft kommt es genau so oder ähnlich: Ein Paar hat viele Jahre lang guten, aber auch nicht besonders leidenschaftlichen Sex. Das Leben ist vollkommen in Ordnung, wenn auch nicht besonders aufregend. Man funktioniert als Team und in der Elternrolle, und auch sonst passt das meiste, es läuft alles in geordneten Bahnen. Aus dem Alter, in dem man sich noch einmal heftig verliebt, wähnen sich die meisten sowieso schon heraus, vor allem wenn die Kinder bereits erwachsen sind und der wohlverdiente Ruhestand bereits im Kopf herumgeistert. Was soll da noch passieren? Ja genau, die Begegnung, die man nur aus Liebesfilmen kennt, die zwar stets heimlich ersehnt wurde, aber weit ab war von jeder Realität. Plötzlich funkt es, die Knie zittern, und Schmetterlinge im Bauch verhindern jede Nahrungsaufnahme. Plutonisch ist dieses Gefühl, wenn es nicht mehr vergeht und schon gar nicht mehr zu verdrängen ist. Und wenn es gar zwanghaft wird, das heißt, wenn man alle seine bisherigen Vorsätze, etwa, keine Heimlichkeiten zu haben und seinen Partner niemals zu betrügen, über Bord schmeißt, dann wird die Wahrscheinlichkeit immer noch größer, dass es sich um die magische, die plutonische Liebe handelt, die alle Ketten sprengt, keine Grenzen kennt, die einfach sein muss, um jeden Preis, und die so dermaßen intensiv ist, dass es manchmal schon wehtut, wenn der jeweils andere nur den Raum verlässt. Wer das schon einmal erlebt und dann vor allem auch überlebt hat, der kann Richard Burton und Liz Taylor gut verstehen.

Pluto ist der Zeichenherrscher des Skorpions, weshalb er keine Kompromisse kennt, und natürlich müssen Menschen von ihrem Horoskop her gewisse Anforderungen erfüllen, um überhaupt zu einer solch extremen Liebe bereit zu sein. Hat eine Frau z. B. Venus im Wassermann, dann wird sie in der Liebe niemals so weit gehen und so tief sinken, dass sie sich dabei selbst zu verlieren droht. Außer ihre Venus steht in Spannung zu Pluto. Dann heißt es: „Willkommen im Club!“ Diese Venus wirkt ähnlich wie die berüchtigte Skorpion-Venus, die im plutonischen Sinne unheimlich tief und leidenschaftlich lieben kann, die aber auch extrem Angst davor hat, verlassen zu werden, weshalb sie oft Machtkämpfe provoziert, indem sie ihrem Partner droht, ihn zu verlassen, damit er es nicht mehr kann. Eine plutonische Liebe kennt keine Logik, und im Extremfall vernichtet sie wie ein Skorpion alles, bevor sie zerstört wird.

Zu plutonischer Liebe sind außerdem Menschen mit Pluto am Aszendent, Mond-Pluto-, Sonne-Pluto-, Mars-Pluto-Spannungen, Mond oder Sonne in Haus 8 (Spiegel des Skorpion), überhaupt Menschen mit einer starken Betonung des Skorpions und des 8. Hauses, fähig. Also plutonische Menschen. Genaueres muss hier jedoch unbedingt im Einzelfall geklärt werden.

Und in der Synastrie, dem Vergleich zweier Horoskope, müssen als Interaspekte auch entsprechende Spannungen, z. B. zwischen

Pluto und Aszendent, Mond, Venus oder Mars auftauchen, damit von einer plutonischen Liebe gesprochen werden kann.

Richard Burton war vom Sonnenzeichen ein Skorpion, und zwar der Typ eines knallharten Skorpions, da er eine Sonne-Saturn-Konjunktion besaß. Liz Taylor war eine Fische-Frau, die für Männer sowieso immer schwer zu fassen sind, und hatte ihren Mond, den Planeten der Weiblichkeit, im Skorpion. Riecht nach Femme fatal, zumal ihre heftige Widder-Venus, die in Konjunktion zu Uranus stand, auch noch ein Quadrat zu Pluto bildete. Das heißt, sie suchte immer wieder das Drama und den Schmerz als Kick, Verlustängste bereiteten ihr ebenso Schmerz wie große Lust.

In der Synastrie dieser Horoskope bilden seine Sonne und ihr Mond sogar eine Konjunktion im Skorpion, wodurch die Leidenschaft des einen auf den jeweilig anderen projiziert wurde. Heftig aber ist sein Pluto im Quadrat zu ihrer bereits brandgefährlichen Venus. Venus macht hier den Pluto abhängig, und Pluto begehrt die Venus so stark, dass diese sich unter Umständen gedrängt und unterdrückt fühlt. Bei diesem Paar wird die Synastrie außerdem durch ein Quadrat seines Mars zu ihrem Saturn erschwert, was für eine karmische Feindschaft steht und die heftigsten Auseinandersetzungen bei Paaren provoziert, die vorstellbar sind.

Manchmal ist so eine Liebe einseitig, das heißt, nur einer von beiden begehrt den anderen so heftig, dass Verlustängste und Eifersucht zu schaffen machen. Dieser von seinen Leidenschaften gequälte Mensch wird früher oder später verlassen, wenn er sein Pluto-Thema nicht aufarbeiten und in den Griff bekommen kann. Denn auch der verständnisvollste Partner wird damit auf Dauer nicht klarkommen können.

Wenn die Liebe beidseitig ist, dann nimmt das Schicksal seinen Lauf. „Bis dass der Tod uns scheidet“, könnte man sagen, und so ist es auch oft. Dennoch bleibt die plutonische Liebe immer eine Gratwanderung. Liebe kann hier oft in Hass umkippen und umgekehrt. Beide Gefühle und Emotionen haben ja viel miteinander zu tun, liegen oft enger beieinander als gemeinhin angenommen wird. Je stärker ein Mensch den anderen liebt und begehrt, desto größer sind das Gefühlsvakuum und der Schmerz, die bei einer

Ablehnung oder etwa Fremdgehen entstehen. Die Glut der Liebe, die wirklich alles für den anderen tun und erleiden würde, wird dann zum Feuer des Hasses. Die Rache ist nun dominierend, und zwar ähnlich kompromisslos wie zuvor die Liebe. Auch jetzt können sich die Betroffenen dieser enormen Emotion nicht erwehren und beginnen, mit offenen Augen und im vollen Bewusstsein alles nachhaltig und oftmals unwiderruflich zu zerstören, was ihnen kurz vorher noch lieb und teuer war. Die Leidenschaft schafft eben häufig Leiden, wie das Wort schon sagt.

Bei Venus-Pluto-Verbindungen in der Synastrie muss es sich allerdings nicht immer um Sex, Erotik und Liebe handeln. Sofern der Pluto-Eigner nämlich überhaupt keine leidenschaftliche Anlage hat, wird er zwar immer versuchen, den Venus-Eigner zu besitzen, er wird ihn aber kaum durch sexuelle Abhängigkeit an sich binden können. Möglicherweise aber durch materielle. Die Wege Plutos können vielfältig sein.

Im „goldenen Käfig“ befinden sich oft Frauen, deren Venus vom Pluto ihres Mannes in einer Konjunktion, einem Quadrat oder einer Opposition angegriffen wird. Dieser Mann will seine Frau besitzen, hat Angst, sie zu verlieren und wird alles in seiner Macht Stehende tun, damit sie sich wohlfühlt. Ist die Beziehung sexuell betont, wird Pluto hier jedoch immer wieder den Sex einfordern, was die Frau letztlich in die Flucht treiben kann.

Eine Liebe, die so stark und fesselnd und gleichzeitig so destruktiv ist, dass die Betroffenen körperlich, geistig und seelisch immer mehr abbauen, kann häufig nur noch durch viel Hass aufgehalten werden. Er scheint hier der einzige mögliche Sprengstoff zu sein, der die totale Verschmelzung auflösen kann. Und doch zeigt auch der Hass, wie gesagt, an, dass die beiden immer noch innerlich miteinander verbunden sind.

Es ist schwer zu sagen, ob man einem Menschen die plutonische Liebe wünscht. Als Eltern würde man seine eigenen Kinder wohl gerne davon verschont sehen. Und auch selbst haben die meisten unter uns wohl vor diesen starken Gefühlen Angst, auch wenn wir uns insgeheim danach sehnen. Wer sie einmal erlebt hat, etwa, als der laufende Pluto einen Spannungswinkel zu seiner Venus bildete oder Pluto sein 7. Haus durchquerte, wird plötzlich Shakespeares „Romeo und Julia“ verstehen und ist in die tiefsten Geheimnisse der Liebe eingeweiht. Wer vor allem diese Transite gekostet hat, bleibt auf Tiefe und Leidenschaft in der Liebe gerichtet, wird sein Bild von einer Beziehung komplett wandeln, ja transformieren. Sofern eine plutonische Liebe schiefgegangen ist, werden Mann und Frau immer wieder danach suchen, bewusst oder unbewusst. Wer eine plutonische Liebe erlebt hat, ist „vorgeschädigt“, kann keine flache Vernunftbeziehung mehr auf Dauer führen. Wie Süchtige werden diese Menschen immer wieder nach der besonderen Begegnung suchen, die ihnen das Herz und manchmal auch den Verstand raubt.

Wichtig ist es allerdings auch, aus plutonischen Beziehungen, die nicht gutgegangen sind, zu lernen. Sonst hätten sie keinen Sinn. Wir müssen begreifen, dass wir keinen Menschen besitzen und kein Anrecht auf Liebe haben, so sehr wir sie auch begehren. Sicher gehört diese für manche Menschen zu den härtesten Lektionen des Lebens. Wer das verinnerlichen kann, wird erst eine freie und glückliche Liebe erfahren können, die vielleicht sogar für immer hält.

Uranische Beziehungen – Wenn sich zwei nicht einsperren lassen

Wie viel Nähe und wie viel Distanz braucht eine Beziehung? Dieses Problem beschäftigt fast jeden, der eine engere Beziehung führt. Es gibt jede Menge gute Ratschläge dafür, wieviel Freiheit Menschen brauchen und wann besonders enge Beziehungen zu ersticken drohen. Doch die eine Beziehung, auf die das alles zutrifft, gibt es glücklicherweise nicht. So wie Menschen individuell sind, ist auch jede Beziehung einzigartig.

In unserer modernen Zeit tritt immer mehr ein ganz spezieller Beziehungstyp in Erscheinung, den es früher eigentlich gar nicht gab. Das heißt, es gab ihn schon, aber er durfte nicht sein und er wurde gesellschaftlich nicht akzeptiert. Die Rede ist vom uranischen Menschen, nennen wir ihn einfachheitshalber Uranier, der auch in einer festen Beziehung seine absolute Freiheit und Unabhängigkeit einfordert. Rein astrologisch ist dieser Beziehungstypus ein Kind des Wassermannzeitalters, in dem Freiheit und Selbstverwirklichung großgeschrieben werden.

Der Uranier ist ein Typ, der selten eine Ehe eingeht und wenn, dann nur mit einem Menschen, der ähnlich selbstständig wie er ist und keine Einengung ertragen kann. Ehe bedeutet für ihn normalerweise: „Du gehörst mir, ich gehöre dir". Und vor allem das Zweitere kann er absolut nicht ertragen. In früheren Zeiten war es mehr oder weniger ein Muss, eine bürgerliche Ehe zu führen in den klassischen Rollen: Die Frau war die Hüterin der Kinder und des Haushalts und der Mann das autoritäre Familienoberhaupt, der das zum Leben notwendige Geld verdient.

Die Heirat war mehr oder weniger ein Muss, wollten Mann und Frau anständig leben. Scheidungen waren ein großes Drama, das nicht sein durfte. Und so lebten besonders freiheitsbewusste Menschen oft ein Leben lang in Zwängen, die völlig ihrer Natur widersprachen. Ein Quell vieler Lebensdramen, die nicht gut enden konnten.

Heutzutage können solche uranischen Menschen glücklicherweise eine Beziehung nach ihrer Vorstellung führen, ohne gesellschaftlich geächtet zu werden und in eine Außenseiterrolle hineingedrängt zu werden. Man muss nicht mehr heiraten, um als Paar Anerkennung zu finden und Kinder zu haben, man muss auch nicht mehr im gleichen Zuhause aufeinandersitzen. Viele dieser uranischen Menschen führen eine Beziehung in getrennten Wohnungen, was ihnen den nötigen gegenseitigen Freiraum gibt, um dann auch wieder frei und ohne Zwang aufeinander zugehen zu können.

Aus meiner astrologischen Praxis kenne ich viele Menschen der älteren Generation, solch freiheitliche Charakterzüge besitzen, diese aber niemals leben durften. Ist der Partner gestorben, drängt es auch diese Menschen nach einer Beziehung, die sie nun endlich in einer neuen und freieren Form führen wollen.

Ich habe aber auch immer wieder mit Klienten zu tun, die sich ihres starken Unabhängigkeitsdrangs nicht bewusst sind und sich auf Menschen einlassen, die entweder gebunden sind oder weit weg leben. Dadurch können sie nicht eingeengt werden, leiden aber trotzdem unsäglich unter solch unaufgelösten Situationen.

Uranische Typen haben im klassischen Sinne sicherlich nicht immer, aber doch öfter Bindungsprobleme, da es ihnen schnell zu eng wird und sie sich von allzu fordernder Liebe schnell eingesperrt fühlen. Früher und auch heute noch scheitern sie häufig an den althergebrachten Vorstellungen von Beziehungen. Uranische Menschen werden dann schnell als unzuverlässig und beziehungsunfähig hingestellt. Dabei müssen sie nicht weniger treu sein als andere und können sehr wohl tiefe und verlässliche Liebesbeziehungen führen. Man darf ihnen nur nicht das Gefühl vermitteln, sie kontrollieren und in ihrer Entfaltung einschränken zu wollen.

Gelegentlich kommen nun auch Beziehungen zustande, in denen beide hundertfünfzigprozentige Uranier, also exzentrische, widersprüchliche, einfach ungewöhnliche Typen sind. Dann brennt Uranus ein wahres Feuerwerk der freien, wilden und ungestümen Liebe ab, wie es unter den Hippies und der in den 60er Jahren vorherrschenden Uranus-Pluto-Konjunktion so oft der Fall war. Revoluzzer Uranus wandte sich damals mit Hilfe der unerschöpflichen Energie Plutos gegen alles Etablierte und sprengte alle vorherrschenden Beschränkungen und Tabus.

John Lennon und Yoko Ono sind ein berühmtes Beispiel für solch eine uranische Liebe, die einst von dieser Zeit inspiriert wurde. Man gab dieser Liebe nur ein kurzes Haltbarkeitsdatum, doch aller Unkenrufe zum Trotz hat sie alle Widrigkeiten und Anfeindungen überlebt. Nur der Tod konnte sie trennen. Zwei begabte, außergewöhnliche Künstlernaturen, die die Schicksalshaftigkeit ihrer Beziehung erkannt und gelebt haben. Faszination Uranus!

Wann spricht man nun von einem Uranier? Welche Kriterien muss er erfüllen, um so bezeichnet zu werden? Nun, uranische Züge haben zumindest Menschen mit Sonne, Aszendent oder Mond im Wassermann, dessen Zeichenherrscher Uranus ist. Sehr dominant tritt Uranus unabhängig davon in Erscheinung, wenn er etwa in Konjunktion, Quadrat oder Opposition zur Geburts-Sonne steht. Diese Menschen sind unglaublich eigenwillig, fühlen sich schnell eingeengt und eingesperrt und wollen immer anders sein als die anderen. Ähnlich verhält es sich bei Mond-Uranus-Konjunktion, -Quadrat oder -Opposition. Diese Menschen haben eine unglaubliche Intuition, neigen aber zu plötzlichen Stimmungswechseln und schnell auftauchenden Engegefühlen. Typisch für sie sind permanente Wohnungswechsel, da sie immer ein starkes Bedürfnis besitzen, Altes und Gewohntes aufzugeben. Einen regelrechten Freiheitstrieb besitzen ferner Menschen mit Uranus am Aszendent oder im 1. Haus, dem Bereich der Persönlichkeit. Sie brauchen viel Abwechslung und Veränderung und können nicht lange an einem Ort verweilen. Sehr fortschrittlich, freiheitsliebend und experimentierfreudig machen ferner die Sonne in Haus 11 (irdischer Spiegel des Wassermanns) und Uranus in Haus 5 (irdischer Spiegel des Löwen, Zeichenherrscher Sonne).

Eine unkonventionelle Beziehung, in der man sich nicht gegenseitig einsperrt und kontrolliert, streben vor allem Löwe-Aszendenten an, da diese den Wassermann im ihrem Partnerschaftshaus haben. Noch stärker ist das der Fall, wenn Uranus im 7. Haus steht. Sie brauchen einen uranischen Partner, einen, der spontan, selbstständig und eigenwillig ist. Langeweile wird in dieser Beziehung niemals eintreten. Möglicherweise sehnen sich uranische Beziehungen manchmal nach mehr Ruhe, die saturnische im Überfluss haben. Aber man kann halt nicht alles haben.

Saturnische Menschen und deren Beziehungen

Saturn kann zweifellos eine sehr hohe Qualität im Horoskop und Leben haben. Er steht für Pflicht, Verantwortung, Weisheit und Lebensernst, und genau diesen Typ von Mann, an den man sich anlehnen und Halt finden kann, suchen etwa eher konservative und sehr weibliche Frauen mit Krebs-Aszendent, da sie den Steinbock, in dem Saturn herrscht, in ihrem 7. Haus (Partnerschaft) haben. In unserer modernen Welt, in der die Menschen zunehmend androgyner werden, können wir inzwischen aber auch häufig Männer mit Krebs-Aszendent finden, die eine von Saturn geprägte Frau suchen, die den verantwortungsvollen, oft auch autoritären Part in der Beziehung übernimmt. Den Saturn-Partner suchen natürlich auch diejenigen, die Saturn selbst in ihrem 7. Haus stehen haben.

Stark von Saturn geprägte Männer begehren Frauen vom Aussehen und Auftreten vor allem dann, wenn ihr Mars im Steinbock steht, Männer wiederum finden die kühle Schönheit der Saturn-Frau unglaublich attraktiv, wenn ihre Venus im Steinbock steht. Der Saturn-Partner selbst kann ein Steinbock oder Steinbock-Aszendent sein, er kann aber auch Saturn an seinem Aszendenten, im 1. Haus, am Zenit oder MC stehen haben, bei Männern zeigt vor allem Sonne-Saturn-Konjunktion-, -Quadrat oder -Opposition in Richtung Saturn. Ihre Männlichkeit ist stark von Saturn geprägt, wenn ihr Mars im Steinbock steht. Bei Frauen sind es entsprechende Mond-Saturn-Aspekte, die sie saturnisch machen, und Venus im Steinbock deutet auf die weibliche, von Saturn beeinflusste Schönheit hin.

Es gibt einige Möglichkeiten, die Menschen zum sogenannten Saturnier machen. Um ihn zu erkennen, müssen wir letztlich immer sein gesamtes Horoskop vor Augen haben. Rein äußerlich erkennen wir die Saturn-geprägten Menschen an ihrem ernsten, mitunter dunklen Gesichtsausdruck. Man erkennt sie auch ohne Horoskop daran, dass sie oft sehr ruhige, besonnene, melancholische und etwas verschlossene, in sich gekehrte Zeitgenossen sind. Manchmal erscheinen sie traurig, kühl, unnahbar und gehemmt, ganz im Sinne der Natur ihres wichtigsten Planeten Saturn. Sie wirken dann gar nicht besonders humorvoll, und wenn sie versuchen, witzig zu sein, wirkt das Ganze etwas zwanghaft. Vielleicht kennen Sie den klassischen Steinbock-Witz: „Alle langweilen sich bei einer Party, nur der Steinbock nicht. Er ist es nämlich, der die anderen langweilt.“ Er ist schon etwas böse, dieser Witz, und er zeigt auch allenfalls die eine Seite des saturnischen Typs an. Saturnier wirken seriös, entschlossen, elegant, was sie überaus anziehend macht. Sie können wundervolle Liebhaber(innen) sein, sofern sie sich öffnen und die Schutzmauer vor sich abbauen. Dafür braucht der Saturnier allerdings ungemein viel Zeit, Vertrauen und Geduld von Seiten seines Partners. Der Prozess des Sichöffnens kann oft über Jahre hinweg andauern und beschränkt sich meist nur auf wenige, vertraute Menschen. Im Idealfall gewinnt die Liebe dann allerdings zunehmend an Tiefe und Gehalt. Auch die Sexualität, die anfangs möglicherweise noch gehemmt ist, kann im Laufe einer Beziehung ungeahnte Blüten entfalten. Saturnische Menschen sind beim Sex meist sehr ausdauernd und verstehen es bestens, ihre(n) Partner(in) zu befriedigen.

Echte Treue aus freiwilligen Stücken heraus ist eine weitere großartige Eigenschaft des Saturn-Typs. Wen er einmal liebt, liebt er für immer. Denn die Liebe ist aus seiner Sicht ein großes Versprechen, eine Art Vertrag, dessen Einhaltung oft harte Arbeit erfordert, der, wenn überhaupt, nur dann gebrochen wird, wenn wirklich nichts mehr möglich ist.

Saturnier haben naturgemäß ein starkes Verantwortungsgefühl gegenüber ihrem Partner und der Partnerschaft. Allerdings tragen sie oft Schuldgefühle mit sich herum und haben Angst, dem Partner nicht gerecht zu werden oder ihn gar zu verlieren. Diese im Nacken sitzende Angst bewirkt häufig, dass die Zügel in der Partnerschaft immer noch enger gezogen werden. Feste Regeln und moralische Vorstellungen werden dann zum Mittel, um den Partner möglichst noch enger an sich zu binden. Das alles kann wieder in einer völligen Erstarrung enden, so dass nur noch die Flucht vor dem Saturnier in Betracht kommt, will man nicht in seinem Gefängnis, das einen jeder persönlichen Entwicklung und Entfaltung beraubt, eingeschlossen bleiben. Sich von einem echten Saturnier abzulösen wird nicht leicht sein, denn er wird den Kampf um seinen Besitz mit den härtesten Mitteln führen: mit moralischem Druck und materieller Erpressung. Denn auch Letzteres ist eine Stärke des Saturniers, der sich in der Wirklichkeit bestens auskennt und mit seinem ungemein praktischen Sinn die Finanzen meist gut zu händeln weiß.

In der Beziehung mit einem Saturnier sollte man von Anfang an auf den Umgang mit den Grenzen achten. Die eigenen Entfaltungsmöglichkeiten müssen in jedem Falle bestehen bleiben, auch wenn das das übergroße Sicherheitsbedürfnis des Saturniers angreifen sollte. Jeder Mensch muss in seiner Beziehung die Möglichkeit behalten, an sich und seinem Karma zu arbeiten. Lässt dies der Partner nicht zu, kann er nicht der Richtige sein.

Saturnier setzen mit ihren hohen Moralvorstellungen nicht nur für andere, sondern auch für sich selbst eine hohe Messlatte. Sie streben nach Leistung und Perfektion, die sie niemals erreichen können. Oftmals müssen sie deshalb durch Phasen großer Enttäuschungen und Frustrationen hindurch, um endlich loszulassen, um den Dingen ihren Lauf zu lassen, um sich selbst wieder öffnen zu können.

Normalerweise ist es für einen Saturnier förderlich, wenn er einen Partner mit viel Wasser im Horoskop, das heißt einen Menschen mit viel Emotion hat. Er wird diesen Menschen nicht immer begreifen können, aber er wird von ihm geistig inspiriert und gefühlsmäßig in seinem Innersten berührt. Er wird oft über diesen emotionalen Typen lamentieren, da er seine Regeln und Grundsätze nicht immer einhält. Genau dieser Austausch wird ihm aber helfen, seine eigenen Grenzen zu erweitern, die durch seine starken Regeln, Gesetze und Prinzipien allmählich immer enger geworden sind.

Sehr schicksalsträchtig wird die Sache, wenn sich zwei Saturnier zusammentun. Beide haben ein starkes Verantwortungsgefühl, beide sind meist praktisch veranlagt, beide haben eine gewisse Schwere und Melancholie, zumindest einen großen Lebensernst, beide besitzen ein großes Sicherheitsbedürfnis und sind nicht unbedingt sehr spontan. Im Alltag kann diese Beziehung wunderbar funktionieren, der Haushalt, die Arbeit, alles wird schnell und ordentlich erledigt. Die Finanzen werden sorgsam gehütet, so dass es keine finanziellen Ängste oder Not gibt. Alles passt, die beiden sind nach außen hin ein Vorzeigepaar.

Doch Saturns Mühlen mahlen langsam, aber gründlich. In dem Maße, in dem die beiden materiell auftrumpfen und sich eine Welt voller scheinbarer Sicherheiten schaffen, wachsen die Sehnsucht nach mehr emotionaler Nähe und Tiefe und die Angst vor dem

Ende, vor dem körperlichen Zerfall und dem Tod. Jetzt kann es sein, dass sich die beiden Saturnier in einem selbst geschaffenen Gefängnis befinden, aus dem es kein Entrinnen mehr gibt – bis dass der Tod sie scheidet. Manche dieser Paare, die in der Schattenseite des Saturns hängengeblieben sind, öden sich im fortschreitenden Alter immer mehr an, da sie sich nichts mehr zu sagen haben. Am Ende ihres Lebens angekommen, hat man dann bei ihnen den Eindruck, als würden sich zwei fremde Menschen gegenübersitzen. Einige von ihnen flüchten in geistige Abwesenheit, in der sie alles vergessen.

Das Alter untersteht dem Saturn. Das heißt, dass nur weise Menschen das Altwerden zu schätzen wissen. Saturnier haben noch mehr als andere die Aufgabe, den Weg in die geistige Welt zu finden, der für sie und uns alle die Erlösung, die Überwindung des Todes bedeutet.

Von Saturn geprägte Menschen können tief lieben und treu sein, sie können in Liebesdingen aber auch pragmatisch und egoistisch sein. Viel hängt auch hier von der persönlichen Entwicklung und Reife ab.

Züge einer saturnischen Beziehung können auch bei nicht saturnischen Paaren vor allem dann entstehen, wenn im Horoskopvergleich der Saturn des einen in Quadrat oder Opposition zum Saturn des anderen steht. In jeder Hinsicht scheint hier die gegenseitige Einengung zu groß. Der bekannte klassische österreichische Astrologe und Obermedizinalrat Heinz Fidelsberger (geb. am 15. April 1920 in Wien, gest. am 11. Oktober 2007) sah in diesen Interaspekten den „Anfang von einem üblen Ende, das allerdings meist auf sich warten lässt". Für ihn sind diese Interaspekte ein No-Go für jede Beziehung. Da Saturn-Kräfte sich langsam aufbauen und mit den Jahren immer noch stärker werden, sah er hier eine nicht aufzuhaltende Entfremdung und wachsende Abneigung sowie die Zerstörung jeder Sympathie. Sicherlich ein krasses Urteil, das der moderne Astrologe in dieser gnadenlosen Konsequenz wohl nicht mehr fällen würde. Fest steht aber, dass sich, um es noch einmal von einer anderen Seite aus zu betrachten, bei Saturn Quadrat oder Opposition Saturn die Schicksale der Betroffenen sowie ihre karmischen Aufgaben krass entgegenstehen, was mit der Zeit zu sehr unterschiedlichen Bedürfnissen und Schwerpunkten im Leben führen kann. Und wer sich innerlich zu weit von seinem Partner entfernt, wird ihn unweigerlich verlieren, auch wenn die Ehe auf dem Papier bestehen bleibt.

Ist Homosexualität im Horoskop erkennbar?

Der Mensch ist bisexuell. Das zumindest behauptete der berühmte Psychologe Sigmund Freud. Warum Menschen ausschließlich homosexuell sind, bleibt jedoch ein großes Rätsel. Zu viele Faktoren können hier eine Rolle spielen.

Eine der interessantesten Fragen, die Astrologen immer wieder gestellt wird, ist die, ob Homosexualität im Horoskop erkennbar ist. Ein Horoskop sollte schließlich möglichst alle Geheimnisse eines Menschen entschlüsseln können. Oft handelt es sich dabei um pure Neugierde, die Menschen dazu drängt, den Astrologen mit dieser Frage zu konfrontieren. Gar nicht so selten stellen diese Frage aber auch ängstliche Eltern. Obgleich das in unserer „aufgeklärten" Gesellschaft eigentlich kein Problem mehr darstellen sollte, sind die meisten doch sehr schockiert, wenn herauskommt, dass die Tochter lesbisch bzw. der Sohn schwul ist.

Nicht nur in ländlichen Gegenden ist die Homosexualität immer noch ein großes Tabu. Bei diesem Thema liegt bei vielen Menschen nach wie vor die Grenze der Toleranz, weshalb Homosexuelle oftmals große innere Kämpfe in ihrem Leben durchlaufen, bis sie sich selbst zugestehen, dass sie schwul bzw. lesbisch sind und sich „outen". Es ist gar nicht einmal so selten, dass das eigene Anderssein sogar erst nach jahrelanger „normaler" Ehe erkannt wird und herauskommt. Täglich kommt es in vielen Teilen der Welt zu enormen Dramen, wenn der treue Ehemann bzw. die Ehefrau plötzlich gestehen, in einen Mann bzw. eine Frau verliebt zu sein. Viele unter uns konnten das in ihrer Umgebung bereits beobachten oder haben es möglicherweise selbst erlebt.

Aus astrologischer Sicht gibt es nun tatsächlich Aspekte und Konstellationen, die so gut wie immer in den Horoskopen von Homosexuellen auftauchen. Es gilt jedoch keinesfalls der Umkehrschluss, dass diese Aspekte und Konstellationen immer homosexuell machen. Der Astrologe kann also nicht in ein Horoskop hineinblicken und beim Auftauchen spezieller Anlagen behaupten, dass der Mensch homosexuell sei. Das wäre reine Spekulation und völlig unangebracht.

In den Horoskopen von schwulen Männern kann allgemein oftmals eine überdurchschnittlich starke Betonung der weiblichen Tierkreiszeichen (Stier, Krebs, Jungfrau, Skorpion, Steinbock und Fische), im Horoskop von lesbischen Frauen eine starke Besetzung der männlichen Tierkreiszeichen (Widder, Zwillinge, Löwe, Waage, Schütze und Wassermann) beobachtet werden. Insgesamt femininer ist ein Mann bereits dann, wenn er seinen Mars in einem weiblichen Zeichen hat. Eine Frau ist dagegen maskuliner, wenn sich ihre Venus in einem männlichen Zeichen befindet. Das alles bewegt sich aber noch längst im „normalen“ Rahmen. Das Horoskop und seine Elementeverteilung verrät uns zunächst nur, wie männlich oder weiblich ein Mann bzw. wie weiblich oder männlich eine Frau ist, welche Kräfte in ihnen vorherrschen. Ein Mann, der nun innerlich dem Weiblichen nähersteht, fühlt sich oft zu starken Männern hingezogen, weil ihn vielleicht das Männliche, das ihm fehlt, fasziniert, und eine Frau, in der sich enorme starke männliche Kräfte regen, sucht die Nähe von Frauen, um besser an ihre eigene Weiblichkeit heranzukommen. Genauso gut kann es aber auch umgekehrt sein: Der eher weibliche Mann sucht die Nähe von Frauen, weil er sich besser mit ihnen als mit anderen Männern versteht, was bei homosexuellen Männern oft der Fall ist. Die etwas männlicheren Frauen toben, kämpfen und konkurrieren dagegen oft gerne mit Männern, im Beruf wie im Sport. Männer sind eben nicht nur reine Männer und Frauen nicht nur reine Frauen, was uns die Geburtshoroskope von Menschen eindrucksvoll aufzeigen.

Für die Beurteilung von Homosexualität genügt dieses Wissen jedoch nicht, das würde schnell in die Kategorie Vorurteile abdriften. Oft finden wir in den Horoskopen von Homosexuellen aber starke Spannungsaspekte der beiden Geschlechtsplaneten Mars und Venus. Bei Quadrat und Opposition zwischen Venus und Mars kann die eigene Geschlechterrolle oft nicht klar erkannt werden. Zudem ist hier ein Kampf zwischen Venus, weiblich, und Mars, männlich, gegeben, und oftmals ist hier eben eine stärkere Hinwendung zu einem der beiden Planeten gegeben, was unter Umständen in Homosexualität münden kann. Vor allem bei der Konjunktion zwischen Venus und Mars, bei der die weiblichen und männlichen Kräfte sozusagen verschmelzen, besteht ein starker und natürlicher Strom zwischen den beiden Kräften, der häufig zu einer ausgeprägten bisexuellen Veranlagung führt.

Eine größere Rolle, was die Homosexualität betrifft, spielen daneben oftmals die Konjunktion, das Quadrat oder die Opposition zwischen Venus und Uranus bzw. zwischen Venus und Pluto. Venus-Uranus ist oft ein Anzeichen dafür, dass die Liebe einfach „umgedreht“, anders ausgerichtet ist, denn Uranus strebt immer das Andersartige, das Unbekannte, Neue an. Und Venus-Pluto kann die Liebe und sexuelle Ausrichtung regelrecht transformieren, indem die verborgene und verdrängte Seite der eigenen Venus entdeckt wird. Ähnlich ist das bei Mars-Pluto-Spannungen, die das aktive sexuelle Begehren beim Mann und bei der Frau auf einer tieferen Ebene wandeln können.

Was die Ausrichtung der Sexualität betrifft, müssen wir in die Betrachtung auch noch die Häuser 5 und 8 miteinbeziehen. Sie verraten uns, wie wir Sex empfinden und ausleben möchten (siehe Kapitel „Das 5. und 8. Haus“). Massive Spannungen in diesen Bereichen können unter Umständen ein weiterer Hinweis darauf sein, dass man das andere Geschlecht als Sexualpartner ablehnt.

In gewisser Hinsicht gilt das ferner für Venus-Mars-Spannungen, die sich in irgendeiner Form auf das 12. Haus beziehen, das mit unserer sehr komplexen und auch komplizierten Psyche verknüpft ist. Überhaupt spielen die Psyche und wie wir in der Kindheit durch Eltern und andere nahe Menschen in unserer Geschlechterrolle geprägt wurden, immer eine sehr entscheidende Rolle in Bezug auf die Sexualität. Einschneidende Erlebnisse in jungen Jahren können Menschen, die vielleicht nur leichte bisexuelle Neigungen besitzen, später wohl in die eine oder andere geschlechtliche Richtung drängen.

Spirituelle vermuten zuweilen noch einen völlig anderen Hintergrund für Homosexualität. Sie behaupten, dass die Seele im Laufe vieler Leben bisweilen die Geschlechterrolle tauscht, um eine andere wichtige Erfahrung zu machen. Möglicherweise steckt sie deshalb im aktuellen Leben noch zu sehr in der alten Rolle, was dann eben das Geschlecht wählen lässt, das man schon immer begehrt hat.

Daneben sollten wir nicht vergessen, dass wir alle männliche wie weibliche Kräfte in uns haben. Sigmund Freud vertrat, wie gesagt, die These, dass im Grunde jeder Mensch bisexuell sei. Gesellschaftliche Tabus und Zwänge führen aber häufig zur Unterdrückung des homosexuellen Anteils. Bisexualität ist keineswegs unnatürlich, was allein schon die Tatsache verrät, dass sie vielfach im Tierreich beobachtet werden kann. In manchen Gesellschaften, wie der griechisch-römischen Antike, galt die erotische Anziehung zu beiden Geschlechtern sogar als nahezu universelle Norm. Allein das Thema Fortpflanzung darf kein Grund sein, die Homosexualität als unnatürlich abzutun. Denn Menschen haben ja auch in Zeiten Sex, in denen keine Fortpflanzung möglich ist. Niemand hat das Recht, über die geschlechtliche Ausrichtung anderer Menschen zu urteilen.

Grundsätzlich sollten wir damit rechnen, dass in der modernen Zeit und, noch weiter gedacht, im Laufe des Wassermannzeitalters die Menschen ohnehin immer androgyner werden, da sie die klischeehafte Mann-Frau-Rolle abstreifen werden. Natürlich gehen damit auch viele Konflikte und Krisen einher. Eine deutliche Tendenz zur Lösung von der klassischen Mann-Frau-Rolle ist bereits bei jüngeren Generationen und da nicht nur, aber doch häufiger bei Frauen erkennbar, die oft ganz unverkrampft mit ihrer Sexualität umgehen und bereits in jungen Jahren intensive erotische Erlebnisse mit dem eigenen Geschlecht teilen.

Natürlich neigen vor allem Menschen mit spannungsreichen Venus-Mars-, Venus-Uranus, Venus-Pluto-, und Mars-Pluto-Aspekten, zu einer besonders lebendigen Sexualität, die oftmals mit großer Experimentierfreudigkeit einhergeht. Homosexuell sind sie deshalb allerdings noch lange nicht. Homosexualität kann sich im Horoskop allenfalls andeuten, aber niemals sicher erkennen lassen. Letztlich ist sie seit Menschheitsbeginn so normal wie Heterosexualität, wenn auch nicht so häufig.

BEZIEHUNG IN DER KRISE

Der Partner hält uns stets den Spiegel vor

Bei Paaren, die ein intensives Miteinander haben, werden wir in der Synastrie viele prägnante Interaspekte beobachten können, harmonisch wie disharmonisch. Nur Harmonien gibt's fast nicht und sind auch nicht unbedingt erwünscht. Der Partner bzw. die Partnerschaft sollen für uns in einem höheren Sinne auch die Lebensschule sein, die unsere menschliche Entwicklung vorantreibt, wie immer diese auch aussehen mag. Ohne Widerstand und Reibung würden wir uns nicht entwickeln. Und Sie wissen ja: Der Partner übernimmt immer wieder gerne den Part, der einem den Spiegel vorhält und uns zeigt, wo wir wirklich stehen. Wir ziehen tatsächlich immer Menschen an, die uns irgendwie herausfordern, uns zumindest zeitweise an unsere eigenen Grenzen bringen und darüber hinaus. Das gehört zu einer Partnerschaft einfach dazu.

In astrologischen Beratungen oder privaten Kreisen haben mir Menschen öfter einmal von ihrer geradezu idealen Beziehung erzählt, in der es keinen Streit und kein böses Wort gibt. Dieselben Menschen fühlen sich dann oft völlig vor den Kopf gestoßen, wenn diese scheinbar großartige Beziehung nach Jahren plötzlich auseinandergeht und sie erkennen müssen, dass die Beziehung vielleicht oberflächlich in Ordnung war, aber keine wirkliche Tiefe und Nähe besaß. Es ist für eine Beziehung immer schwierig, wenn sie sich auf ein Verhalten einigt bzw. auf lediglich einer Ebene trifft, weil die ganzen anderen nicht funktioniert haben. Beziehung bedeutet Reibung und Auseinandersetzung mit der gesamten Persönlichkeit des jeweilig anderen. Ein Mensch hat nicht nur ein Gesicht, sondern viele unterschiedliche. Und in einer engen Beziehung, die wachsen und sich entwickeln soll, werden wir nicht umhinkommen, auch in das hässliche Gesicht unseres Partners zu blicken und es zu akzeptieren. Es gehört nun einmal, wie auch das selten schöne Gesicht, das ihn so besonders für uns macht, zu ihm und will angenommen werden. Leugnen wir die Schattenseiten von uns selbst und von unserem Partner, ist die Gefahr groß, in die sogenannte Harmoniefalle zu geraten, die oftmals der Anfang vom Ende einer Beziehung ist.

Im Geburtshoroskop liegt das 1. Haus, das Ich, dem 7. Haus, dem Du gegenüber. Das ist die natürliche Polarität, die sich im Tierkreis, dem Aufbau der Welt, widerspiegelt. Das heißt, dass unser Partner im Idealfall immer das Gegenstück von uns ist, die Ergänzung, die uns fehlt. Jede Polarität zeigt aber auch eine Opposition, einen Spannungswinkel zwischen zwei Kräften an, der bewältigt werden will. Insofern bedeutet jede Liebesbeziehung Reibung mit dem Partner und Arbeit an sich selbst. Die Opposition ist es, die uns durch Neues, Unbekanntes herausfordert und uns dadurch persönlich wachsen lässt. Es ist also keineswegs negativ zu sehen, wenn Paare streiten. Sie brauchen das, um in der engen Verbindung eigene Standpunkte zu wahren, um sich gegenseitig herauszufordern und um sich abzugrenzen, ihre Individualität zu bewahren, wenn es nötig ist. Eine Partnerschaft hilft einem letztlich im idealen Sinne, sich selbst zu erkennen und besser zu reflektieren. Darin liegt ihre große Wachstumschance.

Aber, es gibt in jeder Partnerschaft größere Schwierigkeiten und Herausforderungen, die es zu bewältigen gilt. Wir alle haben mehr oder weniger Schattenseiten, die aus seelischen Verletzungen, schwierigen Eigenschaften, unterdrückter Wut und Trieben bestehen. Der bereits mehrfach zitierte Tiefenpsychologe C.G. Jung sagte dazu: „Der Schatten ist alles das, was du auch bist, aber auf keinen Fall sein willst.“ Und so geschieht es, dass wir unsere Schatten oftmals auf unseren Partner übertragen, mit dem wir normalerweise von allen Menschen, die wir kennen, im engsten zwischenmenschlichen Austausch stehen.

Unser Partner hat insofern auch eine Ausnahmestellung für uns, weil wir mit ihm oder auf ihm unser Leben aufbauen. Er ist also ein fester Bestandteil unseres Lebens, weshalb es in nahezu jeder Partnerschaft auch immer wieder zu Grenzverletzungen und Übergriffen kommt. Viele Menschen empfinden ja gerade in langjähriger Ehe ihren Partner mehr oder weniger unbewusst als eine Art Besitz, und so kommt es, dass das verschmolzene Ich und Du oft so ineinander verzahnt sind, dass wir alle möglichen schwierigen Charakterzüge, Ängste und Unzulänglichkeiten in unserem Partner sehen und erkennen wollen, die im Grunde genommen auch ein großer Teil von uns selbst sind.

Die eigenen Schatten versuchen wir wegzuschieben und zu verdrängen, so gut es eben geht. So kann es etwa sein, dass ein Mann immer wieder Fantasien von Fremdgehen hat oder gar fremdgeht und dennoch die ganze Zeit eifersüchtig seine Frau bewacht, weil er der Meinung ist, dass diese fremdgehen könnte. Frauen, die verlassen wurden, weil sich ihr Mann in eine andere Frau verliebt hat, sehen manchmal plötzlich in allen Männern Fremdgeher und umgekehrt Männer, die verlassen wurden, in allen Frauen untreue Schlampen. Oder eine Frau wirft ihrem beruflich erfolgreichen Mann vor, ein Narzisst zu sein (siehe auch Kapitel „Hilfe, mein Partner ist ein Narzisst"), der gerne von allen bewundert werden möchte und würde dabei eigentlich selbst gerne mehr im Mittelpunkt stehen und persönlich größeren Erfolg haben. Ein anderer Mann kann es nicht ertragen, dass seine Frau immer das letzte Wort hat, obwohl er im Grunde genommen selbst oftmals ein unerträglicher Rechthaber ist. Nicht selten kommt es vor, dass ein Mensch seinen Partner als gehemmt empfindet und dabei übersieht, dass dieser nur seine eigenen Verklemmungen spiegelt usw. Solche Projektionen der eigenen Schatten gibt es zuhauf und sind ein ganz großes Thema in den meisten Partnerschaften. Niemand ist davor gefeit.

Den eigenen Schwächen und weggeschobenen Schatten auf die Spur zu kommen, ist nicht einfach. Auch gute Astrologen haben oft größte Probleme mit dem eigenen Horoskop. Und Psychologen und Therapeuten bohren lieber in der Seele ihrer Patienten als einen Blick in ihre eigene zu werfen. Für eine Partnerschaft ist es aber unglaublich belebend und befreiend, wenn die einzelnen Partner nur ein wenig bereit sind, sich zu reflektieren. Leider weichen viele dem aus, indem sie sich ganz trennen und alles Negative ihrem Partner zuschieben. Immer hat hier eben nur der andere

Schuld, was mit Abstand und von außen betrachtet kindlich und naiv anmuten lässt. Was müssen sich in diesem Zusammenhang Scheidungsanwälte, Paartherapeuten und Mediatoren nur alles anhören! Das Leben aber ist ehrlich und oft gnadenlos gerecht. Denn die eigenen Schatten werden wir nicht los, auch mit tausenden Trennungen könnten wir sie nicht abkappen.

In der Astrologie hat nun das 7. Haus, der Partnerschaftsbereich in unserem Horoskop, eine größere Bewandtnis in Bezug auf unsere Schatten. Vor allem Mars und Saturn, der klassisch kleine bzw. große Übeltäter, ziehen hier längere Schatten nach sich. Konkret wird ein Mensch, der Mars in Haus 7 hat, Partner anziehen, die den Ton in der Beziehung angeben. Die Beziehung ist meist sehr lebendig, aber auch voller Streit und Auseinandersetzungen, die einfach kein Ende finden. Der Mensch mit Mars in Haus 7 wird sich selbst dabei in aller Regel als den friedliebenden Part der Beziehung empfinden, der immer wieder von seinem streitlustigen Partner angegriffen wird. Mars steht hier also nicht nur im Du, sondern wird dem Du auch meist vollständig zugeschoben. Und so kann es sein, dass der Partner des Menschen mit Mars in Haus 7 nicht mehr aus der Mars-Rolle herauskommt, immer der „Streithansel“ bleibt und immer der ist, der in der Beziehung im Sinne des Mars die Entscheidungen trifft und die Initiative übernimmt. Eine entspannte und harmonischere Beziehung zwischen den beiden kann es erst dann geben, wenn der Mars-Eigner erkennt, dass er seinen Mars, das heißt seine Aggression und sein Handeln, abgibt, anstatt selbst zu leben und in sich zu integrieren.

Letztlich ist das mit allen Planeten so, die sich in unserem 7. Haus befinden. Wir haben die Aufgabe, sie zu uns zurückzuholen und als uns zugehörig zu akzeptieren. Bei den „Übeltätern“ ist das aber eine besonders schwere Aufgabe.

Saturn im 7. Haus zeigt an, dass wir gerne alles, was mit Saturn im Positiven und Negativen verknüpft ist, an unseren Partner abgeben. Das heißt, er ist derjenige, der die unangenehmen Verantwortungen und Pflichten übernehmen soll, der zudem Halt schenken soll, der aber fast immer auch in die Rolle des Neinsagers und Spielverderbers kommt. Es ist auch schön, wenn der drückende Saturn aus dem eigenen Leben verbannt ist. Nur, einer muss halt seine Rolle übernehmen, und dieses zweifelhafte Vergnügen fällt dann häufig dem Partner zu. Doch niemand möchte auf Dauer den reinen Saturn spielen, auch wenn er vom Naturell her noch so verantwortungsvoll und ernst ist. Er möchte selbst auch das Leben genießen und leicht sein dürfen und in der Partnerschaft nicht alle Lasten tragen müssen. Erkennt der Saturn-Eigner nicht, dass er selbst für seinen Saturn verantwortlich ist, wird er seinen Partner letztlich davontreiben und ihn fast schon dazu zwingen, einen abzulehnen.

Liebesbeziehungen sind immer der Spiegel, in dem wir uns sehen. Philosophisch könnte man sagen, dass wir uns durch die Augen unseres Gegenübers selbst erkennen können. C.G. Jung sagte dazu: „Das Treffen zweier Persönlichkeiten ist wie der Kontakt zweier chemischer Substanzen: Wenn es eine Reaktion gibt, werden beide transformiert."

Schwierige, aber auch oft wertvolle Zeiten für Partnerschaften

Jeder, der sich ein wenig mit der Astrologie auskennt und in einer Beziehung lebt, hat Angst vor ganz speziellen Transiten. Gemeint sind die Transite der Planeten Mars, Saturn, Uranus, Neptun und Pluto durchs 7. Haus, den Partnerschaftsbereich des eigenen Geburtshoroskops oder des Partners. Während ein Mars-Transit durch das 7. Haus oft nur einige Wochen oder Monate anhält, sind es bei Saturn meistens einige Jahre, je nach Größe des 7. Hauses. Bei den Langsamläufern Uranus, Neptun oder Pluto halten die Transite oft sogar ein oder zwei Jahrzehnte an. Sie deuten deshalb auf eine besonders große und schicksalshafte Aufgabe an, die uns das Leben in puncto Partnerschaft stellt. Angst brauchen wir vor keinem dieser Transite haben. Im Gegenteil: Wenn sie zu einer Trennung führen, dann ist dies gut und wichtig für die persönliche Entwicklung. Wenn Paare dagegen eine tiefere innere seelische Verbindung haben, die über den „Lebensabschnittspartner“ hinausgeht, dann lassen diese Transite die Ehe, die Partnerschaft und die Liebe reifen, heben sie sozusagen auf ein höheres Niveau. So gesehen gibt es keine bösen Transite, sondern nur herausfordernde, die uns wachsen lassen.

Der Transit des Mars durch das 7. Haus ist oft am deutlichsten spürbar und stürmt gelegentlich mit großer Wucht auf uns ein. Da sich Brandstifter Mars im Bereich des Du bewegt, kann es sein, dass wir in diesen Zeiten urplötzlich Attacken von außen erhalten, auch wenn wir uns nichts zu Schulden haben kommen lassen. Irgendwie scheint das Verhältnis mit vielen Menschen plötzlich unter besonders großen Spannungen zu leiden, was zu Reibereien am Arbeitsplatz, im schlimmsten Falle sogar zu körperlichen Auseinandersetzungen oder Rechtsstreitigkeiten führen kann. So gesehen keine unkritische Zeit. Wir müssen auf der Hut sein und aufpassen, dass es nicht zu privaten, oder auch beruflichen Zerwürfnissen kommt. In krisenbehafteten Beziehungen schwebt nun gar das Damoklesschwert der Trennung über ihr. Alles kann schnell und sehr impulsiv vonstattengehen. Es drohen heftige Auseinandersetzungen, die unter diesem Mars oft jede Grenze überschreiten und sogar handgreiflich werden können. Im Kern gesunde Ehen und Beziehungen, bei denen Vertrauen und viel Liebe vorhanden sind, können diesen Transit jedoch ohne größere Probleme meistern. Im Gegenteil kann dieser Mars sogar das Beziehungsleben ungemein anregen, auch in sexueller Hinsicht. Denn Mars ist ja auch der Planet der Leidenschaft, die keineswegs nur destruktiv sein muss. Reibungen können die gegenseitige Anziehung wieder stärken. Streit, so heftig er auch sein mag, kann die längst überfällige Explosion in der Beziehung anzeigen und eine Art reinigendes Gewitter auslösen. Manchmal ist es eben nötig (und förderlich für die Gesundheit), sich die Dinge an den Kopf zu werfen, die lange heruntergeschluckt und angestaut wurden. Ja, dieser Mars ist willkommen!

Wichtig ist jedoch, dass derjenige, der diesen Transit in seinem 7. Haus hat, darüber nachdenkt, warum er die Attacken vom Partner oder von anderen Menschen erhält, sprich, was er aussendet und bei denen triggert, die wütend werden. Wer das bei sich erkennt, kann einen großen Schritt in seiner Persönlichkeitsentwicklung und Beziehungsfähigkeit machen.

Taucht Saturn als strenger Lehrer des Lebens, als Karma- und Schicksalsplanet in unserem 7. Haus auf, dann sind das Jahre, in denen unsere Beziehung auf Herz und Nieren überprüft wird. Saturn legt immer den Finger in die Wunde, hält uns gnadenlos die Realität vor Augen und teilt uns dadurch mit, wie es wirklich um unsere Beziehung steht. Er stellt letztlich die Frage: „Passen mein Partner und ich zusammen?“ Eine Frage, die von Zeit zu Zeit für jede gute Beziehung wichtig ist und die entweder zur Trennung oder zur Erneuerung des Ehe- und Beziehungsversprechens führt. Weil Saturn aber gerade jetzt in diesen Jahren im 7. Haus auftaucht, scheint diese Frage besonders dringlich und wichtig. Saturn fördert alles zutage, was nicht passt oder unter den Tisch gekehrt wurde. Saturn zeigt uns, was wir jetzt tun können, damit die Beziehung noch besser wird. Er fordert zu einer neuen Struktur, einem neuen Miteinander auf. Das Beziehungsleben soll wieder konkreter und enger werden, oder man erkennt eben, dass es vorbei ist. Manche Paare, die schon lange zusammen sind, empfinden diesen Transit insofern als beglückend, als er die Beziehung durchaus vertiefen kann. Und einige, die bislang immer gegen die Heirat waren, entscheiden sich nun sogar für sie, da Saturn im Lauf durch das 7. Haus klare Fakten und Verhältnisse will.

Einen besonders großen Einschnitt in das Beziehungsleben deutet Uranus im Transit durch das 7. Haus an. Manchmal kommt es zur räumlichen Trennung, weil der Partner oder man selbst durch die Arbeit viel unterwegs ist und die Umstände einen zwingen, eine Art Wochenendbeziehung zu führen. Uranus ist ja der Planet der Freiheit, und so kann es auch sein, dass der Partner plötzlich mehr Freiheit für sich beansprucht, auf jeden Fall braucht die gesamte Beziehung mehr Luft, muss unter Umständen zu enge Fesseln abstreifen, um weiter existieren zu können. Möglicherweise war die Beziehung in der Vergangenheit zu symbiotisch, so dass das Paar die gesunde Distanz zueinander verlor. Raus aus falschen Beziehungsverpflichtungen und -erwartungen, ist das Thema. Es muss sich etwas Grundlegendes verändern, will die Beziehung nicht in einem großen Knall enden. Beide Partner tun in diesem Zeitraum gut daran, sich gegenseitig mehr Bewegungsspielraum und Freiheit zu geben. Die Beziehung muss wieder freiwilliger werden, darf nicht mehr auf Zwang und Druck aufgebaut werden. Alle Menschen, die gebunden sind und diesen Transit bekommen, sollten sich bewusst darüber werden, dass die Liebe kein Versprechen auf ewig ist und immer wieder neu entstehen muss. Dies ist gleichsam der Schlüssel dieses Transits, der zum Ziel hat, dass die Partnerschaft wieder aufregender wird. Uranus will keine zu starren Verpflichtungen, er will die Beziehung so verändern, dass beide Teile sich künftig wieder besser entfalten können. Wird diese von Uranus gestellte Aufgabe nicht gelöst, muss es, wie gesagt, zur Trennung kommen.

Kaum zu fassen im wörtlichen Sinne ist der Transit von Neptun durch das 7. Haus. Der Partner verflüchtigt sich, ist manchmal sogar plötzlich über Nacht verschwunden oder macht sich sonst irgendwie rar. Aber auch man selbst beginnt immer mehr der Beziehung auszuweichen, nur noch das Nötigste zu machen, damit sie bestehen bleibt. Unter diesem Einfluss besteht die Gefahr, dass sich die Partnerschaft schleichend, völlig lautlos, oftmals unbemerkt auflöst. Gelegentlich ist Neptun im 7. Haus ein Hinweis dafür, dass man selbst oder der Partner Heimlichkeiten hat, unter Umständen sogar eine heimliche Beziehung führt. Man träumt von einer Art idealem Partner, den es nicht gibt und der jetzt auch in Affären kaum gefunden wird. Wir sind mit unserer aktuellen Beziehung unzufrieden und enttäuscht, manchmal sogar herb desillusioniert. Der Partner scheint nicht mehr der zu sein, auf den wir uns einst eingelassen haben. Gesichter und Charakterzüge tauchen auf, die abstoßen und vom Partner entfremden. Von der einstigen großen Liebe, die einen mit dem Partner verbunden hat, ist nichts mehr übrig. In diesem Falle ist es gut, die Beziehung zu beenden. Alles andere wäre Quälerei, die sich hinzieht und wertvolle Lebenszeit raubt. Auf der anderen Seite kann dieser Neptun-Transit auch helfen, die unterschiedlichen Gesichter des Partners zu erkennen und anzunehmen. Die Liebe wird zweifellos von Illusionen befreit, kann dadurch aber auch ungemein reifen. Ein hohes Liebesideal bleibt dann bestehen, wenn es durch die Niederungen der Realität gegangen und geläutert wurde.

Tritt Pluto in das 7. Haus ein, wenn man sich in einer festen Beziehung befindet, dann ist die Wahrscheinlichkeit sehr groß, dass die Liebe stirbt. Pluto ist aber nicht nur der Sterbe-, sondern auch der Werdeplanet, die Kraft, die die größtmögliche Transformation bringt. Übersetzt heißt das, dass die Beziehung zwar an einem Endpunkt angelangt erscheint, dass sie aber auch die Möglichkeit hat, wie der Phönix aus der Asche wieder völlig neu zu entstehen. Wir selbst und unser Partner entscheiden, ob wir dazu bereit sind. Auf jeden Fall kann die Beziehung so wie bisher nicht mehr weitergehen, da sie sonst mausetot ist. Es müssen also völlig neue Ansätze gefunden werden. Da Pluto der Herrscher des Skorpions ist, kann es sein, dass unerfüllte Sexualität jetzt zu einem zentralen Thema der Beziehung wird und eine Ehetherapie notwendig macht. So oder so ist die Beziehung auf Messers Schneide und kann von heftigen Machtkämpfen und Verlustängsten begleitet werden. Alles, was unter Umständen in vielen Jahren verdrängt und beiseitegeschoben wurde, kommt jetzt unweigerlich ans Tageslicht. Manchmal wird die Beziehung auch dadurch getrennt, dass man sich in einen anderen Menschen, der plutonische Charakterzüge besitzt, geradezu unsterblich verliebt. Eine in diesem Falle magische Liebe, der man nicht entrinnen kann, die aber auch kein Versprechen auf immer ist. Die Liebe wird unter dem Pluto-Transit in jedem Falle zu einem großen Abenteuer, das vielleicht schon lange herbeigesehnt wurde und jetzt mehr Realität ist als vielleicht gewünscht ist. Am Ende dieses viele Jahre dauernden Transits steht eine völlig neue Erwartung an eine Beziehung. Auch kann er Menschen zu echter Beziehungsfähigkeit verhelfen.

Alle sieben Jahre brechen das Leben und die Partnerschaft um

Im Volksmund spricht man in Bezug auf Trennungen vom sogenannten „verflixten siebten Jahr". Wissenschaftliche Grundlagen oder Scheidungsstatistiken, die dieses ominöse siebte Jahr bestätigen könnten, gibt es nicht und wird es wohl niemals geben. Hier handelt es sich vielmehr um innere Rhythmen, um Erfahrungen und die Gewissheit, dass das Leben und die Liebe immer wieder umbrechen und erneuert werden müssen, da es sonst unweigerlich zur Trennung kommt. Diese notwendigen Veränderungen, die auch die beste Beziehung immer wieder vollziehen muss, finden in der Realität nicht unbedingt alle sieben Jahre statt, ihr Ursprung liegt aber zumindest in diesem Zeitabschnitt.

Um das Phänomen des siebten Jahres von innen her zu begreifen, sollten wir uns zunächst einmal die Zahl 7 genauer betrachten. Als magische Zahl steht sie in einem engen Kontakt mit unserem Inneren, mit unserer Gefühlswelt. Die 7 gilt seit jeher als Zahl der Vollendung eines Abschnitts. So hat etwa eine Woche sieben Tage. Der Mensch, das heißt die Zellen seiner Haut, Knochen und Organe, schaffen rein biologisch alle sieben Jahre einen völlig neuen Körper. Aus Sicht der Chakren-Lehre, die sich mit dem Energiekreislauf beschäftigt, hat der Mensch alle sieben Jahre ein neues Lebensthema, das wiederum sieben Jahre anhält.

In der Astrologie basieren einige Zukunftsprognosemethoden, die größere Ereignisse im Leben ankündigen sollen, auf speziellen Siebener-Schlüsseln. Und es gibt auch ältere astrologische Überlieferungen, die die Zahl 12 entsprechend dem zwölfteiligen Tierkreis, in Beziehung zu den sieben alten Planetenkräften gesetzt haben. Hier wird davon ausgegangen, dass der Mensch von Geburt aus im übertragenen Sinne jeweils sieben Jahre lang ein Tierkreiszeichen durchquert und sich intensiv mit dessen Thema auseinandersetzt, bis er alle Zeichen des Tierkreises durchlaufen hat. Das ist sozusagen seine innere Entwicklung, das sind die natürlichen Aufgaben, die ihm die Zeit und das Leben stellen.

Rechnet man nun 12 mal 7, kommt man auf eine durchschnittliche Lebenszeit des Menschen von 84 Jahren. Diese Zeit braucht, wenig verwunderlich, auch Uranus, der Planet, der immer wieder Neues schafft, um den Tierkreis einmal zu durchqueren. Alle sieben Jahre wechselt er also das Zeichen und bringt Veränderungen.

Um den Menschen und seine konkreten Lebensphasen im jeweiligen Altersabschnitt beschreiben zu können, müssen wir nun die irdischen Häuser in Beziehung zu den himmlischen Tierkreiszeichen setzen.

Lebensphasen prägen und verändern uns, innerlich wie äußerlich, den einen mehr, den anderen weniger. Manche Menschen entwickeln sich nun im Laufe dieser Phasen in eine völlig andere Richtung als ihr Partner, was oft zwangsläufig zu einer größeren Beziehungskrise oder gar Trennung führt. Anderen Paaren wiederum gelingt es, ihre Beziehung lebendig zu halten und durch die persönlichen Veränderungen ihre Liebe weiter zu vertiefen. Für die einen bedeutet das Ende eines Lebensabschnitts auch das Ende der Beziehung, für andere eine aufregende Entwicklung der Liebe.

Das 1. Haus entspricht, um es kurz zu sagen, den ersten 7 Lebensjahren, in die die Geburt fällt, die Ichentwicklung und die Charakterprägung stattfindet. Das 2. Haus entspricht den Lebensjahren 7 bis 14, in denen die Welt als Realität wahrgenommen wird und der Mensch anfängt, sich bewusst zu verwirklichen.

Liebesbeziehungen haben ihren Anfang dann natürlicherweise in der 3. Lebensphase, wenn wir uns im 3. Haus befinden, das den Lebensjahren 14 bis 21 entspricht. In diesen Jahren erwachen die Liebe, die Sexualität, die Gefühle sind unglaublich intensiv und überwältigend. Die Erwartungen an den Partner, die oft erste große Liebe, die im Inneren ein ganzes Leben lang lebendig bleibt und das künftige Liebesleben entscheidend prägt, sind unermesslich hoch und kaum zu erfüllen. Liebesdramen sind fast unvermeidbar, gewaltige Trennungsschmerzen lassen die jungen Seelen endgültig in der irdischen Realität ankommen. Zwei Seelen, die sich in diesem Zeitabschnitt finden und eine ernsthaftere Beziehung eingehen, haben noch viele Phasen der persönlichen Wandlung vor sich, in denen sich vielfach nicht nur die Erwartungen an eine Beziehung verändern, sondern auch das Partnersuchbild. In jungen Jahren ist das innere Bild des Animus bzw. der Anima oft noch nicht wahrnehmbar. Zu sehr ist der Mensch in diesen Jahren in dem Prozess des Sichfindens verstrickt. Aber, auch in diesen Jahren finden sich oft schon Seelenpartner, was am Horoskopvergleich eindeutig erkannt werden kann, die trotz vieler Kämpfe und Krisen oft ein Leben lang zusammenbleiben.

Entsprechend dem 3. Haus sind diese Jahre wichtig, um geistigen Interessen nachzugehen, um an der eigenen Selbstdarstellung zu arbeiten, um Erlebtes gedanklich zu verarbeiten und um mit anderen Menschen in enge Kommunikation zu treten. Es geht um Bewusstwerdung der eigenen Persönlichkeit und das Erwachsenwerden. Der geistige und gedankliche Austausch, der persönlich weiterbringt, hat in dieser Phase auch einen Einfluss auf die Partnerwahl.

Sobald der Übergang in das 4. Haus geschafft ist, das vom 21. bis 28. Lebensjahr reicht, ändern sich auch die Anforderungen und Erwartungen an den Partner. Die meisten sind von hohen Liebeserwartungen und den damit verbundenen Enttäuschungen ihrer Jugend erst einmal kuriert und fangen nun an, ihren Partner auch nach persönlichen Bedürfnissen und nüchternen Überlegungen auszusuchen. Es geht in diesem Zeitabschnitt darum, sich aus der Herkunftsfamilie zu lösen, um eine eigene Familie zu gründen. Zumindest drängt es einen bewusst oder unbewusst danach. Bei der Partnersuche fällt die Entscheidung tendenziell in Richtung „sicherer Partner“ aus. Es wird konkret ein Partner gesucht, mit dem man sich vorstellen kann, zu leben und eine Familie zu gründen, ein Partner, der möglichst für immer bleibt, der auch die unausgesprochenen Erwartungen der Eltern erfüllt und in die eigene Lebensplanung hineinpasst.

Im 5. Haus, durch das wir uns in den Jahren von 28 bis 35 bewegen, haben die Themen Sex und Erotik eine Hoch-Zeit bei vielen Paaren. Abenteuer stehen ebenso im Vordergrund wie Kinderzeugung und -erziehung. Der Erlebnishunger dieser Zeit sowie das bewusstere Erkennen der persönlichen Talente und schöpferischen Kräfte verführt gerade in dieser Phase so manchen Mann und manche Frau zum Seitensprung. Kleine Kinder, die die volle Aufmerksamkeit und den Einsatz aller Kräfte erfordern, lassen die Eltern oft ausschließlich in der Elternrolle aufgehen, was zu einer Krise im Liebesleben führt und das Schielen nach anderen Männern und Frauen fördert. In diesem Zeitabschnitt bekommen Menschen oft das Gefühl, in Hinblick auf das Liebesleben viel zu versäumen, was später umso intensiver nachgeholt wird.

Das 6. Haus und die Jahre 35 bis 42 stehen unter dem Motto Pflichterfüllung und Arbeit. Auch die Themen Krankheit und gesundes Leben werden nun in aller Regel aktuell. Die Gefahr dieses Abschnitts für die Liebe ist, dass Paare sich aus den Augen verlieren, weil beide in ihrem Beruf und Alltagsgeschehen mächtig eingespannt sind und nur noch wenig Zeit für die Partnerschaft finden. Auch ist die Sexualität nun bei vielen Paaren, die es versäumt haben, sie lebendig zu halten, eingeschlafen, was der Anfang vom Ende der Beziehung sein kann.

Die zweite Lebenshälfte startet mit dem 7. Haus, das vom 42. bis 49. Lebensjahr reicht. Hier finden oft die größten äußerlichen beruflichen Erfolge und die größte Hinwendung zum Du statt. Für viele Menschen beginnt jetzt erst das Leben, da sie in dieser Phase nach langen Kämpfen und vielen Krisen endlich zu sich finden und sich aus Zwängen und Verwicklungen des Lebens und ihrer Umgebung herausschälen. Die berüchtigte Midlife-Crisis fällt in diesen Bereich. Viele erkennen, dass sie ein falsches Leben gelebt haben und wollen es jetzt deshalb noch einmal wissen. Alles Versäumte soll nachgeholt werden, vor allem in der Liebe. Die Midlife-Crisis, der vielleicht gewaltigste Lebenssturm, führt deshalb zu vielen Trennungen, aber auch Neubindungen. Es ist die Zeit, in der die Liebe wieder zum überragenden Lebensthema wird und in der viele Menschen ihren absoluten Wunschpartner kennenlernen. Für viele ist es die zweite große Liebe, die ins Leben tritt, die alles Bisherige infrage stellt, umwirft und von Grund auf erneuert.

Mit dem 8. Haus und den Jahren 49 bis 56 beginnt die Lösung von der Materie. Werte ändern sich, Gedanken an den Tod tauchen vermehrt im Bewusstsein auf. Der gemeinsame Lebensstil, eine tiefe, erfüllende und nicht nur auf oberflächliche Befriedigung ausgelegte Sexualität tritt in den Vordergrund. Menschen beginnen, sich in diesem Zeitabschnitt innerlich noch einmal besonders intensiv zu wandeln, was zwangsläufig auch den Partner dazu auffordert, an sich zu arbeiten und den Weg mitzugehen, da man sich sonst aus den Augen verliert.

Im 9. Haus und in den Jahren 56 bis 63 geht es in erster Linie um die Verfestigung von persönlichen Werten und die Auseinandersetzung mit dem Glauben. Auch weite Reisen und Fortbildungen werden für viele ein großes Thema. In dieser Phase ist es noch wichtiger als bisher, gemeinsame Werte und Weltanschauungen mit dem Partner zu teilen. Spirituelle Inhalte, mit denen sich beide gemeinsam beschäftigen, können den Zusammenhalt erneuern und weiter festigen. Unterschiedliche Interessen und Anschauungen können den Graben zwischen Paaren dagegen weiter vertiefen.

Im 10. Haus, das vom 63. bis 70. Lebensjahr reicht, wird das Lebensziel erreicht. Der Höhepunkt des Lebens und die Reife der Persönlichkeit. Im 11. Haus von 70 bis 77 Jahren werden Illusionen und Selbstbezogenheit abgebaut. Leben für und mit anderen Menschen ist ein Thema, Humanismus ist das Gebot der Stunde. Im 12. Haus und den Lebensjahren 77 bis 84 neigt sich das Leben allmählich dem Ende zu. Oft ist es mit Einsamkeit verknüpft, häufig aber auch mit Spiritualität und tiefer Religiosität. Die Bedeutung der inneren seelischen Verbindung, der wahren Liebe, wächst, je älter wir werden. Unser Leben und die Partnerschaften, die wir führen, sind natürlicherweise mit den jeweiligen Lebensabschnitten verknüpft, die wir hier grob angerissen haben. Es ist nicht schwer zu verstehen, dass wir unsere Partner entsprechend unseres aktuellen Lebensabschnittes auswählen bzw. dass dieser bei unserer Partnerwahl eine nicht unerhebliche Rolle spielt. Es verändert sich nicht nur unser Körper alle sieben Jahre, sondern auch unser Lebensgefühl und unsere Lebensausrichtung. Nicht jede Beziehung besteht den oft tiefgreifenden Wandel der unterschiedlichen Lebensphasen. In diesem Falle sprechen wir natürlicherweise von Lebensabschnittspartner, die absolut ihre Berechtigung haben. Paare, die alle Lebensumbrüche uns -stürme gemeinsam bewältigen, sind vielleicht so etwas wie echte Seelenpartner.

Persönlich starke Wandlungen finden auch durch entsprechende Transite statt, unabhängig vom Alter. Hervorzuheben sind hier neben den bereits beschriebenen Transiten durch das Partnerschaftshaus (Haus 7) die Transite Plutos zu den sogenannten Eckpfeilern unseres Ichs, dem Aszendenten, der Sonne und dem Mond. Die insgesamt größte Herausforderung für uns und unsere Beziehung stellen dabei die Konjunktion, das Quadrat und die Opposition Plutos zu unserem Aszendenten dar, da damit immer auch die Notwendigkeit verknüpft ist, dass nicht nur wir uns, sondern auch unsere Partnerschaft sich wandelt.

Pluto und der persönliche Wandel – Ist die Beziehung noch zu retten?

Das Leben ist Veränderung. Wir bleiben nicht stehen und sind oft morgen nicht mehr die, die wir heute waren. Besonders stark verändern wir uns, wenn Pluto durch unser 1. Haus (Persönlichkeit) wandert oder in einem herausfordernden Transit (Konjunktion, Quadrat oder Opposition) zu unserer Sonne, Mond oder Aszendent steht.

In solchen Zeiten stellt sich immer die Frage, ob auch unsere Partnerschaft die Substanz hat, sich zu wandeln.

Sich persönlich immer wieder verändern, heißt offen gegenüber dem Leben zu bleiben und stetig innerlich zu wachsen. Wenn wir das schaffen, finden wir Erfüllung, gehen in unseren Aufgaben auf und haben auch die Chance, eine glückliche Beziehung zu finden. Problematisch wird es nur dann, wenn die Entwicklungsphasen der Partner nicht im Einklang verlaufen. Wenn der eine das Gefühl bekommt: „Bei mir geht es weiter, aber du bleibst stehen!“. Denn oftmals verlaufen Entwicklungen nicht in einer langsamen, kontinuierlichen Linie, sondern eher in Schüben. Man kann sogar von Entwicklungssprüngen sprechen, die sich manchmal ganz plötzlich ergeben.

Doch auch ein Entwicklungssprung hat normalerweise eine Vorgeschichte. Ähnlich, wie bei einem Vulkanausbruch kleinere Erdbeben die nahende Eruption ankündigen. In einer Partnerschaft, wo der Austausch stimmt, wo man sich gegenseitig wichtig nimmt und Anteil am Eigenleben des Partners hat, ist die Gefahr für die Beziehung kalkulierbar. Wie ein erfahrener Seismologe kann man dann erspüren, wenn sich etwas zusammenbraut und den Dialog suchen und vielleicht sogar den anstehenden Sprung gemeinsam wagen. So wie Vulkanausbrüche unsere Erde immer wieder aufs Neue gestaltet und verändert haben, so kann dies auch unserer „innerer Vulkan" Pluto! Der Planet der Transformation, der Veränderung, drängt uns alle auf den Weg zu uns selbst. Er fördert die tiefen Schätze unserer Seele an die Oberfläche, um uns zu reicheren, wahrhaftigeren Wesen zu machen. Dabei geht er allerdings selten sanft und rücksichtsvoll vor, sondern ist seiner Natur nach eher radikal, ja manchmal sogar grausam. Und wir alle wissen, wie schmerzhaft die Wahrheit sein kann. Tiefe persönliche Transformationen leitet Pluto vor allem dann ein, wenn er über den Aszendenten ins 1. Haus läuft und dieses durchwandert. Da dem Aszendenten und dem 1. Haus der Deszendent und das 7. Haus (Partnerschaft) gegenüberliegen, ist mit diesem Wandlungsanliegen Plutos immer auch die Beziehung betroffen. Steht der Pluto-Transit in einer Konjunktion, im Quadrat oder in Opposition zu Sonne oder Mond, beginnen wir uns ebenfalls stark zu verändern, wobei hier die Partnerschaft nicht in jedem Fall direkt betroffen ist.

Wenn Pluto ins 1. Haus wandert, kommt er aus dem 12., dem Bereich des Unbewussten. Hier hat er in der Tiefe schon vorbereitet, was sich dann in Haus 1 als persönlichkeitsverändernde Eruption zeigt. Die Zeit der kleinen Vorbeben und Rauchwölkchen ist damit vorbei. Wenn der Partner nicht sehen wollte, was sich da unter der Oberfläche im anderen anbahnte, kann er von so einem Ausbruch wirklich überrascht werden. Und dann wird sich zeigen, wie gut derjenige mit den Veränderungen klarkommen kann. Ob er bereit ist, sich dem Veränderungsprozess anzupassen und ihn mitzutragen. Nicht immer wird dies gelingen. Denn plötzlich sieht man den Partner in einem anderen Licht. Erkennt Seiten an ihm oder ihr, die man vorher nicht gesehen oder verdrängt hat. Das macht unsicher und ängstlich, zwingt zu einer eigenen Positionsbestimmung. Doch sich selbst in Frage zu stellen, fällt vielen Menschen sehr schwer. Da ist es dann doch leichter, die Beziehung in Zweifel zu ziehen.

Eine Klientin berichtete den Kommentar ihres Partners zu diesem Prozess: „Sei doch einfach wieder so, wie du vorher warst. Dann ist doch alles in Ordnung!“ Doch dieser Schritt zurück ist nicht möglich. Eine Erkenntnis, die getroffen wurde, kann man nicht einfach wieder in der Tiefe der Seele verbuddeln, das Rad nicht zurückdrehen. Für einige Partnerschaften bedeutet das an dieser Stelle auch wirklich das Aus. Wie bei jedem Pluto-Transit geht es auch hier um das Loslassen. Um die Akzeptanz, dass das, was vorher gepasst hat, nach der Transformation manchmal nicht mehr zusammenpasst. Dass man den Partner nur ein Stück weit auf einem gemeinsamen Weg begleiten konnte, dass sich nun aber neue Lebenswege öffnen, auf denen er uns nicht mehr begleiten kann. Das ist natürlich sehr schmerzlich! Aber mit Pluto ist auch die Kraft vorhanden, diesen Schmerz zu überwinden. Partnerschaften, in denen beide nicht mehr wirklich „in Beziehung“ stehen, haben sich überlebt, auch wenn man sich das für längere Zeit nicht eingestehen mag. Einfacher wird es erst, wenn man sich dieser Wahrheit stellt und den Partner in Liebe loslassen kann.

Doch nicht jede Partnerschaft muss zwangsläufig an einem Pluto-Transit durch Haus 1 zerbrechen. Wo genügend Substanz vorhanden ist, wo die Partner sich bei ihrer persönlichen Weiterentwicklung gegenseitig unterstützen, kann dies sogar zu einer sehr intensiven und erneuernden Beziehungsphase werden.

In einer Partnerschaft geht es beiden dann gut, wenn, wie bei einer Waage, die Waagschale des einen die des anderen im Gleichgewicht hält. Kommt bei einem Gewicht dazu, muss der andere etwas abgeben. Lässt er dagegen Gewicht ab, sorgt der andere für mehr Ballast. So beeinflusst man sich gegenseitig und hält damit das Beziehungsgefüge in Balance. Dafür braucht es aber eine absolut offene und ehrliche Kommunikation und die Bereitschaft zur Toleranz. Denn gerade der Pluto-Partner könnte jetzt dazu neigen, den Partner so hinzuzwingen, wie er das für seine veränderte Persönlichkeitsstruktur braucht. Doch die Persönlichkeitsrechte des anderen müssen gewahrt bleiben, Liebe und Respekt im Einklang sein. Dann kann Pluto einer Beziehung zu einer echten Wiedergeburt verhelfen!

Wenn der Partner nervt – Interaspekte von Mars, die ein besonderes Reizklima schaffen

Es ist nicht immer ganz einfach, mit dem Partner auszukommen, auch wenn sich beide noch so sehr lieben. Es gibt halt keine perfekte Synastrie. Und es ist für die gegenseitige Anziehung wichtig, dass Paare sich aneinander reiben. Viele Menschen erleben es zudem, dass sie ihr Partner immer wieder zur Landung nach Höhenflügen zwingt, was vielleicht im ersten Moment ärgert, für die eigene Entwicklung aber wichtig sein kann. Niemand kennt einen nun einmal so gut wie der eigene Partner, vor allem die eigenen Schwächen. Trotzdem kann es gewaltig nerven, wenn der Partner immer wieder auf die eigenen Unzulänglichkeiten hinweist und es dabei noch schafft, genau die Punkte zu triggern, die uns jede Contenance verlieren lassen. Und umgekehrt natürlich. Kommen Paare aus diesem „Gefecht“ nicht mehr heraus und finden gar Gefallen daran, dem anderen permanent „eins reinzuwürgen“ und ihn bloßzustellen, mutiert die Beziehung allmählich zur Feindschaft und endet in furchtbaren Krawallen. Das können wir immer wieder beobachten oder haben es gar selbst schon erlebt.

Meist stecken hinter diesen Spannungen, die, wie gesagt, nicht nur zerstören, sondern auch positive Reibung bringen können, ganz spezielle Interaspekte. Natürlicherweise ist vielfach Mars im Spiel, der große Provokateur, der gerne reizt, provoziert und die Auseinandersetzung sucht. Hat jemand in seinem Geburtshoroskop etwa Mars in seinem 7. Haus, dann findet er, wie bereits beschrieben, an diesem Mars, dessen Rolle der Partner einnimmt, sogar Gefallen, auch wenn die Beziehung mächtig anstrengend ist.

Meist sind es aber Interaspekte, die die Konfrontation suchen lassen. Spannungsfelder tauchen immer auf, wenn Mars in irgendeiner Form die Sonne, den Mond, Merkur, Venus, Mars, Jupiter, Saturn, Uranus, Neptun oder Pluto angreift. Mars kann einfach jeden Planeten des anderen beunruhigen und aus der Bahn werfen. Umgekehrt kann aber auch jeder einzelne Planet den Zorn des Mars provozieren.

Sonne Konjunktion Mars als Interaspekt ist erwünscht, vor allem, wenn es sich dabei um den Mars der Frau und die Sonne des Mannes handelt. Der Mann begehrt die Frau und umgekehrt. Ein Interaspekt, der große Leidenschaften wecken kann, der aber auch immer große Erwartungen im jeweils anderen erzeugt, die nicht immer leicht zu erfüllen sind. Beim Quadrat und der Opposition zwischen Sonne und Mars häufen sich oft gemeinsame Vorhaben, die schiefgehen und scheitern, weil es Schwierigkeiten gibt, eine gemeinsame Richtung zu finden. Das Wollen des Mars ist häufig unvereinbar mit der Entfaltung der Sonne. Es entstehen zwangsläufig größere Reibungen, die die Frage aufkommen lassen, ob man überhaupt zueinander passt.

Steht der Mond in Konjunktion zu Mars, haben wir ebenfalls eine starke gegenseitige Anziehungskraft, vor allem, wenn Mars wieder von der Frau und der Mond vom Mann ist. Der Mond als weiblicher Planet ist vergleichbar mit Venus, so dass dieser Interaspekt eine doch sehr starke gegenseitige Anziehungskraft andeutet und häufig zu schneller Verliebtheit führt. Bei der Opposition und vor allem dem Quadrat können diese Interaspekte jedoch den ewigen Kampf zwischen dem Männlichen und Weiblichen anheizen, was zu ständigen Missverständnissen und Widersprüchen führen kann, auch wenn man sich im Grunde genommen gegenseitig anziehend und attraktiv empfindet. Die gemeinsamen Alltagerledigungen können durch diese Interaspekte deutlich erschwert werden. Irgendwie fühlt sich der Mond-Eigner vom Mars-Eigner stets angegriffen, währen umgekehrt der Mond mit seinen Emotionen den Unmut des Mars wecken und provozieren kann.

Nur schwer zu beherrschen und unter Kontrolle zu bekommen sind die Konjunktion, das Quadrat und die Opposition zwischen

Merkur und Mars im Horoskopvergleich. Hier kommt es zu permanenten Meinungsverschiedenheiten und Streit. Verbale Provokationen, die unter Umständen sogar in Handgreiflichkeiten münden, sind häufig an der Tagesordnung. Ein Paar mit so einem Interaspekt braucht sehr viel gegenseitige Toleranz und immer wieder Abstand, um sich nicht zu sehr auseinanderzudividieren. Vielfach bleibt die Beziehung ein Kampf, und viele Bemühungen, gemeinsame Interessen zu finden, scheitern. Immer können wir hier aber auch sehr anregende Gespräche beobachten, die sich allerdings leicht zu Streit aufgrund von Meinungsverschiedenheiten hochschaukeln.

Bei Mars-Venus-Interaspekten sollten wir nur das Quadrat kritisch bewerten. Die Konjunktion und die Opposition weisen stets auf eine erotische Anziehungskraft hin, die zwar beim Quadrat auch vorhanden ist (siehe Kapitel „Pikante Venus-Mars-Aspekte – Zaubertrank von Lust und Liebe"), jedoch ähnlich wie bei Mond-Mars-Spannungen zu einer Art Geschlechterkampf führen können. Der Mars-Eigner kennt in diesem Falle oft keine gesunde Grenze, was sein Begehren und seine Erwartungen an Venus betrifft. Das ist vor allem dann stark gegeben, wenn der Mars-Eigner der Mann und die Venus-Eignerin die Frau ist. Aber auch umgekehrt kann es zu hässlichen Eifersuchtsszenen und Leidenschaften kommen, die ins Destruktive gehen und letztlich zu Trennungen unter bösen Umständen führen können.

Nicht zu unterschätzen sind auch die Konjunktion, das Quadrat und die Opposition zwischen Mars und Mars. Da Mars der Planet des Begehrens ist, können vor allem die Konjunktion und die Opposition zwischen Mars und Mars oft zu einer sehr schnellen und spontanen Beziehung, ja Ehe führen. Letztlich können jedoch bei allen drei Interaspekten, ganz besonders beim Quadrat, der aufeinander gerichtete Trieb und das Begehren dermaßen stark sein, dass die Leidenschaft schnell in Wut und Ärger auf den jeweilig anderen kippt. Interessant ist bei diesen Interaspekten, dass oft von Anfang an eine bewusste Abneigung gegeben ist, die die Beziehung trotzdem nicht verhindert. Oftmals steht man sich gegenseitig im Weg oder durchkreuzt die Pläne des anderen. Mars reagiert auch hier sehr emotional und leidenschaftlich, und wenn das im Bösen geschieht, kann sich eine echte Spirale der Gewalt entwickeln. Eine Partnerschaft belasten kann vor allem das Wettbewerbsdenken, wenn beide immer in Konkurrenz zueinander stehen.

Mars in Konjunktion, Quadrat oder Opposition zu Jupiter führt immer wieder zu weltanschaulichen und moralischen Differenzen, die der Verwirklichung von gemeinsamen Lebenszielen arg im Wege stehen können. Am leichtesten zu bewältigen erscheint hier wohl noch die Opposition zwischen Mars und Jupiter. Man kann sich sozusagen zusammenraufen, um gemeinsame Standpunkte zu finden. Bei reifen Menschen können allerdings auch die Konjunktion und das Quadrat zu einer letztlich fruchtbaren Auseinandersetzung führen, die oft sehr tief und grundsätzlich ist.

Als einer der schwerwiegendsten Interaspekte wird der Spannungsaspekt zwischen Mars und Saturn gehandelt. Zu der Aggression und Wut von Mars kommt dann noch die Blockierung und Frustration von Saturn.

Mars fühlt sich ausgebremst und seiner Energie beraubt, während Saturn in seinem Sicherheitsbedürfnis permanent torpediert wird. Nicht von ungefähr gilt dieser Aspekt in der klassischen Astrologie als „karmische Feindschaft". Denn die Begegnung dieser zwei Übeltäter kann so viel Schaden anrichten, dass es für mehr als ein Leben reicht.

Am ehesten zu überwinden scheint hier noch die Opposition zwischen Mars und Saturn, die zwar auch nicht vor überaus heftigen Auseinandersetzungen schützt, die das Paar bei sonst großer vorhandener Liebe jedoch dazu bewegen kann, diese beiden Kräfte zu bündeln, um an einem Ziel zu arbeiten. In diesem Falle kann das Paar „die Welt aus den Angeln heben" und gemeinsam alle Hindernisse, die im Leben nicht wenige sind, überwinden.

Mars in Konjunktion, Quadrat oder Opposition zu Uranus ist ein Pulverfass, auf dem das Paar sitzt. Lange Zeit kann alles gut gehen, bis latent vorhandene, im Untergrund schwelende Spannungen plötzlich ausbrechen und sich so gewaltig auftürmen, dass die Beziehung im Scherbenhaufen liegt. Die Plötzlichkeit, das Unvermutete und die enorme Zerstörungskraft sind das wirklich Gefährliche an diesen Interaspekten. Auch sie können eigentlich nur dann überwunden werden, wenn die restliche Synastrie echte Liebe und Nähe anzeigt. Auch dann kann es zu spontanen und affektartigen Trennungen kommen, die jedoch unter Umständen wieder zurückgenommen werden. Diese Beziehungen haben oft ganz schön viel Dampf!

Mars in Konjunktion, Quadrat oder Opposition zu Neptun kann die Energie und die Durchsetzungskraft des Mars-Eigners erheblich schwächen. Letzterer hat in der Beziehung oft das Gefühl, dass seine Vorhaben boykottiert und sabotiert werden.

Nicht einfach sind ferner die Konjunktion, das Quadrat und die Opposition zwischen Mars und Pluto, die enorme Kräfte der Anziehung wie Abstoßung in sich tragen. Durch Rachsucht und Vergeltung kann sich hier ein Paar gegenseitig großes Leid zufügen, vor allem, wenn einer von beiden fremdgegangen ist. Denn die Spannung zwischen Mars und Pluto ist eine aufeinander gerichtete Leidenschaft, die besitzen und doch zerstören will. Die Emotionen können sich schnell aufschaukeln und einfach alles mit- und niederreißen, am Ende auch die Beziehung.

Seien wir ehrlich: Jede gute Beziehung braucht spannungsvolle Interaspekte. Die von Mars provozieren immer sehr starke Emotionen, die eine Beziehung in Schwung halten und manchmal auch aufwecken kann. Die Kräfte von Mars sind jedoch keineswegs ungefährlich. Sie können dazu verführen, dass der Kampf zur Sucht wird und die Beziehung zerstören.

Der nicht immer förderliche Einfluss von Freunden auf Beziehungen

Jeder von uns hat es schon einmal erlebt: Freunde mischen sich in die Beziehung ein oder versuchen dies zumindest. Und nicht immer ist deren Einfluss richtig und gut. Wenn wir einen dringenden Rat brauchen, entweder weil wir am Anfang einer Beziehung oder gar vor einer Trennung stehen und nicht so recht wissen, wie wir uns entscheiden sollen, ist uns der Rat von guten Freunden natürlich ungemein wichtig. Aber auch Freunde haben Eigeninteressen, mögen vielleicht den Partner nicht, mit dem wir gerade in einer Krise stecken und wären froh, wenn die Trennung endlich stattfinden würde. Freunde können verdammt eifersüchtig und besitzergreifend sein und in ihren Ratschlägen alles andere als objektiv.

Hinter den gutgemeinten, aber oftmals falschen Ratschlägen stecken sicher nicht nur Eigeninteressen, vielfach wird auch einfach nur das verarbeitet, was man selbst erlebt hat. Überlegt eine Frau etwa, ihren Partner zu verlassen, weil dieser fremdgegangen ist, wird eine Freundin, die einst dasselbe Schicksal hatte und sich getrennt hat, nicht unbedingt die objektivste Ratgeberin sein.

Nicht vielen Menschen gelingt es, über ihren eigenen Schatten zu springen. Letztlich sind wir alle mehr oder weniger gefangen in unseren sozialen Verbindungen.

Wenn Freunde oder auch wichtige Familienmitglieder sagen „Mit dem (oder der), das passt gar nicht“, kann das zu einem Glaubenssatz in uns werden, der früher oder später die Waage in Richtung Trennung kippen lässt.

Die Meinungen und die Überzeugungen von Menschen, die uns kennen, denen wir nahestehen, haben eine große Macht, ganz besonders, wenn es sich dabei um mehrere Menschen handelt. Einen nicht ungefährlichen Einfluss auf unsere Beziehung haben neben Familienverbänden die sogenannten Cliquen, die besten Freunde und Freundinnen in Gruppenform. Sie richten oftmals den Daumen nach oben oder senken ihn, wenn es zu einer neuen Beziehung kommt. Und wenn eine Trennung ansteht, dann schüren sie oft ungewollt den Konflikt, indem sie die Position für den einen oder anderen Partner einnehmen und damit die Spaltung vertiefen. Natürlich sind wir in partnerschaftlichen Krisensituationen anfällig für gutgemeinte Ratschläge. Ja wir suchen sie sogar, weil wir uns in der Krise irgendwo festhalten und eine neue Perspektive erkennen wollen. Wichtig ist, dass wir auch in diesen Momenten noch zu erkennen versuchen, welche Freunde uns weiterhelfen können und welche uns ungewollt schaden.

Wenn wir es astrologisch betrachten, dann ist unter Umständen auch der beste und objektivste Freund, der es nur gut meint, in der Lage, einen Keil in eine Beziehung zu treiben. Das ist vor allem dann gegeben, wenn das Paar einen schwierigen Interaspekt hat, der durch einen weiteren Interaspekt des Freundes zusätzlich angegriffen wird. Der Freund grätscht nun unbewusst immer wieder in die Schwachstelle des Paares hinein.

Nehmen wir ein Beispiel: Bei einem Paar steht der Merkur des Mannes im Quadrat zum Mars der Frau. Ein schwieriger Interaspekt, der immer wieder grundlegende Diskussionen aufkommen lässt, die sehr heftig verlaufen können. Trotzdem nicht unbedingt schlimm, wenn die restliche Synastrie des Paares stimmt. Nun aber ist das Paar durch einen schwierigen Transit in der Krise. Nehmen wir an, Saturn im Transit überquert den Mars der Frau. Gleichzeitig ist dieser Saturn-Transit in dieser Zeit in Spannung zum Geburts-Merkur des Mannes. Ein Transit, um es abzukürzen, der in dieser Phase nun zu extremen Auseinandersetzungen führen kann, die bisherige Grenzen möglicherweise überschreiten und das Paar in eine echte Krise stürzen.

Kommt jetzt der gemeinsame Freund hinzu, dessen Mond möglicherweise auf dem Mars der Frau steht und gleichzeitig in Spannung zum Merkur des Mannes, dann baut sich ein weiteres Spannungsfeld zwischen all diesen drei Menschen auf. Wird dieser Freund in der Krise zu Rate gezogen, kann er gar nicht mehr objektiv urteilen, da ihn der Streit des Paares selbst unter seelischen Druck setzt und aggressiv werden lässt. Und da der Mensch immer nach einer Wahrheit sucht, die es meistens nicht gibt, wird er sich im Laufe der Krise auf eine Seite der beiden schlagen und so den Konflikt weiter anheizen, der dann vielleicht zu einer Trennung führt, die nicht unbedingt nötig gewesen wäre.

Manchmal kann es deshalb ratsam sein, in Beziehungskrisen besagten Freund aus dem Spiel zu lassen. Meistens spüren wir das instinktiv, manchmal hilft uns hier aber auch die Astrologie, unpassende Einflüsse zu erkennen. Jeder Horoskopvergleich deutet den intensiven Energieaustausch zweier Menschen an, der vielfach auf einer unbewussten Ebene abläuft. Kommt eine dritte Person hinzu, sind weitere Energien gegeben, die das Geschehen beeinflussen. Freunde sind gut und wichtig, manchmal aber auch gefährlich. Das sollten wir bedenken.

Wie Kinder ihre Eltern und deren Beziehung verändern

Die Sterne spiegeln sich überall wider, in unserem gesamten Leben. Permanent spüren wir wie gesagt das Horoskop unseres Partners, das wie ein Dauertransit mit seinen unterschiedlichen Energien und Anlagen auf uns einwirkt. Ähnlich ist es mit allen anderen Menschen, mit denen wir näher zu tun haben. Deren Sonne, Venus, Mars etc. hinterlassen Eindruck bei uns, stehen in Kommunikation mit den Achsen, Häuser und Planeten unseres Horoskops, was uns der Horoskopvergleich, die Synastrie, offenbart.

In der Synastrie mit unserem Partner können wir sehen, worin er uns bewusst oder unbewusst fördert und wie er uns in manchen Lebensgebieten bremst oder sogar unterdrückt. Umgekehrt offenbart uns die Synastrie natürlich auch, wo wir unserem Partner guttun oder blockieren.

Die Reibungen, die in jedem engen Miteinander entstehen, führen zu einem Wechselspiel aus Anziehung und Abstoßung und sind so etwas wie das „Salz in der Suppe" einer jeden Beziehung. Menschen lieben und hassen sich, der Ausgang einer Liebe hängt auch immer davon ab, wie sie ihre Probleme bewältigt, die ebenfalls in jeder Synastrie ersichtlich sind.

Ist eine Liebe nun besonders glücklich und innig, tauchen idealerweise gemeinsame Sehnsüchte auf, die in jüngeren Jahren oftmals im starken Wunsch nach Kindern gipfeln. Im Falle einer Schwangerschaft sagt der Volksmund weise: Eine Frau ist guter Hoffnung... Das Kind ist die Erfüllung einer Liebe, verspricht es doch die Ganzheit und den Wunsch nach Geborgenheit in einer Familie. Das ist auch der tiefere Grund, warum dem Haus des Kindes, dem 5. Haus, das Haus der Hoffnungen und der Wünsche, das 11. Haus, gegenübersteht.

Wenn ein Paar ein Kind bekommt, werden nun auch die Sterne seines Horoskops zum Dauertransit für die Eltern und umgekehrt. Denn auch Eltern-Kind-Beziehungen sind besonders innig und stellen eine Schicksalsgemeinschaft dar, die so lange das Leben prägt, bis einer dieser drei die Gemeinschaft sprengt und eigene Wege geht. Sei es durch eine Scheidung oder die natürliche Abnabelung des Kindes, das erwachsen wird und eine eigene Familie gründet.

Eine der größten Ängste von werdenden Vätern ist zunächst häufig die Frage: „Bleibt die enge Beziehung zu meiner Frau bestehen, oder rücke ich nun an die zweite Stelle?“ Mütter quält dagegen häufig die Frage: „Kann ich den Anforderungen meines Mannes und denen meines Kindes gerecht werden, oder wird jetzt alles zu viel für mich?“ Nicht wenige Männer werden eifersüchtig auf das Kind, das die Brust ihrer Frau für sich reserviert. Frauen wiederum sehen oftmals im heranwachsenden Mädchen, das vom Vater vergöttert wird, eine potenzielle Nebenbuhlerin.

Fest steht, dass ein neues Kind jede Beziehung erst einmal völlig umkrempelt. Mit der Geburt eines Kindes kann der Grundstein einer noch glücklicheren Partnerschaft gelegt werden. Manchmal werden partnerschaftliche Konflikte durch ein Kind aber auch überlagert, das Kind hilft, Probleme zu verdrängen und beiseite zu schieben, die dann mit aller Wucht zurückkehren, sobald das heranwachsende Kind eigene Wege geht.

Einmal abgesehen von diesen möglichen Problemen, die ein Kind in eine ungute Rolle zwängen können, wird ein Kind beide Elternteile wunderbar inspirieren und diesen sogar einen völlig neuen und ungemein starken, vielleicht sogar den größten Lebenssinn überhaupt verleihen. Kinder sind Liebe, ein Geschenk Gottes, mit dem aber auch Pflichten und Verantwortung verbunden sind. Eltern müssen für ihre Kinder sorgen, sie fördern und immer für sie da sein, sie dürfen sie aber nicht besitzen und sie etwa in Beziehungsproblemen missbrauchen, um gegen den ungeliebten Partner Front zu machen.

Jede Generation ist weiter in der Evolution der Menschheit als die vorige. Man spricht in unserer Zeit, dem anbrechenden Wassermannzeitalter, von Indigo-Kindern, die alles machen werden und von Kristall- oder Regenbogenkindern, die die spirituelle Erneuerung vollziehen und deren alleinige Nähe uns alle schon fördert und guttut. Nicht alle Kinder haben eine so tiefe Seele, aber jedes Kind ist ein besonderes unserer Zeit und auf seine Art liebenswert. Es ist unsere Aufgabe in einem höheren Sinne, unseren Kindern die Möglichkeit zu geben, sich zu entwickeln und zu entfalten, wir müssen geben und loslassen, das ist unsere Rolle als Eltern.

Alle Energien, die in Form von Planeten und Aspekten im Horoskop des Kindes auftauchen, regen Vater und Mutter an, sich selbst und ihr Leben zu verändern. Ein Vater fühlt sich durch das Kind vielleicht plötzlich stark motiviert, Karriere zu machen, da er jetzt noch mehr weiß und fühlt, wofür und für wen er kämpft und arbeitet. Eine Mutter entdeckt möglicherweise die selbstlose Liebe, die sie spirituell und menschlich wachsen und reifen lässt. Und trotz Kind und drohender Doppelbelastung ist sie unter Umständen motiviert, sich weiterzubilden und jetzt erst recht mehr aus ihrem Leben zu machen.

Beide Elternteile erfahren durch das Kind, wie belastbar sie sind und dass ihre Grenzen noch lange nicht ausgereizt sind. Und, die Eltern haben die Chance, sich als liebende Menschen noch einmal von ganz anderen, neuen Seiten zu sehen und ihre Beziehung dadurch zu vertiefen. Natürlich, die Belastung durch ein Kind ist immer auch eine große Herausforderung für die Beziehung, aber eben auch eine Bereicherung. Manche Paare erkennen allerdings erst jetzt, in dieser neuen Situation, dass sie nicht zusammengehören, was aber an ihrer Liebe und Verantwortung gegenüber dem Kind nichts ändern darf. Denn die Beziehung zwischen Mutter und Kind wie zwischen Vater und Kind ist und bleibt einzigartig.

Jedes Kind ist auf seine Art eine Bereicherung für das Leben, und Paare machen oft den Fehler zu glauben, ein Kind würde gerade nicht in ihre Lebenssituation passen. Denn mit dem Kind kommt eine neue Energie und neues Leben, was alles zum Positiven wenden kann, sofern diese Herausforderung mit Zuversicht angegangen wird. Es ist schwer bis unmöglich, das Leben zu planen, erst recht, wenn ein Kind auftaucht.

Interessant ist, dass sich in den Kinderhoroskopen immer wieder Themen, ähnliche Aspekte und Konstellationen der Eltern finden. Hat die Mutter beispielsweise eine Mond-Pluto-Spannung, ist in ihrer Mutterlinie oft die Weiblichkeit verdrängt worden. Hat die Tochter nun etwa den Mond im Skorpion (entspricht einer Mond-Pluto-Spannung), ist sie es vielleicht, die diese weggeschobene Stärke, den weiblichen Reiz und ihre Macht lebt und befreit und damit ihrer Mutter hilft, sich selbst zu befreien. Oder der Vater hat etwa seine Sonne im 12. Haus, sein Sohn eine Sonne-Neptun-Konjunktion (entspricht der Sonne in Haus 12). Möglicherweise bekennt der Sohn sich erst zu den feinen und sensiblen Kräften seiner Sonne, die in der Generation des Vaters noch als unmännlich abgetan wurden. Solche und ähnliche Beispiele gibt es zuhauf, und für einen erfahrenen Astrologen ist es eine große Freude, in Familienhoroskopen zu forschen.

Kinder können allein durch ihre Anwesenheit und Entwicklung dazu beitragen, eigene Blockaden und Probleme zu erkennen und an ihnen zu arbeiten, da sie immer auch prägnante Charakterzüge von uns besitzen und spiegeln. Sie helfen uns, lebendig zu bleiben. Und wer nach vorne schaut und bereit ist, an sich zu arbeiten, kann auch Krisen in seiner Ehe bewältigen.

Natürlich freuen wir uns, wenn unser Kind in der Synastrie seinen Jupiter auf unserer Sonne hat. Denn allein dadurch schenkt uns das Kind das Gefühl von grenzenlosem Glück und trägt nur durch sein Dasein dazu bei, dass wir uns noch besser entfalten können. Aber auch ein Quadrat unseres Kindes zu unserer Sonne muss keine Belastung sein, regt in uns vielleicht noch mehr Ernsthaftigkeit an und verdeutlicht uns die Verantwortung gegenüber dem Kind. Gerade weil Eltern bedingungslos lieben, können schwierige Interaspekte zwischen ihnen und ihren Kindern der Liebe nichts anhaben. Sie deuten dann aber mehr Reibung und Auseinandersetzung an, an denen beide Teile wachsen.

Interessant wird es im Familienverbund dann, wenn wir eine Dreifachsynastrie zwischen Eltern und Kind erstellen. Hier können wir erkennen, dass eine solche Dreiecksbeziehung manchmal auch die Partnerschaft vor eine größere Probe stellen kann. Ein Beispiel: Eine Frau hat ihre Sonne im Stier, ihr Mann an gleicher Stelle seinen Mond. Einer der schönsten Interaspekte: Er erfüllt ihre Erwartungen, wie ein Mann sein muss, sie seine Erwartungen nach der Traumfrau. Sein Mond und ihre Sonne in Konjunktion schaffen viel Nähe und den Einklang von Seele, Körper und Geist. Hat nun die Tochter ihren Mond im Skorpion im Quadrat zu Mars im Wassermann und greift dieses Quadrat nun in der Dreifachsynastrie diese schöne Sonne-Mond-Konjunktion an, dann haben wir „den Salat". Dieses Mädchen wird es immer wieder schaffen, einen Keil zwischen ihre Eltern zu treiben. Ihr Mars und ihre oftmals konfliktreiche Seele wird immer wieder Spannungen bei den Eltern erzeugen, die diese bewältigen müssen. Zudem ist der Skorpion-Mond ein geschickter Manipulator, der es versteht, zu spalten, wenn er sich zurückgesetzt fühlt und wenn es um seine Ziele und Wünsche geht. Aber auch diese Aufgabe ist wohl von höherer Stelle gestellt und hat deshalb ihre Bedeutung. Das Leben und unsere Kinder sind Herausforderungen, die uns weiterbringen, vor denen wir manchmal aber auch kapitulieren.

Hilfe, mein Partner ist ein Narzisst!

Sicher haben Sie schon einmal etwas von Narzissmus gehört. Man könnte sagen, neben Burnout der psychologische Modebegriff unserer Zeit. Als Narzissten werden inzwischen alle Menschen bezeichnet, die durch ihre gnadenlose Selbstgefälligkeit, die mit Eitelkeit und Selbstbezogenheit gepaart ist, auffällig werden, ob nun im privaten oder beruflichen Bereich. Diese selbstbezogenen Menschen mit dem übergroßen Ego und der unerträglichen Selbstverliebtheit gab es wohl auch schon früher wie Sand am Meer. Die Frage ist nur, warum wird gerade heute, in unserer Zeit, so ein Hype um sie gemacht? Die Frage ist relativ einfach zu beantworten: Sie drängen tatsächlich immer noch stärker in den Vordergrund. In unserer Gesellschaft, in der alles auf Wettkampf und Konkurrenz gerichtet ist, wird das Ego großgeschrieben. Wer Erfolg haben will, versucht sich mit allen Mitteln durchzusetzen und auf sich aufmerksam zu machen. Talent und Ego sind alles, damit steht der Himmel offen, damit kann man Karriere machen. Ein Talent ohne Selbstbewusstsein, ein Mensch, der sich vornehm oder gar schüchtern zurückhält, um andere ja nicht zu übervorteilen, wird es zu nichts bringen. Das propagiert unsere westliche Gesellschaft, in der schon die Kinder zu unerträglichen kleinen Egoisten und Narzissten erzogen werden, die von ihren Eltern in Sport und Musik immer früher gefördert werden, um schon bald etwas Besonderes darstellen zu können. Heute dürfen Menschen nicht nur ihre narzisstische Ader ungehemmt ausleben, sie werden dazu sogar ermuntert. Unsere Gesellschaft, es könnte noch viel deutlicher und umfassender ausgeführt werden, ist zum idealen Nährboden für Narzissten und Selbstdarsteller geworden, die auch immer mehr in der Politik Einzug halten, denkt man etwa an Trump, wobei auch Putin, Erdogan und andere Politiker, die eine große Rolle im Weltgeschehen spielten oder immer noch spielen, mit gnadenloser Selbstbezogenheit und Ignoranz gegenüber Andersdenkenden und -lebenden glänzen. Immer häufiger werden wissende und kluge Politiker, wie einst Helmut Schmidt einer war, durch den Showman, den klassischen Narzissten, ersetzt. Muss auch so sein, denn die Führer einer Nation wachsen grundsätzlich aus dem jeweiligen Volk heraus, werden von ihm gesucht, erwählt, ernannt. Auch für selbsternannte Tyrannen muss der Boden erst durch das Volk bereitet sein.

Kennen Sie die Geschichte von Narziss? Nun, sie entstammt der griechischen Mythologie. Um es kurz zu erzählen: Der Flussgott Kephissos schwängerte die Wassernymphe Leiriope, worauf Narziss geboren wurde. Von einer Seherin wurde ihm ein langes Leben vorausgesagt, sofern er sich nicht selbst erkenne. Narziss war so bezaubernd und schön, dass er von Frauen wie Männern gleichermaßen umworben wurde. Narziss aber konnte niemanden wirklich lieben, da er von der eigenen Schönheit geblendet war, und wies alle herzlos zurück, die ihn begehrten. Diese Kränkung widerfuhr auch der Bergnymphe Echo und dem Bewerber Ameinios, dem Narziss ein Schwert zukommen ließ. Zwar brachte sich Ameinios noch auf der Türschwelle mit dem erhaltenen Schwert um, nicht aber ohne zuvor die Götter anzurufen, seinen Tod zu rächen. Nemesis hörte die Bitte und strafte Narziss mit unstillbarer Selbstliebe: Als er sich in einer Wasserquelle sah, verliebte er sich in sein eigenes Spiegelbild. Am interessantesten endet die Geschichte, wie sie Ovid, der große römische Philosoph und Dichter der Antike, erzählt: Narziss erkannte, dass seine Liebe zu ihm selbst für immer unerfüllbar blieb. Er verzehrte und verschmachtete sich vor seinem Ebenbild bis zum Tod. Seine letzten Worte: „Ach, du hoffnungslos geliebter Knabe, lebe wohl!“ Statt seines Leichnams fanden die Baumgeister, die Nymphen der Eichbäume, eine Narzisse.

Die extreme Form von Narzissmus ist ein psychologisches Krankheitsbild, so wie alle psychologischen Krankheiten, die dazu führen, dass der betroffene Mensch selbst und die anderen in seiner Umgebung darunter leiden. Das Bedürfnis nach übermäßiger Bewunderung und ein überzogenes Anspruchsdenken, immer gekoppelt mit fehlender Empathie, kann die Krankheit anzeigen. Da Narzissmus in das Umgangsdeutsch Einzug gehalten hat, werden jedoch viele Menschen als Narzissten gehandelt, die vielleicht egoistische Züge haben, deshalb aber noch lange nicht unter Narzissmus leiden. Narzisstische Züge hat etwa jemand, der permanent nur über sich und seine eigene Welt redet, der Zuhörer braucht und umgekehrt nicht zuhören kann. Oder jemand, der laufend Selfies macht und sie im Netz verbreit.

Jeder gute Showmaster und Schauspieler hat zumindest gewisse narzisstische Züge. Hat man diese Anlage nicht, macht es einem keinen Spaß, sich selbst darzustellen und von anderen feiern zu lassen, dann wird man meistens kein Schauspieler. Oder – wie heute – kein Politiker.

Die Frage ist immer nur, wo fängt es an, krank zu werden? Wer mag das richtig beurteilen? Selbst erfahrene Psychologen dürften Probleme haben, hier eine Trennlinie zu setzen. Narzisstische Züge haben sehr viele Menschen. Narzisstische Züge können sich sogar hinter Menschen verbergen, die immer nur helfen, weil sie sich vielleicht als Helfer feiern lassen wollen. Es ist nicht immer leicht, sie zu erkennen.

Aus astrologischer Sicht gibt es zumindest Anzeichen für Narzissmus. Oft ist dabei Uranus im Spiel. Wassermann oder Wassermann-Aszendent, dessen Herrscher Uranus ist, haben schon von Geburt an zumindest leicht narzisstische Züge. Sowohl Sonne-Uranus- als auch Mond-Uranus-Spannungen sind ein deutlicher Hinweis auf narzisstische Züge. Sonne in Konjunktion, Quadrat oder Opposition zu Uranus will immer anders sein als die anderen, will auffallen, ist egozentrisch, will auch in der Liebe von niemandem festgehalten oder verpflichtet werden. Das sind die wohl egozentrischsten und selbstverliebtesten Aspekte überhaupt. Ähnlich ist Uranus im 1. Haus oder am Aszendenten des Horoskops. Auch dieser Uranus zeigt Freiheitsbedürfnis und Eigenwilligkeit an und geht oft mit einem überzogenen Eigenwertgefühl einher.

Neben Uranus kann der oftmals zum Größenwahnsinn neigende Jupiter narzisstische Züge hervorrufen. Schütze oder Schütze-Aszendent, dessen Herrscher Jupiter ist, Menschen mit Merkur im Schützen (denken vor allem über sich selbst gut) sowie vor allem Menschen mit Sonne-Jupiter-Konjunktion, -Quadrat oder -Opposition fühlen sich von Geburt an auserwählt und wollen stets etwas Besonderes in ihrem Leben sein und schaffen. Der übersteigerte Jupiter leidet oft unter totaler Selbstüberschätzung, Arroganz und Anmaßung, kennt in seinem Erfolgsstreben und seinen überzogenen Ansprüchen an das Leben oft keine Grenzen. Der aus dem Ruder laufende Jupiter, so könnte man ihn wohl in einer Systemischen oder Astrologischen Aufstellung bezeichnen, erhebt sich über alles und jeden und verliert auf seine Art Bodenhaftung. Demut ist etwas, was vor allem diesem Typ von Narzissten abgeht und der Schlüssel zu seiner Heilung ist.

Eine große Selbstbezogenheit, die auf narzisstische Züge hindeuten kann, aber nicht muss, ist grundsätzlich dann gegeben, wenn das 1. Haus, das Feld des Ichs, mit mehreren Planeten im Horoskop besetzt ist. Jeder Planet will hier besonders gelebt werden und ist nicht bereit, Kompromisse zu machen. Auch mit Menschen, die ausschließlich die Ich-Hälfte ihres Horoskops (östliche Seite, links von der MC-IC-Achse) besetzt haben, ist der Umgang nicht immer sehr einfach, da sie vorwiegend an sich selbst und ihr eigenes Wohlergehen denken. Wie bereits angedeutet, können sich auch hinter einem Helfersyndrom, wenn etwa das 12. Haus des Geburtshoroskops stark betont ist, gewisse narzisstische Züge verbergen. Denn das 12. Haus gehört auch zur Ich-Seite, und hinter dem Schleier der Selbstlosigkeit kann sich hier auch gnadenlose Selbstgefälligkeit, der Wunsch als „Gutmensch“ gesehen zu werden, verbergen.

Es gibt viele narzisstische Züge, die im Horoskop auftauchen können. Und seien wir ehrlich: Jede große Persönlichkeit, die in der Öffentlichkeit etwas bewegt, besitzt welche. Narzissmus, wie wir ihn in der „Alltagspsychologie“ verstehen, ist mit Sicherheit eine Gratwanderung, vor allem für den bewussten und erfolgreichen Menschen, dessen größte Fallen eben das große Ego und die Selbstverliebtheit sind.

Mit einem Menschen in einer Beziehung oder gar verheiratet zu sein, der stark narzisstische Züge besitzt, ist oft sehr schwierig bis unmöglich. Denn dieser oftmals entfesselte und im Leben nicht richtig eingeordnete Uranus oder dieser selbst erhöhender Jupiter führen dazu, dass sich alles nur um diesen narzisstischen Menschen dreht und sein Partner daneben immer noch kleiner und unbedeutender zu werden droht.

Letztlich werden dadurch das eigene Leben und Entfaltung gehemmt und eingeschränkt. Der Partner mit den narzisstischen Zügen nimmt einfach zu viel Raum, indem er permanente Aufmerksamkeit für sich, sein Leben, seine Ziele beansprucht, auch wenn er nicht da ist.

Menschen mit narzisstischen Zügen haben etwas Faszinierendes, letztlich lassen sie einen aber allein und sind innerlich auch selbst meistens einsam. Aus diesem Dilemma herauszukommen, ist oft schwierig, vor allem, wenn der eigene Selbstwert dabei immer mehr in den Keller geht. Manchmal brauchen Menschen aber genau diese Erfahrung, um an sich selbst zu glauben, was die Voraussetzung ist, um eine wirklich glückliche Beziehung auf Augenhöhe zu führen.

Wenn der Partner nicht spirituell ist

Gerade für viele Frauen kann das heutzutage ein ernsthaftes Problem sein: Sie beschäftigen sich mit Astrologie, mit spirituellen und psychologischen Inhalten, sie fangen an, sich bewusster zu ernähren, besuchen Familienaufstellungen, Astrologische Aufstellungen und die unterschiedlichen Seminare, die geistig fortbilden und die seelische Entwicklung vorantreiben. Und allmählich beginnen sich diese Frauen anders zu entwickeln, was wiederum deren Männern, die oft sehr rationale Typen sind und nur das glauben, was wissenschaftlich beweisbar ist, Angst macht und diese in eine Abwehrhaltung hineindrängt. Sie wissen, ihrer Frau ist das wichtig, aber sie selbst können damit einfach nichts anfangen, ja sie fühlen sich von diesem irrationalen Gedankengut, so empfinden sie es jedenfalls, völlig überfordert.

Eine Krise kann entstehen, die oft nur noch sehr schwer zu bewältigen ist. Denn eines ist auch klar: Die Weltanschauung und die geistige Entwicklung, die dem 9. Haus des Horoskops entsprechen, wollen geteilt werden, vor allem mit dem Menschen, mit dem das Leben geteilt wird, oft „bis der Tod uns scheidet". Das wäre zumindest ein Idealzustand. Gemeinsame Weltanschauungen und Ideale sind Inhalte, auf denen ein Paar sein Leben aufbauen kann. Sie schweißen innerlich zusammen und helfen dem Paar gerade in Krisenzeiten weiter. Fehlen diese, fallen Trennungen oft leichter.

Weltanschauliche Gegensätze bestehen beim Horoskopvergleich, der Synastrie, oft dann, wenn es massive Jupiter-Spannungen gibt, vor allem wenn der Mars des einen in Konjunktion, Quadrat oder Opposition zum Jupiter des anderen steht. Aber auch ohne diese Interaspekte können sich durch die unterschiedliche persönliche Entwicklung oftmals so große weltanschauliche Differenzen auftun, dass sie nicht mehr bereinigt werden können. Natürlich gibt es auch hier viele Ausnahmen. Vielfach kommen Paare trotz unterschiedlichem Denken in wichtigen weltanschaulichen Dingen dennoch gut miteinander aus. Denn wer seinen Partner wirklich liebt und ihm nahe ist, versucht, ihn zu verstehen, auch wenn er ihm nicht immer folgen kann.

Trotz allem ist es tatsächlich eine Art Zeitproblem, dass Männer sich am rationalen Denken festhalten und auf spirituellen Seminaren und in entsprechenden Berufen fast nur Frauen zu finden sind. War früher etwa der Beruf des Astrologen noch eine reine Männerdomäne, bekleiden ihn heute wesentlich mehr Frauen als Männer. Frauen beschäftigen sich verstärkt mit geistigen Inhalten, was unter anderem mit der Emanzipation der Frau und dem wachsenden Erkennen ihrer ureigenen Stärken zu tun hat, während Männer heutzutage eher um eine zeitgemäße Haltung zum Thema Männlichkeit zu ringen scheinen.

Davon abgesehen ist es nicht immer schlecht, dass Männer und Frauen von Natur aus unterschiedliche Denkansätze haben. Da, wo der Mann vielleicht zu nüchtern und trocken analysiert, verliert sich die typische Frau gelegentlich in fantasiereiche Gebilde, die ihren Gefühlen entsprechen, die aber auch schnell wechseln können und gewiss nicht immer mit der Realität korrespondieren. Beides kann sich jedoch ergänzen, und wenn gegenseitige Toleranz und Respekt gegeben sind, kann die Beziehung fruchtbar und anregend sein. Denn wir Menschen brauchen nun einmal Widerstand und Gegensätzlichkeit. Jeder, der sich spirituell beschäftigt und sich persönlich weiterentwickeln will, benötigt Erdung, will er nicht zum abgehobenen Esoteriker werden. Und wer könnte uns aus unseren persönlichen Höhenflügen besser herunterholen als unserer Partner, der nicht nur unsere Stärken, sondern auch unsere Schwächen kennt? Dies gilt auch umgekehrt für Männer, die ihre geistigen Ideale im Leben verwirklichen wollen und von ihren Partnerinnen dabei regelmäßig ernüchtert werden. Das ist das Leben. Ein Ideal kann sich nur im Sturm und vor dem größten Kritiker, unserem Partner, beweisen.

So gesehen sollten wir vermutlich auch nicht klagen, wenn uns unser Partner in dem einen oder anderen Punkt das Leben schwermacht. Unser Partner ist bestenfalls unser Coach, an dem wir wachsen und uns reiben (siehe Kapitel „Der Wandel der Liebe im Wassermannzeitalter – der Partner wird zum Coach“). Wir brauchen genau ihn, um weiterzukommen. Wir sollten deshalb nicht die Schuld und Verantwortung von uns schieben, sollte die Beziehung scheitern. Wir haben ihn ausgesucht. Sein Horoskop und seine darin befindlichen Planeten bilden, wie schon öfter gesagt, eine Art Dauertransit zu den Planeten unseres Horoskops. Und Transite sind immer mit Aufgaben und wichtigen Lebensthemen verknüpft und niemals zufällig. Alles, was passiert, auch langanhaltende Krisen in einer Beziehung, gehören in einem höheren Sinne zu uns und unserer Entwicklung. Wenn etwa der Saturn unseres Partners im Quadrat zu unserer Geburts-Sonne steht, brauchen wir zumindest für einen gewissen Zeitabschnitt genau diesen Widerstand, um zu reifen. Und wenn wir mit einem Merkur-Mars-Interaspekt jahrelang täglich mit unserem Partner wegen Kleinigkeiten streiten (siehe Kapitel „Wenn der Partner nervt – Interaspekte von Mars, die ein besonderes Reizklima schaffen", dann ist auch das ein Teil unserer Entwicklung, der uns letztlich drastisch vor Augen führt, wie sinnlos jede Rechthaberei ist. Jede Beziehung hat ihre Aufgaben und Herausforderung, an der wir wachsen können. Und auch die Beziehung, die bereits nach kurzer Zeit scheitert, will uns etwas sagen. Alles hat seinen Sinn und seine Richtigkeit, weil jede Beziehung auch unserem Entwicklungsstand entspricht.

Wenn Menschen zu sehr lieben

Menschen, die zu sehr lieben, gibt es die überhaupt? Sie werden mit Recht einwenden, dass die Liebe niemals genug sein kann. Mit „zu sehr lieben" ist hier vielmehr eine Art von mächtiger Leidenschaft gemeint, es ist die Rede von Menschen, die ihre eigenen Grenzen nicht wahrnehmen und ihr eigenes Leben hintenanstellen, nur um einen Partner für sich zu gewinnen oder zu binden. Manche dieser Männer oder Frauen gehen bis zur Selbstaufgabe und opfern sich für ihren Partner, der ihnen oft hilfsbedürftig erscheint, werden von ihm ausgenutzt, gedemütigt, seelisch und körperlich misshandelt, mit einem Wort: nur gebraucht. Und obwohl sie langsam daran zugrunde gehen, können sie nicht loslassen. Ein Phänomen, das wir immer wieder beobachten können, wobei die Betonung auf

Beobachtung liegt, denn helfen können wir diesen Menschen nicht. Sie würden unsere mahnenden Worte nicht wirklich hören.

Irgendwann einmal erwachen sie jedoch aus diesem Traum, der schön begann und zum Albtraum wurde, dann nämlich, wenn sie erkennen, dass ihre Partnerschaft eine Illusion war und dass hinter diesem Helfen und Aufopfernwollen ein persönliches Problem steht. Dem Partner zu helfen, ihn zu motivieren, seine Liebe um jeden Preis zu gewinnen, kann tatsächlich zu einer Sucht werden, die im Extremfall krankhafte Züge annehmen kann.

Manchmal werden auch Astrologen in ihrer Praxis mit diesem Thema konfrontiert. Eine Klientin erzählte mir in der Beratung: „Ich habe vor etwas mehr als einem Jahr einen Mann kennengelernt und habe mich Hals über Kopf in ihn verliebt. Bereits nach drei Wochen sind wir zusammengezogen, gegen den Rat meiner Eltern und Freunde, die meinten, dass ich ihn erst besser kennenlernen sollte. Jetzt, nach einem Jahr, liebe ich ihn zwar immer noch, die Beziehung ist aber zur Hölle geworden. Er hat mich mehr oder weniger aus der gemeinsamen Wohnung rausgeschmissen. Trotzdem tue ich noch alles für ihn. Ich gebe ihm Geld, wenn er einen Engpass hat, er weint sich bei mir aus, wenn er Probleme hat, und wir haben auch nach wie vor Sex, obwohl ich nicht die einzige bin, mit der er sich vergnügt. Das verletzt mich so sehr, dass ich kaum noch etwas essen kann und immer mehr abmagere. Wenn ich ihn einmal brauche, ist er eiskalt, seine Freunde sind ihm viel wichtiger als ich. Wenn ich allein bin, weine ich viel."

Erstaunlich war, dass diese Frau immer noch an diese Beziehung glaubte und mich fragte, wann alles besser werden würde. Um an dieser Stelle deutlich anzumerken: Ein Astrologe ist kein Psychologe und kann in solchen Fällen auch nur sehr bedingt weiterhelfen. Denn hier wäre zweifellos eine Therapie fällig, zu der ein verantwortungsbewusster Astrologe auch rät.

Interessant ist, dass diese Frau einen Fische-Aszendent und auch noch eine Mond-Neptun-Konjunktion in ihrem Horoskop hat. Damit ist sie ein Mensch, der unheimlich sensibel und von unbestimmbaren Sehnsüchten bewegt ist, der immer Mitleid mit anderen hat, auch wenn diese es gar nicht verdienen. Aus astrologischer

Sicht weiß man, dass vor allem Menschen mit einem starken Neptun-Thema im Horoskop leicht in die Opferrolle hineingeraten und auch zum Helfersyndrom neigen.

Ähnliche Persönlichkeitsstrukturen können bei der Fische-Sonne, der Sonne in Haus 12, Sonne-Neptun-Konjunktion, -Quadrat oder -Opposition, Neptun am Aszendenten bzw. in Haus 1, Neptun in Haus 7, dem Mond oder Venus in den Fischen sowie bei Venus-Neptun-Konjunktion, -Quadrat oder -Opposition gegeben sein.

Neben Neptun spielt aber auch Pluto vielfach eine größere Rolle, wenn es um Abhängigkeiten und „zu viel Liebe“ geht, da Pluto die Sucht zum Zwang macht.

Eine mir bekannte Frau ist Skorpion mit einer Sonne-Neptun-Konjunktion. Als sie die vermeintliche „Liebe ihres Lebens“ traf, stand der laufende Neptun im Wassermann im exakten Quadrat zu ihrer Sonne-Neptun-Konjunktion. Der Transit-Neptun löste in diesem Falle ihre angeborene Anlage aus, Männer (Sonne) zu idealisieren (Neptun). Sie begegnete einem Mann, der die Sonne in Haus 12 hat (wirkt in gewissem Sinne ähnlich wie eine Sonne-Neptun-Konjunktion). Alle seine persönlichen Planeten, Sonne, Merkur, Venus und Mars, befinden sich außerdem im Krebs und füllten damit ihr Partnerschaftshaus aus (sie hat einen Steinbock-Aszendent, das bedeutet, dass der Krebs in ihrem 7. Haus steht). Etwas uncharmant ausgedrückt, könnte man sagen, das passt „wie die Faust aufs Auge“. Der Horoskopvergleich schien ideal, das Glück perfekt. Beide hatten nur noch Augen füreinander, beendeten mehr oder weniger ihre bestehende Beziehung und die meisten Freundschaften, da sie jeden freien Augenblick allein für sich und ihre Liebe reservierten. Doch dann begann das Drama.

Beide sind unbedingte Neptunier, nur jeder lebte dieses Thema auf seine Art: Der Mann in Form von Hilfsbedürftigkeit und die Frau als Helferin. Seine Sonne im Krebs und im 12. Haus erwies sich als äußerst labil, ja lebensunfähig. Er brauchte immer eine Frau, die ihn stützte, sich um seine Finanzen und Alltagsdinge kümmerte. Wie es sich für eine echte 12.-Haus-Sonne gehört, hatte er jede Menge Heimlichkeiten und war auch noch dem Alkohol zugeneigt. Im Klartext: Er hatte regelmäßige Abstürze, in denen er nahezu bis zur Bewusstlosigkeit soff. Er hatte Schulden und konnte sich eigentlich nichts mehr leisten. Doch „glücklicherweise" hatte er nun diese Frau mit Sonne-Neptun-Konjunktion, für die er nun die geeignete Projektionsfigur wurde. Sie pflegte und hätschelte ihn, schenkte ihm Geld, richtete seine Wohnung ein, fuhr ihn täglich von A nach B (natürlich hatte er keinen Führerschein mehr) und versuchte, ihn (vergeblich) vom Alkohol wegzubringen. Sie zerfloss regelrecht in Mitleid, opferte sich ihm völlig auf, genoss seine typische Krebs-Zärtlichkeit und vernachlässigte darüber ihre eigenen Kinder, die aus ihrer ersten Ehe stammten.

Als der Neptun-Transit zu ihrer Sonne-Neptun-Konjunktion vorüber war, fiel diese Frau aus allen Wolken und landete unsanft auf dem Boden der Realität. Sie war mit ihren Kräften am Ende und musste sich eingestehen, dass sie niemanden retten kann, dem nicht geholfen werden will. Ihre Liebe war eine Sucht, die einer Sehnsucht nach grenzenloser Nähe entstand und dem Bedürfnis, gebraucht zu werden.

Letzteres kann zu einem sehr selbstbezogenen, ja eigentlich egoistischen Verhalten führen, das beziehungsmäßig immer wieder in die Irre führt. Menschen, bei denen diese Emotion übermächtig ist, lernen ihren Partner häufig kennen, wenn dieser in einer heftigen Lebenskrise steckt. Jetzt kann ihm geholfen werden. Doch was bleibt übrig von der Beziehung, sobald die Krise des Partners überwunden ist? Ein nicht selten verwunderter Helfer, der sich eigentlich in eine ganz andere Person verliebt hatte, in einen Menschen, der ihn gebraucht hat und der ihn nun nur noch einschränkend und kontrollierend empfindet, als einen, der seiner persönlichen Freiheit und Selbstverwirklichung entgegensteht. So ungerecht, oder besser gesagt so gnadenlos gerecht, kann das Leben sein. Zuviel Liebe gibt es nicht.

Wir dürfen, ja sollen sogar von der ewigen Liebe träumen. Aber wir müssen aufpassen, dass sich dahinter nicht egoistische Motive verbergen, was oftmals bei Menschen mit starkem Neptun-Thema vorkommt. Helfen ist keineswegs immer selbstlos.

Psychologen sind der Meinung, dass dieses Aufopferungsthema in der Regel Ursachen in der Kindheit hat. Sie sprechen von gestörten und schwierigen Familienverhältnissen, in denen vieles schief gelaufen ist, in denen Streit und Ungerechtigkeiten dominieren. Menschen, die so etwas erlebt haben, wollen in ihrer Partnerschaft alles gut machen und überschätzen dabei ihre eigenen Kräfte und Möglichkeiten. Auch das kann in dieses Thema mithineinspielen. Welche Auslöser und Begründer im Einzelnen auftauchen, ist jedoch sehr unterschiedlich.

Aufopferung führt oft in Abhängigkeiten, die in der Beziehung früher oder später destruktiv werden. Oft sind Frauen von der neptunischen Aufopferungs- und Abhängigkeitsfalle betroffen, da Hingabe und Selbstlosigkeit sich vor allem in den weiblichen Kräften und Planeten Mond und Venus verbergen, die von Frauen nun einmal ganz natürlich stärker als von den meisten Männern gelebt werden. Die Gefahr ist, dass der tägliche Kampf um den Partner und seine Liebe irgendwann einmal kippt in Ablehnung und Hass, weil es die einzige Möglichkeit ist, aus dieser Sackgasse zu entkommen.

Wir dürfen unseren Partner schon ein wenig idealisieren, wir sollten uns aber davor hüten, die Idealisierung ins Grenzenlose zu führen bzw. ihn anzuhimmeln, wie es bei Jugendlichen oft der Fall ist. Menschen, die dazu neigen, haben häufig Venus-Neptun-Konjunktion, -Quadrat oder -Opposition im Horoskop. Auch Neptun in Haus 7 führt oft zu Sehnsüchten, die keine Frau und kein Mann erfüllen können, was am Ende zu heftigen Desillusionierungsprozessen in der Liebe führt.

Letztlich dürfte aber kaum jemand unter uns davor gewappnet sein, sich unsterblich zu verlieben und dabei Gefahr zu laufen, sich selbst zu verlieren. Das gehört nun einmal zur Liebe, die alles, nur kein Spiel ist. Aufpassen müssen wir, wenn Neptun im Transit eine Konjunktion, ein Quadrat oder eine Opposition zu unserer Venus bildet oder unser 7. Haus durchquert. Dann kann es passieren, auch wenn wir sonst nicht die Anlage dafür haben, dass wir alle Sehnsüchte und Liebeserwartungen, die sich in uns angestaut haben, in einen Menschen hineinprojizieren, der sich davon völlig überfordert fühlt. Auch hier kann das Ende nicht gut sein, wenn auch eine wichtige Lehre des Lebens.

Aufpassen, dass wir nicht in totale gefühlsmäßige Abhängigkeiten von einem anderen Menschen geraten, die uns in den Strudel von unglaublichen Leidenschaften herabziehen, müssen wir vor allem dann, wenn Pluto im Transit eine Konjunktion, ein Quadrat oder eine Opposition zu unserer Venus bildet bzw. in unser 7. Haus eintritt.

Aber zurück zu der Geschichte meiner Bekannten, die zunächst so furchtbar desillusioniert war, als der Neptun-Transit von ihrer Geburts-Sonne wich. Das war zum Erstaunen aller, die die beiden kannten, nicht das Ende der Beziehung. Ihr Freund, den sie eigentlich schon verlassen hatte, besann sich auf sich und sein Leben und starte von sich aus einen klinischen Alkoholentzug, aus dem er als völlig neuer Mensch hervorging. Und er war auch nach vielen Jahren immer noch trocken. Die beiden näherten sich wieder an und führen bis heute eine glückliche Beziehung, weil einfach die Synastrie passt. Er mit seiner Sonne, Merkur, Venus und Mars im Krebs, die allesamt in ihr 7. Haus fallen, war und ist in mehrfacher Hinsicht ihr Traumpartner. Und umgekehrt kann er als vielfacher Krebs den Steinbock-Aszendent, der so wunderbar praktisch und geerdet ist, unbedingt als wohltuenden Gegenpol brauchen. Sie liebt seine Emotion und Sanftheit, er ihre Stärke.

Er bleibt als Krebs der ewig kleine Junge, der sich an ihrer starken Steinbock-Schulter anlehnen kann. Aber: Sie hat ihr neptunisches Aufopferungs- und Helfersyndrom nun zumindest in eine gesunde Form gewandelt. Das heißt, ihre Hilfe ist nicht mehr einseitig.

Die beiden haben getrennte Wohnungen, und er geht wieder einer regelmäßigen Arbeit nach, muss sich also größtenteils um sich selbst kümmern. Ein Abstand, der in diesem Falle guttut. Sie als Skorpion und er als Krebs lassen nicht zuletzt den alten Spruch lebendig werden: „Wo der Skorpion ist, ist der Krebs nicht weit“.

Emotionale Erpressung – Gefühle, die nicht guttun

Emotionale Erpressung ist in vielen Partnerschaften ein gängiges Modell, um sich und seine Wünsche durchzusetzen. Da Emotionen bei Frauen in einem starken Maße vorhanden sind, kann man schon sagen, dass tendenziell etwas mehr Männer unter emotionaler Erpressung leiden, auch wenn das bestimmt nicht zur Regel erhoben werden kann. Auch Männer setzen ihr Leiden und ihren Zorn häufig ein, um eine Wirkung bei ihrer Frau zu erzielen. So oder so: Die Masche mit emotionaler Erpressung funktioniert, auch wenn sie auf Dauer gesehen für eine Partnerschaft nicht gut ist und zu einem inneren Abstand oder gar Trennung führen kann. Vorwürfe, Jammern, Weinen, Trotz, emotional schnelles Hochkochen, Wut, Hilfsbedürftigkeit oder auch Beleidigtsein sind die Waffen emotionaler Erpressung. Oftmals ist dieser Gefühlsdruck subtil, gar nicht so direkt spürbar. Die Betroffenen merken oft nur, dass halt irgendetwas nicht stimmt, und je länger dieser Druck bestehen bleibt, desto größer wird das Unwohlsein.

Es gibt nicht wenige Menschen, die dies kennen und ein Lied davon singen können. Das Schlimme an diesem emotionalen Druck ist das schlechte Gewissen, das er erzeugt und das Gefühl, schuldig zu sein, auch wenn man sich überhaupt nichts zu Schulden kommen hat lassen. Manche dieser „Sündenböcke" werden einfach für alles verantwortlich gemacht, für jede schlechte Stimmung, ja für jedes Problem, das auftaucht. Fehler beim anderen finden sich immer, wenn nur lange danach gesucht wird. Die Frage ist nur, ob so ein Miteinander funktionieren kann. Auf Dauer bestimmt nicht, auch wenn sich manche Menschen hier als unglaublich leidensfähig erweisen.

Vermutlich sind sich viele Menschen, die mit emotionalem Druck „arbeiten", dessen oft gar nicht bewusst. Manche schon. Bei den meisten ist es aber bestimmt eine Anlage, eine Art Mond-Problem, das im Horoskop auftaucht.

Berüchtigt, was den emotionalen Druck betrifft, ist natürlich das Zeichen Krebs. Wer die Sonne, den Mond oder den Aszendenten in diesem Mondzeichen bzw. den Mond an seinem Aszendenten hat, hat eine gefühlsbetonte, aber auch sehr emotionale Seite. Das Krebs-Naturell liegt im Mitgefühl, im Kümmern um andere und in der Mütterlichkeit. Das ist im Grunde die Stärke wie zugleich die Schwäche dieser Menschen. Schwäche deshalb, weil das Umsorgen schnell zur Egofalle wird. Es geht mehr oder weniger unbewusst oft darum, seelische Abhängigkeiten zu schaffen, mit denen die Betroffenen gelenkt und beherrscht werden können. Im schlimmsten Falle schwingen sich diese Krebs-betonten, oft überaus empfindlichen Menschen zu Gefühlstyrannen auf, die durch permanentes Gekränktsein Druck auf andere ausüben. Der Satz: „Überlege mal, was ich alles für dich getan habe und wie du es mir dankst", kann nur von einem Menschen mit starkem Mond-Thema stammen. Sie meinen immer ganz genau zu wissen, was für andere gut ist, zwängen einem diese oft gar nicht willkommene Fürsorge auf und reagieren ganz schnell mit der Strafe des Schweigens, des Rückzugs oder dem Aufzählen unzähliger Vorwürfe, die sich im Laufe der Zeit in ihrem Inneren zu einem großen Groll zusammengebraut haben.

So wird es für vor allem in einer Beziehung oft zu einer Gratwanderung, den Partner bei Laune zu halten. Zu erwähnen ist freilich auch, dass Krebs ein kardinales Zeichen ist, das unbedingt herrschen will, vor allem im häuslichen, privaten, familiären Bereich.

Das ist zweifellos die dunkle Seite Mond-betonter Menschen, die daneben oft auch eine Vielzahl von positiven Eigenschaften besitzen, wie z. B. die Empathie, das Einfühlungsvermögen in andere Menschen, das sie vielfach sogar zu echten Menschenkennern macht.

Krass zu Tage können diese schwierigen Mond-Seiten vor allem dann treten, wenn der Mond im Geburtshoroskop durch Mars, Saturn oder Pluto in Form von Konjunktion, Quadrat oder Opposition angegriffen ist. Bei Mond-Mars-Spannungen kochen die Emotionen besonders schnell hoch und erzeugen bei anderen oft die Angst vor dem nächsten Ausbruch. Hier ist die Tyrannei durch Emotion oft am deutlichsten spürbar. Ähnlich ist das aber auch bei Mond-Pluto-Spannungen oder dem Mond im Skorpion, der sehr manipulativ vorgehen kann und immer ein seelisches Druckmittel parat hat, um die Oberhand in Konflikten zu behalten, die diese Menschen zahlreich besitzen.

Bei Mond-Saturn-Spannungen oder auch dem Mond im Steinbock werden negative Eindrücke und Gefühle in der Seele abgespeichert und oft nicht mehr losgelassen. Diese Menschen überschütten ihren Partner oft mit Schuldvorwürfen.

Blicken wir hinter diese Mond-Verletzungen, finden wir fast immer schwierige Verhältnisse in der Herkunftsfamilie und eine Mutter, die in der Erziehung selbst sehr stark mit Gefühlsdruck und gezielten Emotionen „gearbeitet" hat. Letztlich geht es immer um einen Mangel an Liebe und Anerkennung, die durch Gefühlsdruck erlangt werden will, was auf Dauer nicht gelingen kann.

Es gibt noch viele weitere Aspekte und Anlagen, die sehr emotional machen können, vor allem, wenn Wasserzeichen betroffen sind. Das Spezielle an diesen Mond-Themen ist jedoch, dass hier die Seele direkt eingebunden ist. Ist sie verletzt oder fühlt sich angegriffen, aktiviert sie alle ihr zur Verfügung stehenden Möglichkeiten, um sich zu wehren, um letztlich zu überleben.

Wenn wir nun in der Synastrie Spannungen zwischen Mond und einem der „Übeltäter" wie Mars, Saturn und Pluto vorfinden, dann gerät der Mond-Eigner immer wieder unter Druck seines Partners.

Steht der Mars in Konjunktion, Quadrat oder Opposition zum Mond, dann genügen oft nur Kleinigkeiten, um den Mond-Eigner in Rage zu bringen, der sich vom Mars-Eigner oft angriffen und verletzt fühlt. Keine guten Interaspekte, da sie nur sehr schwer in den Griff zu bekommen sind. Der Mars-Partner beunruhigt die Seele immer wieder, setzt sie mitunter in permanente Spannung, allein schon durch seine Handlungen, noch mehr durch seine auftauchende Wut, ohne dass ihm dies bewusst wäre. Auf der anderen Seite kann vor allem die Mond-Mars-Konjunktion und -Opposition durchaus eine starke und positive Anziehung bewirken, ähnlich einer Venus-Mars-Konjunktion bzw. -Opposition, sofern der Mars-Eigner die Frau und der Mond-Eigner der Mann ist. In diesem Falle geht die Spannung dieses Interaspekts voll in der Erotik auf.

Bei den schwierigen Interaspekten zwischen Mond und Saturn kann es passieren, dass der Mond-Eigner auf Dauer die Schwere, die Ängste und die Probleme des Saturn-Eigners übernimmt. Ist der Saturn-Eigner sehr autoritär oder (und) moralisch veranlagt, kann es auch sein, dass sich der Mond-Eigner immer in der Schuld und in der schwächeren Position fühlt. Vorwürfe, die vom Saturn-Eigner kommen, wiegen auf jeden Fall doppelt schwer und können auf Dauer in einen extremen innerlichen Widerstand drängen, der schließlich unweigerlich zur Entfremdung und Trennung führen muss. Die Opposition zwischen Mond und Saturn im Partnervergleich scheint hier noch die besten Chancen auf eine glückliche Beziehung zu haben. Gelegentlich zeigt sich hier eine gemeinsam große Ernsthaftigkeit und Gefühlstiefe.

Bei Pluto in Konjunktion, Quadrat oder Opposition zum Mond fühlt sich der Mond-Eigner oft erpresst und unter Druck gesetzt. Besonders stark ist das der Fall, wenn der Pluto-Eigner insgesamt ein plutonischer, machtorientierter Mensch ist, bei dem Pluto im Horoskop eine überragende Rolle spielt. Pluto wird hier immer wieder in der Tiefe der Seele des Mond-Eigners graben und bewusst oder unbewusst seine verdrängten und verborgenen Seiten ansprechen und zutage fördern. Bei der Konjunktion und der Opposition zwischen Mond und Pluto mag das unter Umständen noch zu einer faszinierenden, besonders engen, ja magischen Beziehung führen. Spätestens beim Quadrat des Plutos zum Mond deuten sich jedoch eher negative Machtspiele und Abhängigkeiten an.

Gratwanderung Eifersucht – Sie ist wichtig, kann aber auch alles zerstören

Gespürt hat sie sicherlich jeder schon einmal, und damit umzugehen ist nicht leicht. Welche Ausmaße krankhafte Eifersucht erreichen kann, ist uns allen aus der Presse hinreichend bekannt. Hinter vielen Morden und Amokläufen steht die Eifersucht. Doch muss sie nicht immer gleich krank sein. Nein, Eifersucht gehört eigentlich zur Liebe, wie der französische Schriftsteller Honoré de Balzac (geb. am 20. Mai 1799 in Tours, gest. am 18. August 1850 in Paris) so schön sagt: „Eifersucht ist wie Salz: Ein bisschen davon würzt den Braten, aber zu viel macht ihn ungenießbar."

Begehren und Eifersucht gehen eine enge Verbindung ein, sind ohneeinander eigentlich gar nicht denkbar, wobei diese Nähe zu einer nicht ungefährlichen Gratwanderung werden kann. Fehlende Eifersucht ist allerdings häufig ein Zeichen dafür, dass die Anziehungskraft verlorengegangen ist. Daneben geschieht es immer wieder, dass Menschen, die sich selbst für völlig frei von Eifersucht halten, plötzlich doch massive Anflüge davon bekommen, und zwar dann, wenn sie dem bzw. der Richtigen begegnen oder wenn die konkrete Gefahr besteht, den Partner an einen anderen zu verlieren. Niemand sollte also von vornherein sagen, dass er vor diesem furchtbar bohrenden Gefühl gefeit ist, das Menschen bis zum Äußersten treiben kann. Das wäre fast schon strafbare Überheblichkeit.

Annegret Kronenberg bringt das Gefühl der Eifersucht in einem einfachen, direkten Gedicht zum Ausdruck:

Da ist etwas in dir,
womit du die Menschen
verzauberst, sie anziehst,
wie ein Magnet.
Werde ich es auf Dauer
ertragen können, dich
ständig mit anderen teilen
zu müssen, auch wenn ich
genau weiß, dass dein Herz
nur mir allein gehört?

Eifersucht entsteht, wenn der Anspruch auf Zuneigung oder Liebe vermeintlich oder real durch den Partner in Frage gestellt wird, indem er diese Zuneigung oder Liebe einem anderen Menschen entgegenbringt und dadurch starke Verlustangst auslöst. Und klar,

Eifersucht beschränkt sich nicht nur auf die Liebe, sondern kann in allen zwischenmenschlichen Beziehungen auftauchen.

Krankhafte Züge kann die Eifersucht etwa als Symptom einer schweren psychischen Störung, z. B. im Zusammenhang mit Schizophrenie, Alkoholabhängigkeit, als Folge von Hirnschädigungen oder Alzheimerdemenz annehmen. Auch Stalking gehört in diese Kategorie.

Eifersucht ist nicht immer gleich Eifersucht. Es gibt zum einen die „reaktive" Eifersucht, die in Folge einer realen Bedrohung auftritt. In gewisser Hinsicht ist sie die gesündere Form der Eifersucht. Im Gegensatz dazu steht die „misstrauische" Eifersucht, bei der die vermeintliche Bedrohung allein in der Vorstellung des Eifersüchtigen besteht. Es hat sich gezeigt, dass Menschen mit geringem Selbstwertgefühl und großer Selbstunsicherheit dem Partner oft mit unbegründetem Misstrauen begegnen. Gerade diese unbegründete Eifersucht ist es, die eine Beziehungen schwer belasten kann, was ja auch logisch ist, denn wer möchte sich immer wieder ungerechtfertigt verdächtigen lassen? Beziehungen mit Menschen, die mangelndes Selbstbewusstsein besitzen, sind auch deshalb schwierig, da sie ihren Partner oftmals unbewusst für diese Schwäche verantwortlich machen und ihn deshalb irgendwann einmal sogar wegen eines Menschen verlassen, der ihren Selbstwert aufbauen soll. Beziehungen sind manchmal ganz schön kompliziert.

Es gibt nicht wenige Menschen, die fest davon überzeugt sind, dass Eifersucht immer negativ ist und dass es sich bei Eifersüchtigen um unreife, unsichere Menschen handelt, die einen Mangel an Selbstbewusstsein haben und ihre Liebe nicht teilen wollen. Eifersucht hat für sie nichts mit Liebe zu tun. Wer eifersüchtig ist, will den Partner einengen und ihn kontrollieren.

Zugegeben, einiges davon stimmt, aber sind wir denn alle Übermenschen? Und gibt es nicht auch diese von Grund auf gesunde und sehr natürliche Eifersucht, die in uns bohrt und sagt: „Ja, ich will dich mehr als alles andere, ich will dich nicht teilen und nicht verlieren"? Die eigene Eifersucht kann wie gesagt ein Zeichen dafür sein, dass wir unseren Partner heftig begehren. Und ein klein wenig dürfen wir wohl auch Angst haben, ihn zu verlieren, wenn es wirkliche Liebe ist. Da steht zweifellos eine Menge auf dem Spiel für uns, wenn es um unsere Beziehung geht.

Die Vermutung liegt nahe, dass Paare, die von sich behaupten, keineswegs eifersüchtig zu sein und das nicht einmal im Ansatz, ihren Partner nicht mehr begehren. Oder (und) die Gewohnheit und die ständige Präsenz des Partners sorgen dafür, dass es einem nicht mehr bewusst ist, was der Verlust des Partners bedeuten würde. Sie wollen es nicht wahrhaben und nicht darüber nachdenken, dass es da draußen in der Welt Menschen gibt, die ihnen den Partner wegschnappen könnten.

Wie immer auch. Wer in einer Beziehung überhaupt nicht mehr eifersüchtig ist, ist sich meist zu sicher, oder die Beziehung ist vielleicht schon tot und wird aufgrund von Mangel an Alternativen zumindest äußerlich aufrechterhalten.

Eine gesunde Eifersucht kann eine Partnerschaft stärken, wenn dadurch der Fokus auf die Beziehungsentwicklung gerichtet bleibt. Sie kann ein Ansporn sein, den Partner wieder ernst zu nehmen, sich um ihn zu bemühen. Und das ist ein unbedingtes Muss für jede gute Beziehung! Manche Menschen wollen sogar immer ein bisschen eifersüchtig sein und provozieren das durch entsprechendes Verhalten, indem sie ihren Partner flirten und bewusst „an der langen Leine" lassen. Dieses Spiel machen oft Paare, die gemeinsame Tantra-Seminare besuchen oder in Swingerclubs gehen. Sie müssen nur aufpassen, dass dieses Spiel nicht zur Sucht wird, die ja in der Eifersucht angelegt ist.

Die Frage ist, ob wir in einem gesunden Beziehungsleben völlig ohne Eifersucht auskommen können. Der bekannte indische Yogi und Guru, der weise Sri Yukteswar, der auch gute astrologische Kenntnisse besaß, sagte einmal sinngemäß, dass es im Jenseits mit zum Schwierigsten gehöre, mit mehreren Seelen gleichzeitig eine enge Beziehung zu pflegen und für alle da zu sein, da es so viele gibt, die wir wiedertreffen und innig lieben. Sicher kennen wir auf der Erde auch dieses Gefühl und wissen, was es heißt, sein Herz zu weiten, wenn etwa nach einem Kind das zweite geboren wird, das wir genauso lieben wollen und sollen wie das erste. Für die Partnerschaft aber gilt die Zweisamkeit, die Monogamie. Wer ist bitte in seiner Entwicklung schon so weit, dass er seine Liebe freiwillig teilt?

Sicher, es gibt heute so etwas wie polyamore Liebe, die Liebesbeziehung mit zwei oder mehreren Menschen, und es ist im Moment auch ein Trend. Die Polyamory ist ein englisches Kunstwort, das viele oder mehrere Lieben bedeutet. Es handelt sich hier tatsächlich um ein neues Beziehungsmodell, bei dem drei oder mehrere Menschen eine Liebesbeziehung miteinander führen. Den Älteren unter uns mag dieser Gedanke nicht so neu sein. Denn schon einmal, in den 1960er Jahren, propagierten die Hippies im Zuge der sexuellen Revolution und Emanzipation der Frau die freie Liebe. Eine Bewegung damals, die gescheitert ist.

In Kommunen und Wohngemeinschaften, in Bhagwans Poona usw. versuchten die Menschen mit wechselnden Sexualpartnern glücklich zu werden. „Wer zweimal mit demselben pennt, gehört schon zum Establishment“, war der provozierende Slogan dieser Zeit. Die Ehe wurde zum Feindbild, zum Gefängnis der Spießer erklärt, da man sich nicht vorstellen konnte, ein Leben lang nur einen Menschen berühren zu dürfen. Die Natur des Menschen, der nach Verlässlichkeit und Sicherheit in Beziehungen strebt, sprach gegen die „freie Liebe“, und die Eifersucht, die damals höchstens als Egoproblem behandelt wurde, brachte die Bewegung letztlich zu Fall. Damals standen Uranus, der große Revoluzzer, und Pluto, der große Transformator, in einer Konjunktion am Himmel, in der Jungfrau, dem Zeichen alles Prüden und Angepassten. Und genau so war es auf der Erde. Das Biedere, Angepasste, Brave wurde als die größte Bremse des Lebens erkannt.

Und nun taucht neben vielen anderen Dingen der vergangenen Zeit erneut der Gedanke der freien Liebe auf. Diesmal nur reifer und umfassender, wie polyamore Menschen zu versichern bemüht sind. Die Idee der polyamoren Liebe ist, dass wirkliche Liebe und Sexualität nicht nur auf einen Menschen beschränkt sein können und dass man etwa zu dritt durchaus langfristige, intime und verbindlich glückliche Beziehungen führen kann. Die „Freie Liebe“-Bewegung von damals konzentrierte sich noch vorwiegend auf die sexuelle Befreiung, während es jetzt eben auch um sehr konkrete gemeinsame Lebensformen geht. Es gibt in polyamoren Beziehungen kein Fremdgehen, keine Seitensprünge und kein Betrügen mehr, da sich die Beteiligten über alles gegenseitig informieren und immer darum bemüht sind, einvernehmlich zu handeln und zu entscheiden. Man gestattet sich gegenseitig, sich auch mit anderen Menschen, die man liebt, zu verbinden und leben zu dürfen.

Ein Problem polyamorer Beziehungen ist wie gesagt die Eifersucht, die in Dreiecksbeziehungen erheblichen emotionalen Stress bedeuten kann. Wir dürfen nicht werten, Toleranz ist wichtig. Sagen Sie doch einmal einem Menschen mit Sonne und Venus im Skorpion, er dürfe kein Exklusivrecht auf seinen Partner haben. Geht nicht. Ein Mensch, der viele Planeten im Wassermann oder im 11. Haus hat, wird sich dagegen eher vorstellen können, in einer Dreiecksbeziehung zu leben.

Dennoch präferiert die Astrologie die Monogamie. Wenn wir ein Horoskop betrachten, dann gibt es mit dem Aszendenten ein Ich und dem Deszendent ein Du. Überhaupt ist der gesamte Tierkreis, der die Weltordnung darstellt, auf die Polarität, auf die Zweisamkeit aufgebaut. Eine Ordnung, die natürlich erscheint und die, ganz typisch, nur vom Wassermann (-Zeitalter) aufgehoben werden kann, da Wassermann nun einmal seiner Natur nach bemüht ist, jedes althergebrachte Gesetz zu zerstören, zumindest aber in Frage zu stellen. Natürlicherweise ist der Mensch darauf programmiert, seine Dualseele, seine vollkommene Ergänzung zu suchen, das, was ihm zu seiner Ganzheit immer gefehlt hat. Ganz sicher aber können wir den polyamoren Gedanken nicht einfach so vom Tisch wischen.

Es ist aber anzunehmen, dass auch in der Liebe der „Kommunismus“ nicht funktioniert. Alle gleich zu lieben, ist nicht möglich. Polyamore Liebe bedeutet oft die Flucht vor einer Paarbeziehung, wirklicher Tiefe, Verantwortung, fester Bindung und Verlässlichkeit. Es ist wahrscheinlich, dass relativ viele Menschen, die Polyamory propagieren, selbst sehr uranisch sind und oft, zumindest im traditionellen Sinne, beziehungsunfähig sind.

Zurück zur Eifersucht. Dieses Thema taucht in der astrologischen Beratung immer wieder einmal auf. Schließlich gehört sie zum Bereich Liebe und Partnerschaft. Und ja, es gibt eine gewisse Anlage für Eifersucht, die bei manchen im Horoskop ausgeprägter oder tatsächlich weniger ausgeprägt erscheint. Große und weniger große Eifersucht allein Sternzeichen zuzuschreiben, wäre sicher zu wenig. Man muss sich hier schon das Horoskop als Gesamtheit anschauen und wenn es um eine Partnerschaft geht, sicherlich auch die Synastrie zum Vergleich hinzuziehen. Denn manchmal triggert der Partner etwas in einem sonst wenig eifersüchtigen Menschen an, das diesen unter Umständen zum rasenden Eifersüchtigen macht.

Was man sagen kann ist, dass einige Sternzeichen aufgrund ihrer speziellen Energie eher zu Eifersucht neigen als andere. Die grundsätzliche Leidenschaft, das Besitzstreben und das „Nicht-Loslassen-Können", wie sie bei Widdern, Stieren und Skorpionen gegeben sind, können ein Hinweis darauf sein. Dagegen lassen die Flexibilität, Freiheitsliebe und Unabhängigkeit von Zwillingen, Schützen und Wassermännern eher das Gegenteil vermuten. Doch wie sieht es aus, wenn der unabhängige Wassermann ein übertrieben leidenschaftliches Venus-Pluto-Quadrat besitzt? Oder der eigentlich bindungsunwillige Zwillinge fünf Planeten im 8. Haus, dem irdischen Spiegel des Skorpions, hat? Oder wenn in der Synastrie der Mars des einen im Quadrat zur Venus oder zum Pluto des anderen steht? Hier können sich die Leidenschaften unter Umständen dermaßen stark aufschaukeln, dass die Eifersucht wie eine alles zerstörende Welle über das Paar hereinbricht.

Und klar, auch Verletzungen des Selbstwertgefühls durch den anderen können zur Eifersucht führen. Anfällig dafür sind vor allem Menschen, die stark um ihren Selbstwert und ihre Anerkennung kämpfen, was vor allem dann der Fall ist, wenn sich Mars, Saturn oder Pluto im 2. Haus befinden. Sie haben Angst, Geld, Anerkennung oder ihre Liebe zu verlieren, die ja für viele Menschen auch eine Art Besitz sind.

Ein wichtiges Indiz für Eifersucht als stärkere Anlage liefert mit Sicherheit Pluto, der Planet der Leidenschaften schlechthin, steht er an prominenter Stelle. Pluto will festhalten, besitzen wie der Skorpion und sein Gegenzeichen Stier, von dem das 2. Haus abgeleitet ist. Menschen mit Pluto-Themen neigen dazu zu kontrollieren, weil sie Angst haben zu verlieren und weil ihnen das Vertrauen fehlt. All das verkörpert die berüchtigte Venus im Plutozeichen Skorpion, die eifersüchtig ihre Liebe bewacht, die mit enormer Tiefe und Leidenschaft lieben kann und die tatsächlich Gefahr läuft, zugrunde zu gehen, wird sie verlassen. Ähnlich ist es mit Venus-Pluto-Konjunktion, -Quadrat oder -Opposition im Horoskop oder auch mit Pluto im 7. Haus (Partnerschaft). Auch diese Menschen haben oft erhebliche Verlustängste, die zu größeren Eifersuchtsattacken führen können. Besetzt von größeren Verlustängsten sind daneben Menschen mit Sonne oder Mond in Haus 8, Sonne oder Mond in Spannung zu Pluto sowie der Mond im Skorpion, der vor allem im Horoskop von Frauen unglaublich besitzergreifend und eifersüchtig machen kann, da er die tief sitzende Angst besitzt, seelisch verletzt zu werden.

Eine enorme Angst vor Verletzungen haben ferner alle Menschen mit Venus-Saturn-Konjunktion, -Quadrat oder -Opposition. Sie kennen von Geburt an die Kälte des Nichtgeliebtseins und des Verlassenseins, weshalb sie sich gefühlsmäßig oftmals verschließen, ja innerlich verhärten, damit Liebesschmerz und Eifersucht erst gar nicht auftauchen und entstehen können.

Die Astrologie kann auch bei diesem Thema unterstützend wirken und aufdecken im Sinne der Selbsterkenntnis. Wer für sich erkannt hat, dass er ein größeres Problem mit Eifersucht hat, tut gut daran, die tiefer liegenden Ursachen dafür zu erforschen. Denn meistens liegt das Problem ja gar nicht beim Partner, sondern in der eigenen Persönlichkeitsstruktur. Und so kann Eifersucht ein Hinweis darauf sein, dass es etwas in der eigenen Psyche gibt, das auf Aufarbeitung wartet. Unterstützende Fingerzeige kann wie gesagt die Astrologie liefern, aber sie kann keine Therapie ersetzen. Es reicht nicht aus, die Schwachstellen zu erkennen, man muss auch etwas verändern, aktiv werden. Wo der Leidensdruck spürbar groß geworden ist, sollte man sich daher unbedingt um Hilfe bemühen. Denn Eifersucht kann, wie alle plutonischen Kräfte, das Leben zur Hölle machen. Und in diesem Falle nicht nur das eigene, sondern auch das des Partners.

Welche Anlagen im Horoskop auf Seitensprünge hindeuten

Warum gehen Männer fremd? Warum gehen Menschen überhaupt fremd? Inzwischen scheint das gängige Klischee, dass vor allem Männer ihre Frauen betrügen, nicht mehr haltbar. Frauen sind nicht länger die allein Betrogenen. Zahlreiche Studien belegen, dass die Frauen in dieser Hinsicht inzwischen mit Männern gleichgezogen haben. Manche dieser Studien, die mal so, mal so ausfallen, behaupten sogar, dass Frauen Männer diesbezüglich knapp überholt hätten. Natürlich spielen hier die sexuelle Revolution der 60er Jahre und die Gleichberechtigung der Frau eine große Rolle. Die Zeiten haben sich einfach geändert. Wer untreu ist, wird nicht mehr gesellschaftlich geächtet und an den Pranger gestellt, Trennungen, weil Mann oder Frau sich in jemand anderen verliebt haben, sind kein seltenes Schicksal mehr, was sich sehr deutlich in der hohen Scheidungsrate der westlichen Welt niederschlägt. Es ist kein Stigma mehr, geschieden oder alleinerziehend zu sein. Auch Konsequenzen wie ungewollte Schwangerschaft gehören beim Fremdgehen durch moderne Verhütungsmittel größtenteils der Vergangenheit an. In der Gesellschaft hat ein moralischer Wandel stattgefunden. Für viele Paare ist das Fremdgehen nach wie vor ein unbedingter Trennungsgrund, andere versuchen in ihm einen Weckruf zu sehen, um die in die Krise gekommene Beziehung zu retten und wiederzubeleben.

Begründet wird das häufige Fremdgehen von Männern in rein wissenschaftlicher Hinsicht oft mit ihrer genetischen Veranlagung. Die Natur fordert sie unbewusst dazu auf, ihre Nachkommenschaft zu sichern, also möglichst viele Frauen zu schwängern. Die bekannten US-Forscher Todd Shackelford und Aaron Goetz stellten außerdem fest: „Je häufiger die Partner getrennte Wege gingen, sei es auch nur für einen Tag, desto mehr stieg das sexuelle Verlangen der Männer, desto mehr Samenzellen produzierten sie, und desto ausgeprägter war die Bereitschaft der Männer, notfalls mit Gewalt ihre vermeintlichen Rechte einzufordern“.

In der Natur gilt seit Millionen von Jahren der „Krieg der Spermien", was allerdings auch das Verhalten bzw. die Neigung, fremdzugehen von Frauen steuert. Und das noch viel nachhaltiger als beim Mann. Das weibliche Geschlecht versucht, quer durch das Tierreich, sicherzustellen, dass es tatsächlich von den gesündesten und stärksten Spermien befruchtet wird. Und das tut es eben durch möglichst viele männliche Sexualpartner. Bei unseren Verwandten, den Affen, konnte etwa beobachtet werden, dass oftmals mehrere männliche Tiere, ohne untereinander zu kämpfen oder zu streiten, bei einer einzelnen Dame anstehen und geduldig warten, bis sie an der Reihe sind.

Glücklicherweise gibt es noch Unterschiede zwischen Mensch und Tier, schließlich haben wir Einsicht, Moral, einen freien Willen, sind nicht nur instinktgesteuert und haben uns aus vielen Gründen für die Monogamie entschieden.

Wichtig ist für uns vor allem die innere Motivation, die soziale gesellschaftliche Frage zu verstehen, warum Männer, warum Frauen fremdgehen. Gründe kann es dafür zahlreiche geben.

Als gesichert dürfen wir die Tatsache betrachten, dass es Frauen beim Fremdgehen vielfach um Gefühle und Anerkennung geht, was ihre Persönlichkeit und ihre beruflichen Leistungen betrifft, sie will aber auch für ihr Aussehen bewundert und von ihrer Weiblichkeit begehrt werden. Eine Frau will immer wieder von ihrem Mann erobert werden. Weiblich sein heißt ja auch, sich dem Mann hingeben, und dafür braucht es nun einmal sehr viel Vertrauen und Liebe. Männer scheinen Liebe und Sexualität zumindest leichter als Frauen trennen zu können. Bei Männern geht es oft nur um leicht verfügbaren, schnellen Sex, der ihn zum Seitensprung drängt. Die zahlreichen Bordelle in Großstädten unterstreichen dies.

Astrologisch gesehen neigen Männer verstärkt zu Affären und Seitensprüngen, wenn ihre Venus im 12. Haus steht. Denn Venus symbolisiert die Geliebte und das 12. Haus die Heimlichkeiten. Bei Frauen ist das der Fall, wenn ihr Mars, der Liebhaber, sich im 12. Haus befindet. Allerdings dürfen wir daraus keine Regel machen. Eine solche Venus oder solch ein Mars kann auch ganz anders gelebt werden, indem man zusammen Heimlichkeiten und das 12.

Haus lebt, das sich z. B. auf gemeinsamen Reisen auftut, die vom Alltag entrücken. Man ist dann sozusagen daheim bei sich, ganz allein, was schon das Wort „Heimlichkeiten“ besagt.

Männer mit Venus und Frauen mit Mars in Haus 12 brauchen zumindest gelegentlich die „Wolke 7“, um wieder voll in ihren Liebesgefühlen aufzugehen, sie sehnen sich nach der vollkommenen Liebe, die sie außerhalb des belastenden Alltags am stärksten empfinden können. Das Unbekannte, Fremde hat für sie einen ganz besonderen Reiz, weshalb sie auch manchmal Seitensprünge mit Männern bzw. Frauen haben, die sie von ihrem Typ her gar nicht kennen und die deshalb eine große Projektionsfläche für die eigenen Sehnsüchte sind, könnte man psychologisch sagen.

Allgemein die ideale Liebe ersehnen Menschen, die Venus in den Fischen, Venus-Neptun-Winkel oder Neptun im 7. Haus haben. Auch sie können ungewollt in heimliche Beziehungen hineinrutschen.

Der Reiz des Neuen ist vor allem bei der Venus im Wassermann, bei Venus in Haus 11, bei Venus-Uranus-Konjunktion-, -Quadrat oder -Opposition sowie Uranus in Haus 7 stets sehr groß. Diesen Menschen sagt man nach, sich unglaublich schnell und spontan verlieben zu können, was in dafür prädestinierten Situationen, wie Fasching oder auf einer Urlaubsreise, schnell einmal zum Seitensprung führen kann. Diese Menschen brauchen einfach den Kick der Abwechslung, der sie anregt. Für sie ist die Liebe unglaublich berauschend, wie ein schnell aufloderndes Feuer, das im nächsten Moment aber schon wieder verglimmen kann. Wer mit so einem Menschen zusammen ist, muss wissen, dass die Liebe hier niemals erzwungen werden kann und immer freiwillig und abwechslungsreich im uranischen Sinne sein muss. Die Gewohnheit ist der Tod dieser Venus bzw. Uranus-Stellung. Auch diese Venus muss nicht fremdgehen, kann bei reiferen Menschen auch in Form eins aufregenden und spontanen Liebeslebens innerhalb der Beziehung ihre absolute Erfüllung finden.

Zum Wolf im Schafspelz, zum Kater, der das Mausen nicht lässt, kann speziell Männer ihr eigener Mars machen, der ja den männlichen Trieb verkörpert. Bildet er im Horoskop etwa Aspekte mit

Pluto, vor allem eine Konjunktion, ein Quadrat oder eine Opposition, dann kann man zumindest von einem enorm gesteigerten Triebleben sprechen. Eine grundsätzlich triebstarke Stellung hat Mars ferner im Widder, im Skorpion oder (und) im 8. Haus. Und je verführerischer bei Frauen die Venus auftaucht, etwa im Widder, Skorpion, in Spannung zu Mars oder Pluto, desto verführbarer ist auch das weibliche Geschlecht.

Freude am Leben und Lust in der Liebe gehören in der Astrologie dem 5. Haus an (siehe Kapitel „Liebe und Sexualität: Das 5. und 8. Haus). Ein Mensch, der hier seinen Saturn stehen hat, neigt kaum zum Fremdgehen, ähnlich, wie das bei Venus-Saturn-Konjunktion, -Quadrat oder -Opposition der Fall ist. Für diese Menschen sind das Leben und erst recht die Liebe kein Spiel, und sie neigen auch zur unbedingten Treue. Allerdings fehlt hier oftmals die überschäumende Lebensfreude, die Menschen mit Sonne, Venus, Mars, Jupiter und Uranus im 5. Haus haben. So ein 5. Haus ist großartig, ein Geschenk des Lebens, das in der Liebe aber auch leichter zum Fremdgehen verführt als das blockierte 5. Haus bzw. die unterdrückte Venus.

Auch wenn wir alle diese Anlagen nicht im Horoskop haben, so kann es doch sein, dass spezielle Transite uns zeitlich begrenzt zum Fremdgehen verführen wollen. Das ist ganz besonders dann der Fall, wenn etwa ein Mars-, Uranus-, Neptun- oder Pluto-Transit in Konjunktion, Quadrat oder Opposition unsere Geburts-Venus oder unser 5. Haus anheizt und verführen will.

Welche Bedeutung ein Seitensprung überhaupt hat, kann auch anhand der aktuellen, mundanen Planeten erkannt werden. Steht bei Beginn einer Affäre etwa Venus im Wassermann, handelt es sich meist um eine kurze, rauschhafte Sache. Ähnlich ist es bei Venus in den Zwillingen, die oft nur einen kurzzeitigen Flirt andeutet. Befindet sich dagegen Venus im Skorpion am Himmel, kann es sich um eine tiefere Leidenschaft mit schicksalhafter Auswirkung handeln.

Fremdgehen ist nicht gut, da es Vertrauen und letztlich die Beziehung zerstören kann. Viele Beziehungen scheitern vor allem an dauerhafter Untreue. Paaren, die sich innig lieben, wird aber auch ein Seitensprung nichts anhaben können, sofern er nicht zur Gewohnheit wird. Die Krise kann diese Paare sogar noch enger als zuvor zusammenführen. Verzeihen kann genauso wichtig sein wie das Erkennen der eigenen Fehler und Versäumnisse, die oft erst dazu führten, dass sich der Partner für eine neue Beziehung öffnet. Denn eines ist auch klar: So wie es in Deutschland bei der Scheidung keine Schuldfrage mehr gibt, so können wir auch unserem Partner nicht mehr, sollte er fremd gehen, alle Schuld zuschieben. Jemandem die Schuld zuzuschieben, ist eine moralische Brandmarkung, die im aufgeklärten Verständnis von Liebe keine Rolle mehr spielen darf. Vielmehr sollten wir uns darum bemühen, zu verstehen, worum es wirklich geht, was in unserem Partner vorgeht, was wir uns noch selbst zumuten können und was nicht. Wer im Krisenfall immer nur die Schuld beim anderen sucht, ist selbst nicht besonders beziehungsfähig.

Mars gegen Saturn – Wenn sich Liebe in Hass verwandelt

Es gibt, wie bereits erwähnt, einige Interaspekte, die eine ganz besondere Herausforderung an ein Paar, eine Gratwanderung darstellen, die zusammenschweißen, aber auch trennen, die Sicherheit schenken, aber auch blockieren können und solche, die einfach nur gut, befreiend und förderlich sind und fast schon dauerhafte Liebe garantieren.

Berühmt berüchtigte Interaspekte sind Mars-Saturn-Spannungen, also wenn der Mars des einen im Horoskopvergleich in Konjunktion, Quadrat oder Opposition zum Saturn des anderen steht. Es sind Interaspekte, die gar nicht einmal so selten vor allem in sehr leidenschaftlich geführten Beziehungen auftauchen. Im Idealfall können die Betroffenen diese mächtigen Energien bündeln, so dass sie gemeinsam die Welt aus den Angeln heben können. Mars und Saturn zusammen bilden dann ein geradezu unschlagbares

Team. Arbeiten beide Planeten gegeneinander, hinterlassen sie jedoch oft ein Feld der kompletten Zerstörung, auf dem sich Liebe in Hass verwandelt.

Eine Ausnahme bildet hier jedoch die Opposition zwischen Mars und Saturn, da hier eine kreative Auflösung der Spannungen eher möglich ist, auch deshalb, weil die Opposition der Gegensätzlichkeit und Polarität von Mann und Frau entspricht. Die Opposition zwischen Mars und Saturn kann letztlich sogar noch mehr gemeinsam erreichen lassen als etwa das harmonische Sextil und Trigon zwischen Mars und Saturn. Trotzdem gibt es auch bei der Opposition immer wieder Hakeleien und mächtige, intensive Auseinandersetzungen. Betroffene Paare können sich damit auch gegenseitig verunsichern und blockieren, so dass es immer wieder zu einem Aufeinanderprallen unterschiedlicher Bedürfnisse kommt. Aber, wie gesagt, die Opposition ist leichter aufzulösen als die Konjunktion und das Quadrat und kann sogar zu großen Erfolgen verhelfen, wenn das Paar etwa ein gemeinsames Ziel verfolgt oder gar zusammenarbeitet.

Bei der Konjunktion und beim Quadrat muss Mars permanent die Einschränkungen und die Maßregelungen des Saturns schlucken und wird deshalb früher oder später seinem Frust freien Lauf lassen und lospoltern. Umgekehrt wird der auf Sicherheit und von festen Lebensvorstellungen geleitete Saturn sich öfters von den Aktivitäten des Mars angegriffen fühlen, ganz nach dem Motto: „Ja, was macht er (sie) schon wieder für einen Unsinn!". Nicht selten versucht Saturn nicht nur das Handeln des Mars zu kontrollieren, sondern auch seine Triebkräfte. Wenn der Saturn-Eigner etwa eine Frau und der Mars-Eigner ein Mann ist, dann ist die Wahrscheinlichkeit relativ groß, dass sich die Frau von den sexuellen Erwartungen des Mannes überfordert fühlt und im Sinne des Saturns versucht, den Mars zu bremsen.

Oftmals können Astrologen bei diesen Interaspekten beobachten, dass die Paare zwar nicht wirklich miteinander, aber auch nicht ohneeinander können. Die berüchtigten On-Off-Beziehungen, in denen sich Paare oft wöchentlich aufgrund heftigster Auseinandersetzungen unter wüsten Beschimpfungen und schlimmen Vorwürfen trennen, um sich anschließend wieder in einem emotionalen Rausch zu versöhnen, haben oft diese Mars-Saturn-Spannungen im Horoskopvergleich.

Manchmal ist es aber auch so, und das ist auch nicht viel besser, dass Paare still leiden unter so einem Interaspekt, da Streit nicht sein kann und darf. In der Folge wird der Partner, der die schwächere Rolle hat, oft krank oder stirbt gar, da sich diese Angriffe und Blockaden wie ein Geschwür in seine Seele und zuletzt auch in den Körper fressen.

Es ist zweifellos eine karmische Lernaufgabe, die Paare mit Mars-Saturn-Spannungen miteinander haben. Es darf hier sogar von einer karmischen Feindschaft gesprochen werden, die im Jetzt weitergeht oder gelöst wird. Es geht darum, etwas gutzumachen, wie immer das auch im einzelnen Falle aussehen mag, und es geht um das Lernen von echter und nicht nur vorgespielter Toleranz, was mehr als schwer ist und oft großer innerer Anstrengung und Überwindung bedarf.

Mars-Saturn-Interaspekte stellen große Herausforderungen dar, die jedoch bei entsprechender Einsicht durchaus bewältigt werden können. Taucht der weitere Horoskopvergleich eher harmonisch auf, wächst die Chance, an diesem Konflikt zu reifen und innerlich zu wachsen. Im Wort „fordern“ steckt ja auch „fördern“.

Skeptisch sollte der geschulte Astrologe im Hinblick auf die Beziehung, ob sie gut gehen kann oder nicht, dann werden, wenn eine doppelte Mars-Saturn-Spannung beim Vergleich auftaucht. Also wenn z. B. der Mars von Person A im Quadrat zum Saturn der Person B steht und gleichzeitig der Mars der Person B eine Opposition zum Saturn der Person A bildet. In der Fachsprache spricht man hier von reziproken Aspekten. In diesem Falle wird die Sache schon enger, da sich jetzt beide gegenseitig blockieren und provozieren und alles noch eine Stufe härter wird. Ob ein Paar solch eine Prüfung überhaupt bestehen kann, ist hier die große Frage.

Wenn sich Paare in der Sackgasse befinden – Kann die Astrologie vermitteln?

Man kann es drehen und wenden, wie man will: Auch die Liebe ist von der Schnelllebigkeit unserer Zeit betroffen. Immer weniger Menschen scheinen bereit, eine Beziehungskrise, die sich auch einmal Jahre hinziehen kann, gemeinsam durchzustehen. Aber, es gibt auch gegenläufige Trends. Zunehmend viele, vor allem jüngere Paare versuchen, ihre Beziehung über Paartherapien zu retten, was nur positiv zu werten ist. Denn viele Beziehung scheitern am mangelnden Verständnis füreinander.

Viel Gutes könnte hier auch die Astrologie leisten. Es ist verwunderlich, dass bisher weder Heiratsinstitute noch Paartherapeuten sich der Astrologie bedienen, mit deren Hilfe Paare und deren Probleme noch besser erkannt werden können. Bereits der berühmte Tiefenpsychologe C.G. Jung beschäftigte sich in den Endjahren seiner Tätigkeit zunehmend mit der Astrologie, die ihm half, einen schnellen Zugang zum Inneren eines Menschen zu finden.

Astrologie kann bei Paaren, die sich in einer Krise befinden, insofern helfen, da sie dem jeweils anderen die unterschiedliche Anlage und Charakterzüge des Partners offenbart, so dass ein größeres gegenseitiges Verständnis entstehen kann.

Kommen Ehepartner aus dem Streiten und Zanken überhaupt nicht mehr heraus, ist dies ein Zeichen davon, dass sich beide in einer bestimmten Verhaltensweise festgefahren haben, die im Miteinander immer wieder zum Konflikt führen muss. Der Psychologe kann die wahren Hintergründe des immer wiederkehrenden Konflikts aufdecken, solange er sich von den Betroffen nicht manipulieren und täuschen lässt, was nicht immer einfach ist. Schneller und direkter sollte jedoch der geschulte Astrologe „entlarven“ können.

Er kann beispielsweise einem Mann, der eine Merkur-Mars-Spannung im Horoskop hat, sehr direkt sagen, dass er zwar ein großartiger und kritischer Denker ist, aber zum Rechthaben und damit zum Streiten neigt. Hat die Frau z. B. eine Mond-Mars-

Spannung, dann weiß der Astrologe, dass sie übermäßig schnell gereizt reagiert und emotional hochkocht.

Es gibt normalerweise in jedem Horoskop eine Anzahl von Spannungen, die in einem engen Beisammensein wie in einer Liebesbeziehung deutlich spürbar werden. Und das ist die ganz große Chance der Astrologie in Bezug auf Paarberatungen. Das einzelne Geburtshoroskop ist in diesem Falle unglaublich objektiv, da es den gesamten Charakter widerspiegelt.

Wenn ein Astrologe anhand des Horoskops bestimmte Wesenszüge der beiden Partner so direkt ansprechen kann, ohne sonst etwas von den beiden zu wissen, dann setzt er allein damit schon ein großes Ausrufezeichen, das zu denken gibt und das unter Umständen der Anstoß dafür ist, sich selbst in Zukunft genauer zu beobachten, um bewusster mit eigenen Spannungen umzugehen. Nur darum geht es. Die Partner können in so einer Beratung möglicherweise erkennen, dass es nicht unbedingt eine böse Absicht und gegen den anderen persönlich gerichtet ist, wenn, wie in unserem Beispiel, der Mann mit der Merkur-Mars-Spannung immer Recht haben will und sie sich mit der Mond-Mars-Spannung in alles emotional hineinsteigert. Nein, es ist bei beiden eine Anlage, die sie nun einmal besitzen und die ihnen auch im Austausch mit anderen Menschen Probleme bereiten kann. Wenn etwas schwarz auf weiß auftaucht, wie solche Aspekte in einem Horoskop, dann können wir nicht mehr ausweichen und behaupten: „Mein Partner hat Schuld daran, dass ich immer so ausraste". Er kann jetzt nur mehr der Auslöser dieser Anlage sein.

Mit Hilfe der Astrologie können wir eine positive Distanz zu uns selbst gewinnen, uns von außen mit einer gewissen Objektivität betrachten: „Gut, ich habe diese Schwächen, mein Partner hat jene Schwächen, wie überhaupt jeder Mensch sehr positive und ebenso destruktive Seiten besitzt". Das Verständnis füreinander wächst und damit auch die Chance, dass ein Paar aus der Streitspirale herausfindet. Der Rechthaber müsste sich in unserem Beispiel bewusst bemühen, nicht jede Diskussion gleich zum Wettkampf zu machen und um des lieben Friedens willen vielleicht auch einmal den anderen Recht behalten lassen. Die emotionale Frau hat die

Aufgabe, nicht immer alles gleich persönlich zu nehmen und sich nicht in Bemerkungen hineinzusteigern, die vielleicht gar nicht so gemeint waren.

Der Astrologe kann feststellen, was für ein Beziehungstyp ein Mensch ist, ob er ein „Klammerer" ist oder relativ viel persönliche Freiheit braucht. Seine Klienten müssen verstehen, dass sie ihren Partner nicht verändern können und auf seine Persönlichkeitsstruktur Rücksicht nehmen müssen, wenn die Beziehung funktionieren soll. Mit dem Erkennen durch das Horoskop ist jedoch auch die Aufforderung verknüpft, an sich selbst zu arbeiten, wenngleich man eine eher schwierige Anlage niemals beseitigen können wird. Wir haben aber zumindest die Möglichkeit, immer noch besser damit umzugehen. Und genau diese Haltung ist schon fast ein Garant für ein glücklicheres und friedlicheres Liebesleben.

In manchen Fällen kann die Erkenntnis durch das Horoskop allerdings auch schon einmal zur Trennung führen – wenn ein Partner endgültig einsehen muss: „Der andere ist nicht so, wie ich ihn am Anfang der Beziehung gesehen habe". Das Horoskop ist unbestechlich.

TRENNUNGEN AUS ASTROLOGISCHER SICHT

Können Trennungen astrologisch vorhergesagt werden?

Nicht selten werden Astrologen mit der Frage konfrontiert, ob eine Beziehung Bestand hat oder ob eine Trennung folgt. Dahinter steckt oftmals die Angst, dass ihr Mann bzw. ihre Frau sich verabschieden und jemand anderen kennen lernen könnte. Andere wünschen sich sogar eine Trennung, kommen aber irgendwie von ihrem Partner nicht los. Überwiegend handelt es sich um Ratsuchende, die gerade in einer Partnerschaftskrise stecken und einfach nur wissen wollen, ob es einen Neuanfang gibt oder nicht.

Grundsätzlich ist dazu zu sagen, dass jeder ernstzunehmende Astrologe von der Willensfreiheit des Menschen ausgeht, ganz im Sinne des großen Kirchenmanns Thomas von Aquin (1225 – 1274), der behauptete: „Die Sterne machen geneigt, sie zwingen nicht". Der berühmte Astronom und Astrologe Kepler war der Meinung, dass die Seele auf die planetarischen Konstellationen wie auf die Konsonanzen bzw. Dissonanzen der Musik reagiere.

Die reine Schicksalsergebung stammt aus sehr dunklen christlichen Zeiten und hat rein gar nichts mit der Astrologie zu tun. Eines steht fest: Die Astrologie kann niemals vorhersagen, wie ein Mensch handelt. Wenn Ihnen ein Astrologe weismachen will, dass dieses oder jenes Schicksal mit hundertprozentiger Sicherheit eintrifft, wenn er sogar den Tod vorhersagen will, dann wissen Sie: Vor Ihnen sitzt ein „Wald-und-Wiesen-Astrologe".

Jetzt zu behaupten, dass in der Astrologie keine ernstzunehmenden Prognosen möglich wären, ist jedoch genauso falsch. Thomas von Aquin relativierte die Willens- und Schicksalsfreiheit. Er war der Ansicht, dass Dinge voraussagbar sind. So sagte er auch: „Die

Mehrzahl der Menschen folgt den Leidenschaften, den Regungen des sinnlichen Strebevermögens, bei denen die Himmelskörper mitwirken können. Es gibt aber wenige Weise, die derartigen Leidenschaften widerstehen. Und darum können die Astrologen in den meisten Fällen Wahres vorhersagen, vor allem im Allgemeinen, nicht jedoch im Einzelnen. Denn nichts hindert einen Menschen, durch freie Selbstbestimmung den Leidenschaften zu widerstehen. Darum sagen auch die Astrologen selbst: Der weise Mensch steht über den Sternen, sofern er nämlich über seinen Leidenschaften steht."

Das Thema Willens- und Schicksalsfreiheit bzw. Schicksalsbestimmung war zu allen Zeiten ein heftig diskutiertes Thema und wird das wohl auch bleiben. Das Team des Allgeier-Verlages und des Astro-Kollegs kann sich der Ansicht von Thomas von Aquin nur anschließen. Nicht jeder Mensch kann über seinen eigenen Schatten springen, was uns Astrologen Prognosen natürlich erleichtert. Rein von der ethischen Warte aus gesehen, wäre es jedoch jedem Astrologen anzuraten, den Ausgang einer Sache immer offen zu lassen, da die Astrologie ja nur von Wahrscheinlichkeiten sprechen kann. Und wenn nur ein Prozent gegen eine Wahrscheinlichkeit spricht, so muss der Astrologe ehrlich sein und sagen, dass die Sache auch anders ausgehen kann, als er meint. Und das muss keineswegs schwammig und unkonkret sein!

Sicher lassen sich hier einige Parallelen zu berühmten Prophezeiungen finden. Die Propheten hatten immer eine Vision von einem möglichen Ausgang. Sie wollten die Menschen mit Voraussagen, die nicht zu ändern wären, nicht quälen oder gar deren Sensationsgier befriedigen, was zweifellos oft der Fall ist. Nein, sie hatten vielmehr die Absicht, vor einem drohenden Unheil zu warnen, ganz nach dem Motto: „Wenn ihr weiter auf dem falschen Weg geht, dann werdet ihr mit großer Sicherheit in den Abgrund am Ende dieses Weges stürzen". Eine Prophezeiung sollte zu allen Zeiten eine göttliche Hilfestellung sein und kein unabwendbares Schicksal darstellen.

Doch zurück zur astrologischen Praxis. Ein erfahrener Astrologe wird die Astrologie also nicht nur als Erfahrungswissenschaft sehen, sondern auch als die Wissenschaft der Wahrscheinlichkeiten. Ein Beispiel aus meiner Praxis: Vor vielen Jahren wurde ich zu einem öffentlichen Astrologie-Test eingeladen. Ich bekam einen Tag vorher die Daten einer Frau mitgeteilt mit der Frage, was zu einem angegebenen Zeitpunkt im Leben dieser Person passiert war. Sonst wusste ich gar nichts über die Frau. Ich stellte also ihr Geburtshoroskop auf und schaute es mir näher an. Dabei fiel mir unter anderem auf, dass diese Frau „Unruhestifter" Uranus in Haus 7 (Partnerschaft) hatte, was normalerweise schon einige Aufregungen bezüglich Partnerschaften im Leben bringt. Dieser Uranus stand zu allem Überfluss im Spannungswinkel zu ihrer Sonne und ihrem Mars, was schon fast eine Beziehungsunfähigkeit andeutete. Es musste sich hier meiner Ansicht nach um eine Frau handeln, die in einer Beziehung schnell Enge-Probleme bekommt, die überhaupt ein Problem mit zu großer Nähe hatte. Zu dem angegebenen Zeitpunkt, in dem sich etwas Besonderes ereignet haben sollte, lief gerade Saturn durch ihr 7. Haus und überquerte dort ihren Geburts-Uranus und stand damit auch gleichzeitig in Spannung zu ihrer Geburts-Sonne und ihrem Mars. Es war also nicht schwer zu erraten, was bei dieser Frau los war. Folgendes konnte ich also seriös sagen: „Vorausgesetzt, die Frau hatte eine Beziehung, musste sie in diesem Zeitraum eine größere Partnerschaftskrise erlebt haben. Die Themen Nähe-Distanz, Gebundensein und Unabhängigkeit waren unter extremer Anspannung und bedurften in ihrem Leben einer Klärung".

Bei ihrer speziellen Anlage hätte ich sicher spekulieren können, dass eine Trennung stattgefunden hat, schließlich teilte man mir ja mit, dass sich in diesem angegeben Zeitraum etwas Besonderes ereignete. Es hätte nach den astrologischen Gesetzmäßigkeiten aber z. B. auch sein können, dass ihr Mann einen schlimmen Unfall hatte. Wie immer, es handelte sich tatsächlich um eine Trennung, die astrologisch sehr wahrscheinlich war, aber eben nicht hundertprozentig gewiss. Diese Wahrscheinlichkeit sprach ich aus, worauf ein bekannter Esoterikkritiker, der im Publikum saß, immerhin zugab, dass an der Astrologie etwas dran sein müsse, da sie doch eine Wissenschaft ist, die eine große Geschichte hat und die Menschheit seit Jahrtausenden begleitet und sich ja nicht alle Gelehrten, die sich mit ihr in der Vergangenheit eingehend und ernsthaft auseinandersetzen, täuschen und ins Blaue hineindichten konnten.

In serösen Astrologie-Büchern wird dann auch immer nur von der Gefahr und dem Risiko von Trennungen gesprochen, wenn etwa die Langsamläufer Saturn, Uranus, Neptun oder Pluto das 7. Haus, den Partnerschaftsbereich, durchqueren oder wenn Saturn, Uranus, Neptun oder Pluto in Konjunktion, Quadrat oder Opposition zur Geburts-Venus stehen. Mit diesen Transiten sind, wenn wir etwas tiefer blicken, immer bestimmte Herausforderungen und Aufgaben in der Beziehung gegeben, von deren Bewältigung letztlich abhängt, ob die Beziehung weiter oder in die Brüche geht.

Der Transit von Mars durch das Partnerschaftshaus ist insofern „überschaubar“, da sich Mars relativ schnell am Himmel fortbewegt und durchschnittlich in nur zwei Monaten ein Tierkreiszeichen durchquert. Mars wirkt einigermaßen kurz, dafür umso heftiger. Wir müssen immer davon ausgehen, dass es nun zu mächtigen Spannungen mit dem Du kommt. Auf den Prüfstand gestellt sind die Ehe bzw. Liebesbeziehung, aber auch Geschäftspartnerschaften. Grundsätzlich können sich diese Spannungen aber auch auf das Verhältnis mit anderen Menschen auswirken und im schlimmsten Falle sogar zu körperlichen Auseinandersetzungen oder Rechtsstreitigkeiten führen.

Das 7. Haus kann unter diesem Transit auch zum Haus der offenen Feinde mutieren. Auch in guten und friedlichen Ehen wird es einigen Konfliktstoff gegeben. Vor allem Ärgernisse, die zuletzt heruntergeschluckt wurden, können nicht weiter hingenommen werden und platzen vielfach mit großer Wucht nach außen. Wird der Streit nicht zu destruktiv, kann er jedoch durchaus den Nutzen eines reinigenden Gewitters haben. Nicht zuletzt kann es zu einem regelrechten Aufleben des Sexuallebens kommen.

Saturn braucht im Durchschnitt zweieinhalb Jahre, um ein Tierkreiszeichen zu durchqueren. Eine saturnische Beziehungskrise kann also schon etwas länger andauern. Saturn will hier die Entscheidung, prüft die Beziehung auf Herz und Nieren. „Passen wir zusammen oder nicht?“, ist seine Hauptfrage. Er fördert alles zutage, was nicht passt oder unter den Tisch gekehrt wurde. Saturn kann hier aber auch eine völlig andere Wirkung haben. Grundsätzlich zeigt er im 7. Haus den Wunsch nach einer festen und stabilen Beziehung an. Und wenn es zusammenpasst, dann steht dieser Wunscherfüllung auch nichts im Wege. Hat die Beziehung einen karmischen Hintergrund, kann die Beziehung nun ungemein bedrückend und zu eng werden oder im Gegenteil sehr eng erwünscht und ungemein beglückend. Das wiederum hängt ganz von dem jeweils betroffenen Paar ab. Im letzteren Fall ist eine Heirat durchaus möglich.

Drastisch macht sich auch der Gang des Uranus durch das 7. Haus bemerkbar. Allein schon von seiner Dauer, da er durchschnittlich sieben Jahre durch ein Tierkreiszeichen benötigt. Mit Uranus bekommt nun oftmals der Partner, wie schon beschrieben, einen größeren Freiheitsdrang. Eine konventionelle Ehe unter diesem Transit zu führen, ist schwierig. Die enge Bindung könnte zu einer derart großen Belastung werden, dass sie fast schon gesprengt werden muss. Man tut also gut daran, seinem Partner in solchen Zeiten bewusst viel Freiheit zu lassen und ihn keinesfalls zu überwachen. Gelingt das, kann sich diese „neue" Ehe sehr aufregend und abwechslungsreich gestalten. Manchmal empfiehlt dieser Transit eine wohnliche Trennung, um sich gegenseitig nicht zu sehr einzuengen.

Kaum zu fassen im wörtlichen Sinne ist der Transit von Neptun durch das 7. Haus, der immerhin durchschnittlich 14 Jahre durch ein Tierkreiszeichen braucht. Der Partner verflüchtigt sich regelrecht, ist manchmal sogar über Nacht plötzlich verschwunden oder macht sich sonst irgendwie rar. Es besteht unter diesem Einfluss insgesamt die Gefahr, dass sich die Beziehung schleichend, völlig unbemerkt auflöst oder der Partner eine heimliche Affäre hat. Das wäre wohl eine der schlechtesten Auslösungen.

Dieser Neptun-Transit verführt daneben zum Träumen. Mann und Frau sehnen sich nach dem Seelenpartner, dem Idealpartner. Ein Traum, der oftmals nur Traum bleibt, manchmal aber auch Realität wird. Warum das so unterschiedlich ist, kann kein Astrologe beantworten. Auf jeden Fall ist die Gefahr in dieser Zeit, sich ein zu schönes Bild von anderen zu machen und in der Folge herbe enttäuscht zu werden, doch sehr groß. Drum prüfe man doppelt und dreifach, will man sich jetzt neu binden.

Pluto, der bis zu 25 Jahre durch ein Zeichen brauchen kann, deutet auf eine magische Liebe hin. Wer unter diesem Einfluss jemandem nahekommt, wird lieben, aber auch leiden wie noch nie, falls die Beziehung kein Happyend hat.

Daneben deutet Pluto im 7. Haus heftige Machtkämpfe an, die größtenteils aus der Angst, den anderen zu verlieren, entstehen. Rückt Stirb-und-Werde-Planet Pluto in den Partnerschaftsbereich vor, kann das auch ein Anzeichen für das endgültige Aus einer Beziehung und die schwere Geburt einer neuen sein. Immer ist Pluto im Transit durch das 7. Haus mit der Aufforderung verknüpft, seine bisherige Vorstellung von Ehe und Beziehung neu zu überdenken. Zum Du, zum Zusammenleben, muss ein anderes Verhältnis gefunden werden.

Oftmals erkennen wir Trennungstendenzen und Beziehungskrisen jedoch nicht durch entsprechende Transite zur Geburts-Venus oder durch das 7. Haus. In diesem Falle sollten wir nicht auf andere Horoskopfaktoren ausweichen, sondern uns den Herrscher des 7. Hauses, also den Planeten, der über das Tierkreiszeichen herrscht, das am Deszendenten steht, genauer anschauen. In aller Regel ist es er dann nämlich, der von einem kosmischen Schwergewicht wie Saturn, Uranus, Neptun oder Pluto in Konjunktion, Quadrat oder Opposition im Transit angegriffen wird und die Krise heraufbeschwört. Darauf sollte unbedingt geachtet werden.

Warum sich manche Menschen so schwertun, sich zu trennen und warum es anderen leichter fällt

In der Beratung werden Astrologen häufig mit Menschen konfrontiert, die sich in einer Beziehung befinden, unter der sie mitunter stark leiden und dennoch nicht in der Lage sind, sich zu trennen. Es gibt viele unterschiedliche Gründe, warum diese Menschen nicht loslassen können. Manchmal aber liegt es einfach nur in ihrer Natur bzw. ihrer Persönlichkeit, die im Horoskop durch den Aszendenten symbolisiert wird.

„Ich habe mir schon überlegt, Hilfe zu suchen, wie ich aus meiner zerstörerischen Beziehung flüchten kann. Ich schaffe es einfach nicht loszulassen. Obwohl mich mein Partner belügt, betrügt, mich beleidigt und beschimpft. Wir streiten ständig. Ich weiß, ich muss etwas ändern, ich kenne mich ja selbst nicht mehr und bin mit meinen Kräften eigentlich schon lange am Ende. Die letzten Monate und Wochen waren die Hölle für mich."

Ganz sicher haben Sie so etwas Ähnliches auch schon einmal gehört. Manchmal erscheint es, als sei die Welt voll von Menschen, die es nicht schaffen, sich zu trennen, obwohl sie rational schon lange eingesehen haben, dass es besser wäre. Die Vernunft und die Emotion sind jedoch zwei Paar Stiefel, und oft sind es tiefsitzende Ängste, die uns blockieren und daran hindern, loszulassen.

Lässt man einmal psychische und seelische Probleme wie Hörigkeit und krankhafte Angst vor dem Verlassenwerden beiseite, dann sind es vor allem materielle Ängste, die langjährige Paare, deren Ehe schon längst vorbei ist, daran hindern, eigene Wege zu gehen. Vielfach geht es um das gemeinsame Geschäft, das gemeinsame Haus, die Altersvorsorge und so weiter. Knallharte materielle Fakten, die dem idealistischen Wunsch nach Selbstverwirklichung und Freiheit nüchtern entgegenstehen. Auch das trügerische Gefühl einer gewissen Geborgenheit, auch wenn die Beziehung schlecht ist, kann bei dem Gedanken an eine Trennung eine große Rolle spielen.

Nicht zuletzt werden auch immer wieder Kinder als Argument herangezogen, wenn es um die Frage geht, warum innerlich bereits völlig entzweite Menschen nicht auch äußerlich für klare Fronten sorgen können. So kommt es, dass viele Menschen erst dann bereit sind, sich zu trennen, wenn ein möglicher neuer Partner in ihr Leben tritt. Ganz nach dem Motto: „Dieses Leben ist nicht gut, aber es könnte ja noch schlimmer werden, so ganz allein auf dieser Welt".

Die wenigsten sind wirklich bereit, den Sprung ins kalte Wasser zu wagen, um damit ihrem Leben eine neue Chance zu geben. Doch das ist genau der Teufelskreis, aus dem kaum einer herausfindet, der sich in einer unglücklichen Beziehung befindet. Die Forderung an das Schicksal: „Gib mir einen neuen Partner, damit ich meinen alten verlassen kann", funktioniert nur in den allerwenigsten Fällen. Das wäre wohl auch zu leicht. Ein Neuanfang allein, um sich erst einmal wieder selbst zu finden, um innerlich für eine neue Beziehung bereit zu werden, bleibt selten erspart, auch wenn der Wunsch, gleich wieder Sicherheit zu haben, noch so groß ist. Das Leben ist kein Wunschkonzert, es stellt Aufgaben an uns, denen wir nicht ausweichen können, da wir sonst wichtige Schritte unserer Entwicklung verpassen würden.

Die Frage ist, was wir brauchen, um solch große Schritte zu gehen. Eine Trennung nach einer langjährigen Beziehung ist kein Pappenstiel und meist mit größeren Schmerzen, Dramen und langwierigen Ablösungsprozessen verbunden. Die Antwort ist ziemlich einfach: Mut. Wer den nicht aufbringen kann, sollte sich selbst und seine Mitmenschen, denen stets das Leid geklagt wird, erst gar nicht mit den Gedankenspielereien einer Trennung belasten.

Niemals dürfen wir vergessen, dass wir für unser Leben eine große Verantwortung tragen, der wir gerecht werden müssen. Das Leben ist Veränderung und Dynamik, der wir uns nicht verschließen dürfen. Wer sich aus einer destruktiven Beziehung nicht befreien kann, der lebt gegen sich und missachtet dabei nicht nur eigene Bedürfnisse.

Aus astrologischer Sicht sind es, ganz allgemein gesagt, vor allem die fixen Zeichen Stier, Löwe, Skorpion und Wassermann, die sich mit Loslassen und Veränderung sehr schwertun. Besonders stark hängen an alten Gewohnheiten und Lebensstrukturen Stier und Skorpion, da sie ein noch größeres Sicherheitsbedürfnis als der Durchschnitt besitzen.

Dieses ist bei Stier- und Skorpion-Aszendent noch viel ausgeprägter als beim Sonnenzeichen. Sie hängen innerlich ihrem alten Partner oft auch dann noch hinterher, wenn man sich äußerlich schon längst getrennt hat.

Der Skorpion-Aszendent ist ein Kontrolltyp, der seinen Partner immer verändern will und großen Einfluss auf ihn ausübt, weshalb er ihn im Falle einer nötigen Trennung auch nur ganz schwer loslassen kann. Ein richtiger Skorpion bzw. Skorpion-Aszendent haftet wie ein starker Magnet, den man nicht mehr losbekommt. Nicht wenige Skorpion-Typen bleiben mit ihrem Ex auf immer und ewig verbunden, zumindest auf freundschaftlicher Basis, sollte keine Liebesbeziehung mehr möglich sein. Das ist aber häufiger dann der Fall, wenn es der Skorpion ist, der geht. Im Falle des Verlassenwerdens kann bei ihm nämlich die Liebe auch ganz schnell in Hass umschlagen.

Der Stier-Aszendent, das Spiegelbild des Skorpions, ist auch so ein Besitztyp, der nicht mehr hergeben will, was er sich einmal einverleibt hat. Fast zwangsläufig resultiert daraus die Schwierigkeit, sich auf neue mögliche Partner nicht richtig einlassen zu können, was viele kostbare Jahre des Nichtauflebens dahinziehen lassen kann. Wer in der Vergangenheit hängt, kann sich unmöglich für die Gegenwart öffnen. Der Traumpartner könnte einem in solchen Situationen begegnen und man würde ihn einfach nicht erkennen.

Nicht so leicht loslassen kann auch der sonst sehr freiheitsliebende Wassermann-Aszendent, was vordergründig ein Widerspruch zu sein scheint. Doch der Wassermann-Aszendent liebt zwar seine Freiheit und kann sehr eigenwillig sein, ist aber zugleich sehr auf seinen Partner fixiert, den er braucht, um Ordnung in seinem Leben herstellen zu können. Der Wassermann-Aszendent ist progressiv und fortschrittlich eingestellt, aber, wie alle fixen Zeichen, hält er sich an Lebensgewohnheiten fest und hat nicht zuletzt oft riesige Furcht vor Veränderungen. Auf jeden Fall kann ein Wassermann-Aszendent Trennungen wenigsten etwas leichter verdauen als Stier- und Skorpion-Aszendenten.

Beim fixen Löwe-Aszendent bricht schnell eine ganze Welt zusammen, wenn eine langjährige Beziehung auseinanderfällt. Oft hat das gar nicht einmal so viel mit der Person zu tun, mit der er verbunden war, wie vielmehr mit dem Leben, das er mit seinem Partner zusammen aufgebaut hat und das eine wichtige Ordnung für ihn darstellte. Trennung ist wie Chaos für ihn, deshalb hält er ebenfalls sehr lange an Beziehungen fest, auch wenn sie noch so schlecht sind. Wird der Löwe-Aszendent gar von seinem Partner bewundert, wird er sich vielleicht niemals von ihm lösen können.

Sich leichter auf neue Situationen einlassen können die beweglichen Zeichen Zwillinge, Jungfrau, Schütze und Fische. Sie sind es gewohnt, sich anzupassen.

Vor allem dem Zwillinge-Aszendent kommt es entgegen, dass ihn neue Eindrücke magisch anziehen, was ihn stets zukunftsorientiert macht. Er ist, was die Liebe betrifft, wie gemacht für das neue Zeitalter, in dem die Internet-Dating-Portale wie die Pilze aus dem Boden schießen. Wenn‘s der eine nicht ist, dann eben der nächste. Zurückweisungen werden gut verkraftet und schnell abgehakt.

Bei typischen Vertretern der Wasserzeichen Krebs, Skorpion, Fische wäre genau das Gegenteil der Fall. Auf der einen Seite werden Zwillinge-Aszendenten oft ein bisschen oberflächlich in der Liebe, auf der anderen Seite können wir von ihnen lernen, es schneller zu akzeptieren und nach vorne zu schauen, wenn das Ende einer Beziehung gekommen ist.

Der Jungfrau-Aszendent ist kein so unbeschwerter Typ wie Zwillinge-Aszendent, auch wenn beide Merkur als ihren Zeichenherrscher haben. Dennoch gehören auch die Jungfrau-Aszendenten zu den Typen, die sich zumindest tendenziell leichter lösen können, da sie in der Lage sind, Gefühle und Emotionen auf die Seite zu schieben und Liebe mit dem Kopf zu verarbeiten.

Der Schütze-Aszendent empfindet die Aussicht auf mehr Freiheit stets als verlockend. Und eine Beziehung, die nicht gut war, hat ihn sowieso eingeengt. Also wächst schnell die Bereitschaft, auch innerlich abzuschließen, um zu neuen Ufern aufzubrechen.

Der Fische-Aszendent findet nach einer Trennung schnell wieder ein warmes Nest, sprich eine enge, symbiotische Beziehung, auch wenn er im ersten Moment das Gefühl hat, die verlorene Liebe bringt ihn um.

Nicht so einfach haben es mit einem neuen Leben außerdem die kardinalen Aszendenten Krebs und Steinbock. Krebs-Aszendent ist sehr anhänglich und innerlich zutiefst loyal, ähnlich wie ein Skorpion-Aszendent, nur nicht ganz so fordernd. Er zieht sich nach

Trennungen, die ihn bewegen, oft lange zurück, bevor er bereit ist, sich wieder zu öffnen. Eine enttäuschte Liebe kann ihm den Boden unter den Füßen entziehen.

Ein Steinbock-Aszendent hängt ebenfalls am Partner, gehört tendenziell zu den eher treueren Zeichen, die ein geordnetes Leben bevorzugen, zu dem eben eine feste und lange Beziehung gehört, die es einem ermöglicht, sich allmählich auf einer tieferen Ebene näherzukommen und kennenzulernen. Im Falle einer Trennung kann er sich jedoch konsequent innerlich wie äußerlich abwenden.

Der kardinale Widder-Aszendent gehört wiederum zu den Zeichen, die Trennungen recht schnell abhaken, da sie vom Typ her nicht zu sehr in der Vergangenheit haften bleiben. Sie können sehr heftig um einen geliebten Menschen kämpfen, um dann aber auch schnell aufzugeben, wenn sie einsehen, dass nichts mehr geht.

Ähnlich ist der Waage-Aszendent, der normalerweise nicht lange Zeit ins Land streichen lässt, ehe er wieder in einen sicheren Hafen einfährt. Es ist kein Aszendent, der an sich selbst übermäßig zu zweifeln gilt, wird er verlassen.

Letztlich verrät uns unser Aszendent, ob wir uns schnell auf neue Lebensabschnitte einstellen können, wie es eben die flexiblen Zeichen Zwillinge, Jungfrau, Schütze und Fische besonders gut können, während die fixen Zeichen Stier, Löwe, Skorpion und Wassermann geradezu Angst vor Veränderungen haben.

Trennung im Alter – Neue Chance oder fataler Fehler?

Bis vor einigen Jahren war sie noch kein besonders Thema: Die späte Scheidung. Nach einer offiziellen Statistik lag das durchschnittliche Alter der Frauen bei der Scheidung im Jahr 2009 schon bei 41,7 Jahren. 2019 stieg das Durchschnittsalter auf rund 44,4 Jahre an. Die Tendenz ist also steigend. Bei Männern war das Durchschnittsalter bei der Scheidung 2019 etwas höher, nämlich 46,4 Jahre. Erschreckend hoch, gewiss. Eine andere Statistik besagt, dass derzeit 14 Prozent aller Scheidungen Ehen sind, die nach mehr als 26 Jahren getrennt werden. Man kann sich also gut vorstellen, dass es heute jede Menge 50-, 60- und auch 70-jährige trifft, die noch einmal vor einem totalen und radikalen Neuanfang stehen. Thomas Gottschalk lag 2019 mit seiner offiziellen Trennung nach 43 Ehejahren voll im Trend, wie so viele andere Promis auch.

Dabei ist die Scheidung im Alter gar nicht so ohne und stellt für die Beteiligten ein wesentlich höheres Risiko dar als für jüngere Paare. Im Alter geht es natürlich auch um die finanzielle Absicherung des Lebensabends, der bei späten Scheidungen oft in Frage gestellt ist, gehört man nicht zu den Topverdienern wie Thomas Gottschalk.

Und trotzdem wählen so viele ältere Menschen den Weg der Freiheit und des Neubeginns. Ein absolutes Phänomen unserer Zeit, für das natürlich viele Gründe von Scheidungsanwälten, Psychologen und Gesellschaftsforschern angeführt werden. Immer wieder muss dabei die Midlife-Crisis herhalten, die es früher allerdings auch schon gab, jedoch war damals die Scheidung noch mehr als heute ein unausgesprochener Verrat, bei dem es einen Hauptschuldigen gab, auch wenn die Rechtsprechung in Deutschland schon lange nicht mehr die Schuldfrage stellte. Aber im Volk war und ist diese Moral, die nun immer mehr nachlässt, tief verankert.

Männer trennen sich angeblich häufig im fortgeschrittenen Alter, weil sie ein sexuelles Defizit haben, weil sie sich wieder jung fühlen wollen, und Frauen entdecken vor allem emotionale Lücken und fehlende gemeinsame Ziele, die für eine immer noch größere Kluft in der Beziehung sorgt. „Geld oder Liebe?“ ist heute mehr denn je die entscheidende Frage. Und tatsächlich entscheiden sich auch immer mehr Menschen für die neue Liebe und die neue Perspektive im Leben, auch wenn sie dabei scheinbar alles oder zumindest vieles andere zu verlieren scheinen.

Wir leben, und das ist durchaus positiv gemeint, in einer Zeit des Wertewandels. Wir wollen mehr vom Leben, wir sehnen uns nach echter Liebe in einer Welt, die, wenn wir sie vom inneren Blickwinkel betrachten, auf ihre Art immer noch feiner und geistiger wird. Mit 50, spätestens mit 60 erkennen wir doch alle, dass das Leben endlich ist. Rente, Lebensabend, keine neuen Perspektiven und eine eingefahrene Beziehung – Kann es das schon gewesen sein? Jetzt, wo wir endlich einsichtiger, freier und selbstbestimmter werden?

Was sagt die Astrologie dazu? Nun, die Planten, vorwiegend die Transsaturnier Uranus, Neptun und Pluto, erzählen sehr eindringlich von Zeitenwandlungen und den inneren Umbrüchen von Menschen. Eine überragende Rolle nimmt dabei rück- und vorausblickend Pluto ein, der je nach Zeichenstellung ganze Epochen prägt.

Seit 2008 steht Pluto im Steinbock, aus dem er sich 2024 endgültig verabschieden wird. Pluto ist, wie Sie wissen, der Planet der tiefgreifenden Transformation. Im Steinbock, dem Zuhause des Alters, in dem der Planet der alten Menschen, Saturn, herrscht, verändert er fundamental das Alter, oder sagen wir besser das Altwerden. Er reißt hier alte Strukturen ein und verändert das Leben und das Bewusstsein alter Menschen. Die älteren Menschen erhalten am meisten Kraft von Pluto.

Wir sollten diese Revolution des Alters sehr positiv sehen, denn bisher waren Kinder und Alte die eigentlichen Außenseiter unserer Gesellschaft, in der Nützlichkeit, Leistung, Geld und Jungsein über allem steht. Zu kleine oder gar fehlende Rente werden immer mehr ältere Menschen zwingen, fit zu bleiben und sich im Alter Arbeit zu suchen. Für viele Ältere eine Belastung, für viele aber auch genau das, was sie wollen und brauchen. Der Mensch ab 60 will heute nicht mehr zum alten Eisen zählen. Sein Leben soll sinnvoll bleiben, er will gebraucht werden, er will sich weiter neue Herausforderungen suchen. Die meisten bewusst lebenden Menschen wissen heute: Sich alt oder jung fühlen ist auch eine Frage der persönlichen Einstellung. Die Selbstverantwortung für sein Leben zu übernehmen und zu behalten, heißt, frei und selbstbestimmt zu bleiben. Das ist doch ein lohnendes Ziel. Wir alle wollen unser Leben erfolgreich beschließen.

Menschen, die immer darum bemüht sind, sich geistig weiterzuentwickeln, werden auch im fortgeschrittenen Alter immer wieder vor Umbrüchen und Neuanfängen stehen. Wir dachten bisher: Rente, jetzt wird es ruhig. Dem ist nicht so und dem war noch nie so, denn auch später kommen persönliche Saturn-, Uranus- und Pluto-Transite, die uns aus einem festgefahrenen Leben herausreißen wollen. Das Leben und die Sterne machen vor dem Alter keinen Halt. Wer sich persönlich immer weiterentwickelt, muss nicht bis zum Tod den Partner ertragen, der mit seinem schwierigen Horoskop und seinen Problemen immer das eigene Aufleben eingeschränkt hat. Was hat er zu verlieren? „Geld oder Liebe?", ist wie gesagt die Frage der Zeit. Und Pluto im Steinbock spricht: „Lebe immer mit Leidenschaft, auch im Alter. Das Leben ist viel zu kurz, um es mit 50 oder 60 Jahren innerlich zu beenden".

Die Trennlinie, wann ein Mensch endgültig alt ist und vielleicht auch keine Kraft für einen Neuanfang mehr hat, ist sicher persönlich unterschiedlich. In einem größeren Zusammenhang wurde und wird sie von Pluto im Steinbock jetzt aber sehr viel weiter nach oben verschoben. Die moderne Zeit rast, und das Leben geht gefühlt schneller als früher vorüber. Auch deshalb hat der Mensch des neuen Zeitalters nicht mehr die Zeit und die Muße, sich zur Ruhe zu setzen. Es geht immer weiter!

Wie Venus nach einer Trennung leiden lässt

Wenn es um Trennungen geht und die Frage, ob bzw. wie wir sie gefühlsmäßig verkraften, müssen wir uns die Stellung der Venus anschauen. Sie leidet unterschiedlich stark, wenn sie enttäuscht und verlassen wird: Die Widder-Venus kann ungemein leidenschaftliche Züge entwickeln, die oftmals keine gesunde Grenze mehr kennt. Schließlich gibt es auch einen Grund, warum diese Venus nach alter Lehre im sogenannten Exil steht. Im Trennungsfall reagiert sie oftmals impulsiv, geht schnell auf Konfrontationskurs, um nicht lange leiden zu müssen. Immer gelingt ihr das nicht.

Eine ähnliche Bedeutung wie diese Venus haben vor allem alle Venus-Mars-Aspekte. Werden diese Menschen verlassen, kann die

Eifersucht im Extremfall krankhafte und sogar gefährliche Züge annehmen, vor allem bei Konjunktion, Quadrat oder Opposition zwischen Venus und Mars. Dieser Venus fällt es schwer, sich zu beherrschen und zu beruhigen. Rachegedanken und der Wunsch, dem bzw. der Ex zu schaden, sind hier nicht selten.

Ähnlichkeiten mit einer Widder-Venus bzw. Venus-Mars-Aspekten hat in ihren Auswirkungen auch die Venus im 1. Haus (irdischer Spiegel des Widders, Herrscher Mars), die hier eine starke Ausstrahlung, aber auch größere Selbstbezogenheit besitzt. Auch für sie bedeutet Verlassenwerden eine große persönliche Niederlage. Ansonsten sind vor allem die Widder-Venus sowie die spannungsgeladenen Venus-Mars-Aspekte immer von teils unbeherrschten Leidenschaften geprägt, finden nur wenig ruhige und ausgeglichene Phasen. Meistens ist das Miteinander ein ständiges Auf und Ab zwischen Begehren und Ablehnung, Streit und Versöhnung. Reife Menschen können bei einer insgesamt harmonischen Synastrie diese marsische Venus wohl in den Griff bekommen. Allerdings kann das auch dauern oder eben niemals gelingen.

Die Stier-Venus ist sinnlich, voller Lust und Hingabe, sie kann aber auch sehr besitzergreifend sein, da sie ein großes Sicherheitsbedürfnis in der Liebe besitzt. Was sie hat, will sie nicht verlieren. Auch sie kann deshalb im Falle einer Trennung sehr eifersüchtig reagieren und lange leiden. Sie tut sich schwer, zu akzeptieren, dass ihr Partner nicht mehr mit ihr verbunden sein will. Ein ähnliches „Besitzdenken" hat Venus im 2. Haus (irdischer Spiegel des Stiers, Herrscherin Venus). Menschen mit dieser Venus suchen und lieben nicht nur die materielle Sicherheit, sondern auch die ganz feste Beziehung, die nichts erschüttern kann. Verlassenwerden ist für sie ein direkter und überdurchschnittlich heftiger Angriff auf ihren Selbstwert.

Die Zwillinge-Venus neigt bei Trennungen dazu, den Schmerz, der damit verbunden ist, zu verdrängen, indem sie sich umgehend um neue Kontakte bemüht. Allerdings werden sie diese beiseitegeschobenen Gefühle spätestens dann einholen, wenn sie sich in einer neuen Beziehung befindet. Sie muss lernen, dass Menschen nicht einfach so austauschbar sind und dass eine Zeit der Trauer wichtig ist, um die vergangene Beziehung zu verarbeiten. Die weiter entwickelte Zwillinge-Venus denkt dann auch viel über die Liebe und Beziehungen nach und entdeckt ihren Partner immer wieder von Neuem. Ähnlich ist das bei Merkur-Venus-Aspekten sowie Venus in Haus 3 (irdischer Spiegel der Zwillinge, Zeichenherrscher Merkur). Bei all diesen Venus-Stellungen sind das Reden und der Austausch über die Liebe und ihre Probleme sehr bedeutend. Werden diese Menschen verlassen, suchen sie noch mehr als alle anderen das Gespräch mit ihrem Ex-Partner, um ihn vielleicht doch noch einmal von ihrer Liebe überzeugen zu können. Diese Venus wird lernen müssen, dass Kalkül und Berechnung in der Liebe nichts bringen, zumindest kein dauerhaftes Liebesglück.

Die Krebs-Venus wird besonders melancholisch und schwer, wenn sie verlassen wird, da sie zu starker innerer Verbindung neigt und in der Liebe sehr loyal ist. Es braucht Zeit, bis sie ihre verlorene Liebe auch aus ihrem Inneren entlassen kann. Ähnliche Tendenzen hat die Venus in Haus 4 (irdischer Spiegel des Krebs, Zeichenherrscher Mond), bei der die Liebe ebenfalls tief in der Seele verankert ist. Eine weitere Verwandtschaft findet sich in Venus-Mond-Aspekten, bei den sich wiederum die Liebe mit der Seele stark verbindet. Besonders zarte Liebesempfindungen und auch eine höhere Sensibilität in Liebesdingen ist diesen Menschen zu eigen. Man kann sich in etwa vorstellen, dass Menschen mit der Venus im Krebs bzw. der vom Mond beeinflussten Venus ziemlich leiden können, vor allem, wenn es sich um eine verlorene Liebe handelt, die einst bis zu ihrem Innersten vorgedrungen ist.

Die Löwe-Venus ist eine intensive, warmherzige Venus, die normalerweise voller Lebensfreude ist. Wenn hier die Liebe geht, bekommt sie richtige Herzschmerzen im übertragenen Sinne, manchmal aber auch ganz real. Sie ist tief in ihrem Stolz verletzt und leidet unter Selbstwerteinbruch. Nicht immer wird man ihr das von außen allerdings anmerken, da diese Venus Meisterin darin ist, verletzte Gefühle zu überspielen. Ähnlich ist die Venus im 5. Haus (irdischer Spiegel des Löwen, Herrscher Sonne), die ebenfalls längere Zeit jeder Lebensfreude beraubt ist und die tatsächlich zweifelt, ob sie jemals wieder so lieben kann. Verwandtschaft mit der

Löwe-Sonne haben ferner Sonne-Venus-Konjunktion (das ist der einzige Winkel, der zwischen Sonne und Venus vorkommen kann, da sie nie weiter als 48 Grad voneinander entfernt sind). Auch diese Menschen verströmen eine sonnenhafte Liebe und wirken sehr liebenswert und sympathisch. Allgemein können die Löwe-Venus und ihre Verwandten nur schwer verstehen, warum ausgerechnet sie verlassen werden. Da gilt es ganz besonders, sich und seine persönlichen Schwächen zu reflektieren, um es in der nächsten Beziehung besser machen zu können.

Die Jungfrau-Venus versucht wie immer, alle Kränkungen und Enttäuschungen über den Verstand zu verarbeiten, was ihr allerdings nicht so einfach gelingen kann, wird sie verlassen. Die Jungfrau-Venus hat sehr viel mehr Tiefe und Gefühl, als das in der traditionellen Astrologie oft beschrieben wird. Denn wie die Zwillinge-Venus denkt die Jungfrau-Venus sehr viel über die Liebe nach und versucht, in einer Beziehung alles richtig zu machen. Verlassen zu werden, ist daher einer herbe Niederlage für sie, die bei ihr oft mit großer Selbstanklage und -kritik einhergeht.

Auch hier gibt es eine gewisse Verwandtschaft der Jungfrau-Venus mit Venus-Merkur-Aspekten, die die Liebe und ihre Ausschläge über den Verstand zu begreifen versuchen. Die Venus in Haus 6 (irdischer Spiegel der Jungfrau, Herrscher Merkur) ist der Jungfrau-Venus in ihrer Auswirkung noch etwas näher. Sie ist die freundliche und zuverlässige Venus, der vor allem dann, wenn sie verlassen wird, erst bewusst wird, was ihr noch fehlt, um eine wirkliche große Liebe leben zu können.

Die Waage-Venus ist allenfalls im Selbstwert etwas getroffen. Da sie innerlich meist eine gewisse Distanz in Beziehungen hält und sich tendenziell nie völlig darin aufgibt, kann sie den Trennungsschmerz noch einigermaßen gut und schnell verarbeiten und überwinden.

Ähnlichkeiten mit dieser Venus hat die Venus in Haus 7 (irdischer Spiegel der Waage, Herrscherin Venus), die im Falle einer Trennung ganz besonders darunter leidet, allein zurückgelassen zu werden. Diese Venus braucht die Ansprache, den innigen Kontakt, die Zweisamkeit, ohne die sie sich nicht vorstellen kann zu leben.

Diese verwandte Venus leidet viel stärker als die reine Waage-Venus. Sie sollte nach einer Trennung nicht den Fehler begehen, sich umgehend in die nächste Beziehung zu stürzen.

Am stärksten quälen Trennungen die Skorpion-Venus, das ist wohl bekannt. Bei ihr ist die Liebe immer etwas sehr Existentielles. Nicht wenige Menschen, die sie besitzen, denken zumindest an Aufgabe und Selbsttötung, werden sie von einer großen Liebe verlassen. Sie können sich nur sehr schwer und langsam von diesem „Unglück" erholen, es dauert oft Jahre, bis dieser Liebesschmerz nicht mehr in ihnen bohrt und ihnen keine seelischen wie körperlichen Qualen mehr bereitet. Diese Venus ist Segen wie Fluch zugleich, kann in die höchsten Gefilde der Liebe vordringen und bis in den tiefsten Abgrund stürzen.

Verliert die Skorpion-Venus einen geliebten Menschen, werden ihre größten Ängste und Befürchtungen Realität. Denn keine Venus, sieht man einmal von der Venus in Haus 8 (irdischer Spiegel des Skorpions, Zeichenherrscher Pluto) sowie von Venus in Konjunktion, Quadrat oder Opposition Pluto ab, liebt so tief wie sie. All diese Venus-Stellungen deuten enorme angeborene Verlustängste an, weshalb sie ihre Eigner dazu anregen, den Partner festzuhalten oder gar zu kontrollieren. Diese Menschen machen sich in ihren Beziehungen das Leben oft selbst sehr schwer, da sie häufig befürchten, ihr Partner könnte fremdgehen und sich in jemand anderen verlieben oder gar sterben. Menschen mit so einer Venus müssen in dieser Inkarnation wohl lernen, dass sie ihren Partner und dessen Liebe nicht besitzen können und dass die wahre Liebe selbstlos ist. Dann kann diese Art der plutonischen Liebe an unglaublicher Tiefe und an Gehalt gewinnen. Es ist dann die Liebe, die über den Tod hinausgeht.

Die Schütze-Venus, die aufgrund ihrer Freiheitsliebe oft selbst Fluchtgedanken hegt, stellt schnell die Frage der Moral und der Schuld im Falle einer Trennung. Da sie sehr stolz und selbstgerecht sein kann, wird sie Trennungen, sofern keine anderen Horoskopfaktoren dagegensprechen, relativ schnell verkraften. Wird sie verlassen, treten oft verdrängte Konflikte zutage. Eine ähnliche Qualität wie die Schütze-Venus haben die Venus in Haus 9 (irdischer Spiegel des Schützen, Herrscher Jupiter) sowie alle Venus-Jupiter-Aspekte, die zu besonders idealistischen Vorstellungen in der Liebe neigen.

Sehr anhänglich ist die Steinbock-Venus, die dadurch natürlich sehr verletzlich wird, auch wenn sie den Schmerz oft bei sich behält und nicht nach außen zeigt. Insgesamt streben die Venus im Steinbock, die Venus im 10. Haus (irdischer Spiegel des Steinbocks, Herrscher Saturn) sowie alle Venus-Saturn-Aspekte eine tiefe, verantwortungsvolle, ehrliche und unbedingt treue Liebebeziehung an. Menschen mit diesem Venus-Thema würden ihren Wunschpartner am liebsten zur Liebe verpflichten. Werden sie verlassen, dann ist das Leid sehr groß. Besonders hart trifft es diese Menschen an ihrem Selbstwert. Das Gefühl, abgelehnt zu werden, hat für sie etwas fast Vernichtendes, weil sie sich dadurch selbst infrage stellen. Manche dieser Menschen machen innerlich zu, nachdem sie einmal eine große Liebe verloren haben. Einige unter ihnen scheinen gefühlsmäßig sogar erkaltet. Dahinter steckt jedoch immer, wie gesagt, diese unglaublich große Verletzlichkeit.

Am besten von allen kann die Wassermann-Venus Trennungsschmerzen verkraften, da sie an und für sich etwas kühl und distanziert ist und sich auch relativ schnell wieder neu verlieben kann. Sie legt großen Wert auf Gleichberechtigung in Beziehungen und ist nur treu, wenn die Liebe freiwillig ist und sie weder kontrolliert noch eingeengt wird. Eine ähnliche Wirkung haben die Venus in Haus 11 (irdischer Spiegel des Wassermanns, Herrscher Uranus) oder auch Venus-Uranus-Aspekte. Menschen mit der von Uranus beeinflussten Venus provozieren gelegentlich auch die Trennung, wenn es ihnen zu eng wird.

Die Fische-Venus wiederum neigt dazu, sich in ihrem Leid zu suhlen, ist bitter enttäuscht, weil sie in jeder Beziehung so viel gibt, ja sich regelrecht aufopfert. Menschen mit Venus in den Fischen, Venus in Haus 12 (irdischer Spiegel der Fische, Herrscher Neptun) oder Venus-Neptun-Aspekten haben oft die Neigung, Beziehungen sehr symbiotisch zu führen. Bei ihnen kann die verlorene Liebe insofern lange im Inneren weiterleben, weil sie diese oft auch noch im Nachhinein idealisieren, auch wenn das nicht der Realität der vergangenen Beziehung entsprochen hat. Der Liebe kann hier fast etwas Verklärtes anhaften, was am Ende tragische Züge annehmen kann.

Jede Venus lässt ihren Eigner auf ihre Art und Weise leiden, geht die Liebe schief. Wichtig ist, dass wir uns im Falle einer Trennung nicht selbst zermartern, dass wir aber versuchen, unsere eigenen Fehler zu sehen, um persönlich weiterzukommen. Die nächste Liebe kann dann vielleicht die Erfüllung unserer Träume werden.

Kann die Astrologie nach einer Trennung weiterhelfen?

Eine Trennung ist furchtbar, bereitet höllische Seelenschmerzen und lässt einen oft in ein tiefes Loch fallen. Menschen, die verlassen werden, kommen da häufig nicht mehr allein heraus, verfallen mitunter in Depressionen, denken im Extremfall sogar an Selbstmord, vor allem, wenn sie verlassen wurden. Die Liebe kann grausam sein. Und ja, die Astrologie kann helfen. Sie kann nicht den Schmerz beseitigen, aber sie kann verstehen helfen und mit ein wenig innerem Abstand sogar die Erkenntnis bringen, dass alles gut ist, auch die Trennung, die letztlich den Boden für einen Neuanfang und eine beschleunigte Persönlichkeitsentwicklung bereitet.

Trennungen gehören zweifellos zu den heftigsten Krisen, die ein Mensch durchlaufen kann. Eine Krise, die uns und unser Leben mächtig erschüttern und alles verändert, an deren Ende aber doch ein sehr positiver Neuanfang stehen kann. Letztlich hat die Liebeskrise, die in der Trennung endet, immer mit entscheidenden Wendepunkten im Leben zu tun. Krise heißt, dass wir uns zunächst in einer Sackgasse befinden, wir wollen nicht glauben, dass die Trennung endgültig ist und klammern uns möglicherweise an jeden Strohhalm, an jedes Zeichen, das uns der Expartner gibt, das uns Hoffnung macht, es könnte doch noch einmal etwas werden. Solche verzweifelten Kämpfe, mit denen wir uns selbst immer noch größere Wunden reißen, kennt fast jeder Mensch, hat sie auf seine Art schon durchgemacht.

Es gibt nichts Schlimmeres, als verlassen zu werden, weil damit ein Mensch von einem weicht, zu dem man einmal eine große innere Nähe besaß. Er war ein fester Teil unseres Lebens, der nun fehlt. Es ist, um es drastisch zu sagen, wie wenn jemand sterben würde. Verlassenwerden bedeutet aber auch einen gewaltigen Einbruch des Selbstwertes, auch bei sonst eher selbstbewussten Typen, denn unweigerlich hinterfragt man sich selbst, warum die Beziehung schief gegangen ist und was man alles besser hätte machen können. Aber, es ist eben häufig zu spät, nichts kann und darf man mehr besser machen, es wird einem jede Chance genommen, schon gar, wenn sich der einst geliebte Partner etwa in einen anderen Menschen verliebt hat.

Verlassenwerden ist eine Urangst des Menschen, die ganz tief sitzt, und wenn es dann zu einer Trennung kommt, ist der Schock groß. Schwer ist es auch umgekehrt für die Menschen, die ihren Partner verlassen, da sie oft mit extremen Schuldvorwürfen konfrontiert werden, die sie erst verdauen müssen, bevor ihr Weg in die Zukunft wieder frei wird. Auch für sie ist es nicht leicht, sich von einem Menschen zu trennen, der einst so nahe bei ihnen war. Aber, vorbei ist vorbei, und nicht immer wird das sofort akzeptiert. Wir alle sind keine Übermenschen und müssen im Falle einer solchen Krise zunächst durch ein tiefes und dunkles Tal der Tränen gehen, an dessen Ende aber das Licht wieder scheint. Ein Prozess, durch den wir gehen müssen und der nicht immer einfach ist. Denn normal ist es auch, dass Menschen ihre Trennung, wie gesagt, zunächst nicht wahrhaben wollen. Erst wenn sie gar nicht mehr zu leugnen ist, wird die hilflose Lage entdeckt, brechen Emotionen auf, die sich zwischen Wut und Selbstzweifel bewegen.

Negative Folgen, wie der Griff zur Flasche, Isolation, Wut, gesteigerte Hoffnungslosigkeit und Resignation bis hin zu Depression, sind oft nicht zu vermeiden. Nun hat die Krise zweifellos ihren Höhepunkt erreicht. Für viele Menschen wird der Leidensdruck in dieser Situation so groß, dass sie jetzt erst zur Umkehr bereit sind bzw. den letzten Strohhalm ergreifen, um ein neues Leben zu beginnen. Jetzt beginnt die Phase der Neuorientierung, in der wir nach neuen Möglichkeiten und Lösungen Ausschau halten, jetzt setzen wir wieder unsere kreativen Kräfte ein, was unser Leben völlig neu beseelt.

Diese Kraft des Aufbruchs ist enorm. Sie macht uns stark und selbstbewusst. Mit den schweren Erfahrungen im Hintergrund, die nun immer besser verarbeitet werden, beginnt unsere Persönlichkeit zu wachsen. Es ist Fakt, dass Menschen, die etwas Großartiges im Leben geleistet haben, meist erst durch solch fundamentale Krisen hindurchgegangen sind, die uns zu der Person gemacht haben, die später von allen anerkannt und bewundert wurde. Und die Bewältigung einer Liebeskrise, und das ist zweifellos die schönste Botschaft, kann uns durch unseren inneren Wandel oft erst für den Menschen öffnen, der wirklich zu uns passt, der auch unsere Schattenseiten akzeptiert, ja vielleicht sogar mag, der uns so aufnimmt und begehrt, wie wir sind, mit all unseren schönen und weniger schönen Seiten.

Es gibt immer einen Weg zur echten und großen Liebe, den vielleicht viele in diesem Leben nicht finden oder finden wollen. Aber es gibt ihn, für jeden, und eine Trennung ist die beste Chance überhaupt, sich weiterzuentwickeln, auch wenn solche Aussagen im Moment einer Trennung nicht unbedingt weiterhelfen. Wir werden durch Krisen und Trennungen oft toleranter und demütiger, da wir nun wissen, wie schnell man im Leben stürzen kann. Wir tun vielleicht auch wieder etwas mehr für unser Aussehen und unsere persönliche Entwicklung und freuen uns über jeden Moment, den wir im Kreise der Menschen verbringen dürfen, die uns nahestehen.

Dankbarkeit ist hier eine sehr entscheidende Sache, auch die tiefe Ahnung, dass das Leben einen großartigen Sinn hat, den wir vielleicht nicht immer verstehen können und nicht müssen. Erst durch Krisen bewegen wir uns, sehen die Notwendigkeit, uns zu ändern. Ein Wandel, der in der Liebe ungemein wichtig sein kann. Nur diese krisenhaften Lebensabschnitte geben uns die Chance, zu erkennen, was wir in unserer vergangenen Beziehung falsch gemacht haben und was wir in Zukunft ändern können. Trennungen lassen uns radikal an die persönlichen Grenzen stoßen und decken schonungslos unsere Schwächen auf, was uns aber auch wieder weicher und menschlicher macht und letztlich den Weg zu dem Menschen öffnet, den wir vielleicht schon immer gesucht haben.

Wenn ein Mensch verlassen wurde und zum Astrologen kommt, schwelgt er oft nur von den schönen Momenten, die das Paar einst verbunden hat, ohne den Blick auf die Realität zu werfen, so wie es wirklich war, weshalb es letztlich zur Trennung gekommen ist. Ein guter Astrologe, das ist die Grundvoraussetzung, kann durch einen Horoskopvergleich (Synastrie) die Stärken und die Schwächen, das Gemeinsame und das Trennende, das Anziehende und das Abstoßende zweier Menschen mehr oder weniger schonungslos beschreiben. Das kann tatsächlich helfen, zu sich selbst zurückzufinden, zum Denken anregen, Distanz zur Emotion zu schaffen. Nicht nur der Mensch, der verlassen hat, erlebt einen Aufbruch, sondern auch der, der verlassen wurde, auch wenn dieser das Rad am liebsten zurückdrehen würde.

Manchmal geschieht es, dass tatsächlich eine Trennung rückgängig gemacht wird, was zu einem wundervollen Neuanfang führen kann und die Beziehung inniger und stärker macht als sie je war. Auch diese Chance ist, wenn sie wirklich vorhanden ist, oft deutlich im Horoskop angezeigt. Nicht wenige Menschen machen aber auch die Erfahrung, dass eine Trennung, die rückgängig gemacht wird, oft erst die Augen für eine endgültige Trennung öffnet. Alles ist gut, wenn wir die Krise als Chance akzeptieren und vielleicht die Astrologie hinzunehmen, um zu sehen, zu erkennen, was richtig ist.

Neue Liebe, neues Glück – Wie sich Menschen durch einen Partnerwechsel verändern

Das haben Sie vermutlich auch schon einmal beobachtet, in Ihrem Bekannten- oder Freundeskreis oder gar bei sich selbst: Da beendet jemand eine langjährige Beziehung, bindet sich erneut und wird plötzlich ein völlig anderer Mensch, als ob sein Horoskop nicht mehr stimmen würde und er bzw. sie einen ganz anderen Charakter angenommen hätte. „Das kann doch beim besten Willen nicht sein!“, denkt man. Allerdings beginnen Menschen durch einen Partnerwechsel oftmals Seiten ihres Wesens und ihres Horoskops zu leben, die bisher völlig im Verborgenen gelegen haben.

„Ich erkenne dich nicht wieder, du bist nicht mehr diejenige, in die ich mich einmal verliebt hatte“, so reagieren viele Männer und umgekehrt Frauen, die von ihrem Partner verlassen wurden. Plötzlich ist die Ex-Frau bzw. der Ex-Mann voller Tatendrang, unternimmt Dinge mit dem neuen Partner, von denen der alte Partner geträumt und die er sich immer gewünscht hätte. Der Ex-Partner scheint über Nacht ein anderer Mensch geworden, feiert als ehemaliger Partymuffel plötzlich die ganze Nacht durch oder geht auf Reisen, obwohl er stets erklärt hat, dass er sich zuhause am wohlsten fühlt. Das alles ist schwer zu verstehen.

Die Zurückgelassenen sind sich oft sicher, dass ihr Partner einer Art Gehirnwäsche unterzogen wurde, natürlich von seinem neuen Partner. Für sie ist das Verhalten des Ex bzw. der Ex wie ein Schlag in Gesicht, der enorme Selbstzweifel auslöst. „Habe ich denn alles falsch gemacht?“, ist die Frage, die sich zwangsläufig aufdrängt.

Dieses Schicksal kann jedem widerfahren, auch eine ziemlich intakte Partnerschaft ist kein hundertprozentiger Schutz dafür, dass sich der Partner nicht in jemand anderen verliebt. Eine neue Partnerschaft ist oft so etwas wie ein Katapult in die Freiheit, in ein neues Leben, das einem die Möglichkeit geben soll, noch mehr man selbst zu sein und sich zu leben. Das ist zumindest die große Hoffnung, die mit diesem Partnerwechsel bei vielen Menschen bewusst oder unbewusst einhergeht. Und natürlich ist so ein Geschehen immer ein riesiges Drama, bei dem gerne der Verlassende als Schuldiger hingestellt wird, was natürlich nicht richtig ist. Denn meistens gibt es eine Vorgeschichte in der Beziehung, die dazu führt, dass jemand sich überhaupt erst nach außen öffnet und nach anderen potenziellen Partnern Ausschau hält. Irgendeine Sehnsucht konnte nicht gestillt werden, die Beziehung blockierte möglicherweise die eigene Entfaltung, was früher oder später eine Trennung unausweichlich macht. Es gibt hier keine Schuldigen, sondern allenfalls ungute Verstrickungen und Missstände, die durch die Trennung zwangsläufig aufgelöst werden.

Schlimm ist es, wie gesagt, für die, die verlassen werden. Sie müssen diese massive Enttäuschung erst verkraften. Verlassen zu werden, kratzt auch beim stärksten Menschen immer dessen Selbstwert an, der nun ganz tief in den Keller sinkt, zumal der neue Partner der Ex bzw. des Ex alles besser zu machen scheint, als man selbst dazu in der Lage war. Und: Es gibt keine neue Chance mehr, was einfach nur schmerzt. In diesen Momenten fällt es denen, die verlassen wurden, schwer, das Positive an diesem Geschehen zu sehen. Der Schock wirkt lange nach. Doch meist ist es gerade für die Zurückgebliebenen die Chance, jetzt endlich mehr aus ihrem Leben zu machen.

Die meisten dieser verlassenen Menschen haben ebenfalls jahrelang in einem „Film" gelebt, der längst nicht mehr ihrer war. Sie haben vielleicht nur niemanden anderen getroffen, in den sie sich verlieben konnten und der ihnen damit half, aus dieser überholten Beziehung zu entkommen. Oder sie hatten einfach mehr Moral, glaubten noch an ihrer Beziehung, auch wenn diese schon länger fast tot war. Menschen, die in ihrer Partnerschaft völlig blockiert sind, können krank werden, häufig sehr schwer sogar, wenn sie keinen Weg aus dieser Sackgasse finden. Eine Befreiung, eine Trennung, auch wenn sie im Moment nicht zu verstehen und nur schwer zu verkraften ist, öffnet letztlich wieder gegenüber dem Leben. Und dies ist die wichtigste Vorgabe, die wir haben: Immer wieder Ja zum Leben zu sagen. Um uns zu entwickeln, müssen wir uns aus Verstrickungen lösen.

Ein Beispiel: Ein Mann hat seinen Saturn im Horoskopvergleich (Synastrie) in Konjunktion, Quadrat oder Opposition zum Mond der Frau. Saturn kann in den ersten Jahren der Beziehung diesem Mond, der Seele der Frau, inneren Halt und ein Gefühl der Stabilität vermitteln. Doch auf Dauer wird es – gemäß des Prinzips „Der Partner als Dauertransit" – schwer für den Mond, die Schwere Saturns, die mit den Problemen und Bedrückungen des Mannes verknüpft ist, zu verkraften. Immer mehr wird sich die Frau in der

Gegenwart ihres Gatten innerlich schwer und gehemmt fühlen. Es ist ein schleichender Prozess, der, je länger die Beziehung anhält, desto stärker spürbar wird.

Natürlich kann man nicht nur einen Interaspekt herausgreifen, um solch eine Prognose zu geben. Und es gibt auch gute Beziehungen mit diesem Interaspekt. Wie immer bestätigt auch die Ausnahme die Regel. Die Wahrscheinlichkeit, dass es dem Mond-Eigner mit solch einem Saturn seines Partners auf Dauer nicht besonders gut geht, sollten keine anderen, sehr aufbauenden Interaspekte dagegenstehen, ist jedoch hoch.

Die neue Begegnung ist hier bisweilen die Erlösung. Nehmen wir an, der Jupiter des neuen Partners ist nun in einem harmonischen Winkel zu ihrem Mond, dann fühlt sich die Frau wie befreit, dann können alle ihre emotionalen Dämme urplötzlich aufbrechen. Sie kann wieder weinen, lachen, tanzen, flirten und Spaß am Sex haben. Aber man sollte auch keine falschen Träume hegen. Den perfekten Partner, der nur großartige Interaspekte zu einem hat, den gibt es nicht und den soll es vielleicht auch gar nicht geben. Denn jede Beziehung ist letztlich auch mit einer Lernaufgabe verbunden, die uns in unserer persönlichen Entwicklung weiterbringen kann. Manchmal scheint diese Lernaufgabe beendet, so dass es nötig wird, Abschied zu nehmen. Wenn man sich nichts mehr zu sagen und zu geben hat, dann hat die Partnerschaft ihren tieferen Sinn verloren und wird nicht mehr glücklich und erfüllend sein können. Auch eine Paartherapie wird in solchen Fällen wenig helfen. Sie wird dann im besten Falle die Erkenntnis bringen, dass eine Trennung tatsächlich besser ist.

In einer idealen Beziehung fördern sich beide gegenseitig in ihrer Persönlichkeitsentwicklung, jeder den anderen auf seine ganz spezielle Art. Es gibt Phasen im Leben, in denen man möglicherweise einen Partner braucht, der einen emotional befreit, in anderen Zeiten benötigen wir einfach nur viel Sicherheit.

Kritisch für eine langjährige Beziehung können vor allem die Zeiten sein, in denen mächtige Pluto-Transite angezeigt sind (siehe Kapitel „Pluto und der persönliche Wandel – Ist die Beziehung noch zu retten?“). Läuft Pluto etwa über den Aszendenten oder die

Geburtssonne, machen Menschen immer einen starken Persönlichkeitswandel durch. Neue Bedürfnisse und Gefühle tauchen auf, die bisher verdrängt wurden oder schlichtweg noch nicht entdeckt waren. In diesen Phasen liegt es nun auch am Partner, ob er mit diesen Veränderungen einverstanden ist oder besser gesagt, ob er bereit ist, einen mit ganz neuen Augen anzuschauen. Ein Prozess, der sehr schwerfallen kann, der im besten Falle aber auch zu einer völlig neuen Offenheit, ja Verliebtheit mit dem langjährigen Partner führen kann.

Wir dürfen niemals den Fehler begehen, unseren Partner auf eine Rolle zu fixieren. Damit würden wir ihn einengen und ihm eine Entwicklung verwehren, die er in jenen plutonischen Zeiten unbedingt braucht, ja gegen die er sich nicht einmal erwehren kann.

Das ist auch der Grund, warum Paare, die sich sehr früh kennengelernt und gebunden haben, oftmals in eine Sackgasse geraten, aus der sie nicht mehr herausfinden. Man meint sich so gut zu kennen, dass es kaum mehr Spielraum für eine Entwicklung gibt. Das ist das Ende. Eine neue Beziehung greift genau an diesem Punkt an und ermöglicht neues Leben, unabhängig davon, wie gut sie sein mag und wie lange sie anhält.

Natürlich gibt es viele Paare, die gemeinsam alle Krisen bewältigen, indem beide immer wieder bereit sind, auf ihren Partner neu einzugehen und sich den neuen Herausforderungen zu stellen, die zwangsläufig in jeder Beziehung auftauchen. Das Neue kann unter Umständen auch in der alten Beziehung gefunden und geschaffen werden. Bei Paaren, die das schaffen, wird die Liebe mehr und mehr. Dafür müssen, was die Synastrie betrifft, allerdings auch entsprechende Voraussetzungen bestehen. Und: Es darf vor allem niemals der gegenseitige Respekt verloren gehen. Ist er abhandengekommen, ist eine Beziehung meist nicht mehr zu retten. Menschen, die klug sind, wissen, dass sie eine einmal gewonnene Liebe nicht für das ganze Leben sicher haben. Die Liebe ist zu lebendig, als dass wir sie festhalten oder gar einsperren könnten. Die Liebe kann immer nur freiwillig sein und muss in jeder Phase des Lebens neu gewonnen werden. Darum geht es.

Niemals versäumen zu leben!

Mit Vernunft leben ist aller Ehren wert. Leben wir nur vernünftig, müssen wir jedoch zwangsläufig viele Gefühle und Sehnsüchte unterdrücken und laufen dadurch Gefahr, das Leben zu verpassen. Vernunft ist eine Art Verwaltung des Lebens, sie ist die Kontrolle unserer Gedankenwelt, die sonst öfter einmal verrücktspielen und uns zu Risiken anleiten würden, die vielleicht gefährlich für unser Leben sind. Vernunft ist die menschliche Fähigkeit, Einsichten zu gewinnen, sich ein Urteil zu bilden und sich danach in seinem Leben zu richten. Ohne Vernunft würden wir keinen Frieden in uns finden. Gut so, Frieden und ein ausgeglichenes Leben sind wichtig, aber eben nicht das Wichtigste im Leben.

Ohne die Unvernunft, die Leidenschaft, das Risiko, den Schritt ins Ungewisse laufen wir jedoch Gefahr, in unserem Leben und persönlichen Entwicklung zu stagnieren. Jeder Mensch will leben, will aufleben, wird aber oft gebremst durch seine Erziehung, durch falsche Moral und letztlich durch die Angst, etwas falsch machen zu können. Doch das Leben lässt sich so oder so nicht kontrollieren. Jeder Versuch, es zu tun, endet mit der Erkenntnis, dass es doch immer anders kommt, als man denkt. Gott sei Dank ist dieses Leben nicht berechenbar. Ein berechenbares Leben ohne Schicksal würde uns niemals den schöpferischen Raum geben, den wir alle brauchen, um uns persönlichen weiterzuentwickeln.

Der Hunger nach Leben treibt uns alle an, bis auf die angstbesetzten Menschen, denen ihr ganzes Trachten danach geht, jedes Risiko im Leben zumindest zu minimieren. Schon früh wird nur für die Rente gelebt und ein scheinbar solider Partner gewählt, mit dem man zusammen das Leben bewältigen kann, auch wenn er nicht die große Liebe ist. Nach vielen Jahren der Entbehrungen und des persönlichen Verzichts taucht sie dann endlich auf, die Rente, die eine Zeit ankündigt, in der wir endlich frei sind und so leben dürfen, wie wir schon immer wollten. Nur: Die Rente stürzt viele Menschen erst richtig in die Krise. Statistiken belegen, dass nach Rentenbeginn sowohl die Selbstmord- als auch Depressionskurve steil nach oben geht, weshalb sogar von der Rentenlüge gesprochen wird, die Menschen ein besseres Leben und glückliches Alter in Aussicht stellt. Nach einige Wochen oder Monaten, in denen die neu gewonnen Ruhe und Freiheit noch genossen wird, kommt das unweigerliche Gefühl, nicht mehr gebraucht zu werden. Der Selbstwert ist in der Abwärtsspirale, und auch der Alltag läuft bei vielen jetzt immer mehr aus dem Ruder. Was hat das Leben noch für einen Sinn? Eine Frage, die sich bestimmt nicht alle, aber doch relativ viele Rentner zu stellen beginnen.

Der Mensch braucht Herausforderung, und er braucht gesunden Stress. Fehlt all dieses, fällt er innerlich zusammen, stirbt vielleicht schon früh oder wird schwer krank, weil er jetzt die Zeit hat, in sich hineinzuhorchen und auf jedes Wehwehchen zu achten. Die Ängste werden immer noch größer und der Gang zum Supermarkt zur größten Herausforderung. So sollte es, nein so darf es nicht enden! Wer anfängt, in der Vergangenheit zu leben, nach dem Motto, „früher war alles besser…“, hat verloren und muss sich den Vorwurf gefallen lassen, nicht mehr zu leben.

Klar, je älter wir werden, desto schwerer ist unsere Seele von Schicksalsschlägen und Niederlagen. Aber, wir dürfen nicht im Winter stehenbleiben. Es gilt, immer wieder den Frühling in sich zu erzeugen und in der Gegenwart anzukommen und zu wirken, der einzigen Realität. Wie sagte einst der berühmte römische Dichter Horaz: „Carpe diem“, übersetzt: „Nutze den Tag“. Nutzen wir also auch die Zeit, die wir noch zu leben haben und verschwenden sie nicht mit dem Gedanken an den nahenden Tod. Wer ihn immer vor Augen hat, verliert wertvolle Lebenszeit.

Stoppen können wir diesen Zeitverfall nur, wenn wir die Vergangenheit, die nicht mehr existiert, aufarbeiten und die Dinge beseitigen, die unsere Seele noch an ihr haften lassen. Deshalb wird es an bestimmten Stellen im Leben immer wieder wichtig, sich mit seiner eigenen Seele zu beschäftigen. Wir brauchen Glück und Lebensfreude und sollten gerade im Alter von den Kindern lernen, die noch kein starres Zeitbewusstsein besitzen, die noch nicht so wie wir von den Gedanken an gestern und morgen gequält werden, sondern einfach im Jetzt leben, weshalb ein Kind das Leben als Ewigkeit empfindet.

Lange sind wir im Leben vielleicht dem falschen Glück hinterhergelaufen, was uns vielleicht frustriert. Und doch gibt es diese Seite in uns, die sich immer wieder nach dem Leben sehnt. Ein erfülltes Leben zu haben, ist das schönste und höchste Ziel, das wir haben sollten. „Ich bereue nichts im Leben – außer dem, was ich nicht getan habe", sagte einst die berühmte französische Modedesignerin Coco Chanel.

Die australische Buchautorin Bronnie Ware (geb. am 15. Februar 1967), die auf einer Palliativstation eines Krankenhauses todkranke Menschen betreute, schrieb einen bemerkenswerten Bestseller zu dem Thema, was Sterbende am meisten bereuen. Ihr Sachbuch „5 Dinge, die Sterbende am meisten bereuen" erreichte mehr als drei Millionen Leser und wurde in 27 Sprachen übersetzt.

Viele Menschen bereuten kurz vor dem Tod, nicht den Mut gehabt zu haben, ihr eigenes Leben zu leben. Leider gibt es tatsächlich so viele Menschen, die im Leben immer nur das tun, was von ihnen erwartet wird oder die ganz einfach Angst davor haben, Risiken einzugehen und deshalb lieber alles beim Alten zu belassen. „Ich wünschte, ich hätte nicht so viel gearbeitet, ich wünschte, ich hätte den Mut gehabt, meinen Gefühlen Ausdruck zu verleihen, ich wünschte, ich hätte den Kontakt zu meinen Freunden gehalten, ich wünschte, ich hätte mir mehr Freude gegönnt", sind die weiteren Versäumnisse, die Sterbende oft ansprechen.

Glück findet sich weniger in großen Ereignissen als vielmehr in einer lebensbejahenden Einstellung, die ausschließlich im eigenen Inneren gefunden werden kann. Gute Musik, guter Wein, gutes Essen, guter Sex und Kuscheln mit dem Partner, ein anregendes Gespräch, ein Kino- oder Theaterbesuch, Tanzen gehen, ein Spaziergang in schöner Natur, eine erfüllende Arbeit, das Leben, das Kinder und Tiere bringen, Sport, Freunde usw. sind wesentliche Bestandteile des Glücks.

Glück ist keine Frage des Geldes bzw. der finanziellen Absicherung. Wer sich selbst spürt und mit Leidenschaft lebt, darf auch Fehler machen. Fehler, die wir keineswegs so sehr bereuen wie das, was wir versäumt haben, da sie uns in unserer persönlichen Entwicklung weiterbringen.

Solange wir den Puls des Lebens spüren, ist alles gut. Solange wir uns immer wieder öffnen und bereit sind, uns zu wandeln und das neue Leben anzunehmen, macht uns auch der Tod keine Angst. Denn wir wissen dann, wir haben gelebt, wir haben uns aus Zwängen und falschen Erwartungen befreit, sind unseren eigenen Weg gegangen, haben nach unserer Fasson gelebt und haben die Zeit auf dieser Erde genutzt, so gut wir eben können. Wir haben uns nichts vorzuwerfen, nehmen uns selbst als Mensch mit Stärken und Schwächen wahr, der gekämpft hat und alles versucht hat, zu verwirklichen, was ihm wichtig ist. Jetzt können wir befreit in die jenseitige Welt aufbrechen, jetzt ist es Zeit zu gehen, jetzt ist der Tod keine tragische Begebenheit mehr.

Das Leben und die Sterne bieten uns immer wieder die Gelegenheit, aus einem eingefahrenen und freudlosen Leben herauszufinden. So gibt es immer wichtige Wendezeiten im Leben, die mit Krisen einhergehen und uns aufrütteln und wach machen, meist in Form schwieriger Transite der langsam laufendenden Planeten. Daneben gibt es auch ganz natürliche Lebensrhythmen, die uns die Chance geben, unser Leben zu überdenken und von Neuem zu beginnen.

Zwei wichtige Lebenszeiträume sind hier von besonders großer Bedeutung. So können, was die Liebe betrifft, vor allem die Jahre zwischen dem 39. und 44. Lebensjahr zu einer Krisenzeit bzw. zu einer Zeit der dramatischen Veränderungen werden (siehe Kapitel „Alle sieben Jahre brechen das Leben und die Partnerschaft um"). Der Uranus-Transit steht in diesen Jahren in Opposition zu unserem Geburts-Uranus und fordert das neue Leben. Und er trifft in diesen Jahren auf Menschen, die vielleicht im Beruf viel erreicht, sich ein Eigenheim erworben und deren Kinder zu selbständigen erwachsenen Menschen geworden sind. Alles scheint gut, nur die Beziehung nicht. Denn Kinder dienen oft als Ablenkung, verdecken Probleme, die sich über Jahre hinweg in der Beziehung anstauen. Jetzt, wo sie weg sind, tritt alles, was nicht stimmt, schonungslos zu Tage. Und Uranus will den Wandel. Entweder erneuert sich die Beziehung und findet neue gemeinsame Ansätze und Perspektiven oder der gemeinsame Weg trennt sich, endgültig. Eine Phase, die wir gerne als Midlife-Crisis bezeichnen, da in diesen Jahren der Hunger nach Leben, auf das man vielleicht jahrelang verzichtet hat, aufflammt uns die verrücktesten Dinge tun lässt. Hauptsache, wieder sich spüren und Anschluss an das Leben finden.

Die Midlife-Crisis ist wie eine Art zweite Pubertät, in der wir noch einmal alles von vorne erfahren möchten – wir suchen den Beruf, oft im Sinne der Berufung, und die wahre Liebe. Und tatsächlich haben viele von uns erst jetzt die Reife und das Verständnis, um eine freiwillige Liebe auf Augenhöhe führen zu können, ohne verkrampftes Besitzdenken und falsche Erwartungen, die kein Mensch erfüllen kann.

Zur Selbstverwirklichung dieser Jahre gehört auch der Partner, der einem folgen und einen fördern kann. Manchen Beziehungen gelingt es aber auch, sich zu erneuern, sofern beide Teile gegenseitig persönliche Veränderungen und Entwicklungen zulassen. Das ist allerdings ein Muss. Geschieht kein Absprung und kann die Beziehung nicht neu belebt werden, droht dem Paar, den Anschluss an das Leben zu verlieren. Frustration, Enttäuschung, Resignation und ein oft über Jahrzehnte anhaltender Ehezwist machen mürbe und können zum inneren wie äußeren Rückzug führen. Es ist daher sehr wichtig, dass wir diese Jahre nutzen, um noch einmal durchzustarten, in die zweite Lebenshälfte, die für uns und unsere Entwicklung noch wesentlich bedeutender werden kann als die erste.

Eine wichtige Rolle, und das eben auch in Bezug auf die Liebe, spielt nicht zuletzt die Rückkehr von Saturn um das 30. und 60. Lebensjahr. Ein Fakt, den Astrologen bislang nur wenig berücksichtigen. Der „Return of Saturn" kündigt immer eine Art Neujustierung des Lebens an. Saturn lässt uns in diesen Wochen und Monaten zurückblicken und führt uns schonungslos vor Augen, was wir bisher erreicht bzw. nicht erreicht haben. Wir denken an unsere Niederlage, und es werden uns unsere Begrenzungen, Versäumnisse und Fehler bewusst. Wir müssen unser Leben genau anschauen. Wenn Saturn wieder an dem Ort steht, an dem er während unserer Geburt war, spüren wir seinen ganzen Ernst und seine Strenge. Der Lehrer des Lebens, der Karma- und Schicksalsplanet und der Herrscher über die Zeit, verfasst um das 30. wie 60. Lebensjahr ein Zwischenzeugnis über unser Leben und Wirken. Gleichzeitig erinnert er uns an unsere dinglichste Lebensaufgabe, die vielen Menschen vielleicht gar nicht bewusst ist, deren Verdrängung jetzt aber zumindest als große Trauer spürbar wird. Unsere Lebensziele werden klarer, wenn wir uns Saturn stellen, wir erkennen, wohin wir wollen und was wir in Zukunft noch verwirklichen wollen. Gleichzeitig blicken wir auf unsere Lebenssituation und fragen uns, was wir hier ändern müssen, um diese Ziele zu erreichen. Saturn stellt uns die Frage, ob wir uns in der richtigen beruflichen Ausrichtung befinden, er hält uns nun aber auch unsere Beziehung vor Augen und will von uns wissen, ob wir sie noch wollen oder eben nicht mehr.

Das Eigentümliche an dieser Saturn-Phase ist, dass sie uns die Entscheidung darüber überlässt, ob wir uns trennen oder nicht. Den Weg zusammen weitergehen, funktioniert vor allem dann, wenn beide an einem Strang ziehen und gemeinsam konkrete Ziele verwirklichen wollen. Saturn zu Saturn kann unserem Leben eine neue Schärfe geben – beruflich wie privat, astrologisch deshalb, weil das 10. Haus (irdischer Spiegel des Steinbocks, Zeichenherrscher Saturn) dem 4. Haus (irdischer Spiegel des Krebses, Zeichenherrscher Mond) gegenüberliegt.

Immer sollten wir uns darum bemühen, die Zeichen der Zeit in unserem Leben zu erkennen und uns mit ihnen auseinanderzusetzen. Dann bleiben wir am Leben dran.

BEZIEHUNGSVERHINDERER AUS ASTROLOGISCHER SICHT

Warum manchmal auch die beste Synastrie nichts nützt

Die Partnerschaftsastrologie, und da insbesondere die Synastrie, begeistert eigentlich alle Menschen, die damit nähere Erfahrung gemacht haben. Viele Paare, die sich in einer Krise befinden, könnten diese unter Umständen besser bewältigen, da ihnen die Astrologie sehr konkret offenbaren kann, wo sie sich als Paar gegenseitig blockieren oder fördern und welche Lösungsansätze es gibt.

Bevor zwei Horoskope miteinander verglichen werden und die sogenannten Interaspekte ausgewertet werden, gilt es jedoch, zunächst das einzelne Horoskop auf seine Beziehungsfähigkeit hin zu untersuchen. Viele Astrologieanfänger überspringen diesen Teil und kommen so zu mehr oder weniger falschen Ergebnissen. Denn wenn einer von beiden beziehungsunfähig ist, um es einmal überspitzt zu formulieren, dann wird ihn auch der andere, zu dem er unter Umständen perfekt steht, nicht dauerhaft ertragen können. Der Beziehungsunfähige wird früher oder später immer zur Zumutung in einer Beziehung.

Ein Beispiel: Nehmen wir an, ein Mann hat eine starke Uranus-Betonung in seinem Horoskop, etwa in Form von Uranus am Aszendenten oder einer Sonne-Uranus-Spannung. Er ist gewiss ein Freigeist und kann keinerlei Einengung ertragen. Bei manchen uranischen Menschen kann das Bedürfnis nach Unabhängigkeit zum Freiheitswahn ausarten, und egal, was der Partner auch tut, es wird ihm als Bevormundung, Freiheitsbeschneidung etc. ausgelegt. Was solche Menschen brauchen, ist eine unkonventionelle, fast kameradschaftliche Beziehung, in der man sich loslassen kann und nicht permanent aufeinandersitzt. Uranische Menschen bevorzugen oftmals getrennte Wohnungen, was nicht heißt, dass sie weniger lieben. Nein, sie brauchen nur viel Luft.

Angenommen, solch ein Uranier begegnet nun einer Frau, die etwa ein ausgeprägtes Krebs- oder Stier-Thema hat und sich nichts sehnlicher wünscht als eine feste und zuverlässige Beziehung, in der Treue das oberste Gebot ist. Sie will Kinder, ein eigenes Heim und möglichst oft kuscheln. Sie ist ein Familienmensch, der nicht besonders gerne allein ist. Sie können sich ausmalen, was bei dieser Begegnung passiert. Nach einiger Zeit wird der Mann die Flucht ergreifen, da es ihm schlichtweg zu eng wird. Oder die Frau wendet sich enttäuscht ab, da sie ihn als unzuverlässig und vielleicht sogar beziehungsunfähig einschätzt. Und genau das würde vermutlich auch dann passieren, wenn die Synastrie zwischen den beiden nahezu ideal wäre. Denn Menschen, denen es den Hals zuschnürt, weil sie sich eingeengt fühlen, werden auch die tollste Venus-Mars-Verbindung nicht mehr wahrnehmen können, wenn es zu eng wird.

Wenn sich nun zwei Uranier treffen, kann es dagegen sein, dass sich die beiden so viel Raum schenken, dass sich wirkliche und haltbare Liebe zwischen den beiden entwickeln kann, auch wenn die Synastrie und die einzelnen Interaspekte vielleicht nicht so viel hergeben.

Eine Partnerschaft ist also immer eine sehr komplexe Sache, und wer nicht den einzelnen Menschen und sein Temperament verstehen und erfassen kann, wird auch mit Hilfe der Synastrie keine brauchbaren Ergebnisse erzielen können.

Warum Beziehungen oft schon vor dem Zustandekommen scheitern

Viele Beziehungen, die sich anbahnen, kommen erst gar nicht zustande, weil sie von Anfang an dem Tode geweiht sind. Blicken wir etwas tiefer und versuchen zu ergründen, warum Menschen allein bleiben und warum Beziehungen oft schon relativ früh scheitern, stoßen wir zunächst auf das Thema Erwartungshaltung. Früher ging es in erster Linie um das Gründen einer Familie, um Kinderkriegen und um Geborgenheit, eingefügt in die Tradition der Herkunft. Heutzutage sind die Erwartungen an die Liebe noch viel größer: Es geht um die Liebe und Romantik, die tatsächlich die wichtigsten Kriterien moderner Menschen sind. Viele Sozialstudien belegen das. Es geht nicht nur um Versorgung und gesellschaftliches Ansehen, es geht um das Finden des wahren Glücks, die Liebe. Eigentlich positiv zu sehen, wobei sich hinter dem Wunsch nach wahrer Liebe natürlich diese enormen Erwartungen verbergen, die nicht leicht zu erfüllen sind.

Blicken wir das Gerüst eines Horoskops an, dann erscheint es nur natürlich, dass wir uns einen Partner wünschen, der uns in irgendeiner Form ergänzt, ja zu einem ganzen, kompletten Menschen macht. Hier findet sich zu jedem Tierkreiszeichen eine Art Gegenzeichen, das ihm gegenübersteht und das alle Eigenschaften und Anlagen verkörpert, die ihm fehlen und umgekehrt. Es handelt sich dabei um die Gegensatzpaare Widder-Waage, Stier-Skorpion, Zwillinge-Schütze, Krebs-Steinbock, Löwe-Wassermann und Jungfrau-Fische (siehe Kapitel „Das 7. Haus will erfüllt werden“). Auf dieser Dualität ist nicht nur der Tierkreis aufgebaut, der letztlich die gesamte Welt und alle ihre Geheimnisse widerspiegelt.

In der Schöpfungsgeschichte heißt es, dass Gott die Welt in sechs Tagen erschuf und am siebten Tag ruhte…Die Polarität dieser Welt und die Schöpfungsgeschichte besagen, dass wir hier auf der Erde sind, um uns weiterzuentwickeln und uns zu vervollständigen. In uns liegt die Sehnsucht, die Spaltung dieser Welt zu überwinden, indem wir in Liebe eins werden mit unserem Partner, indem wir nichts anderes finden als unsere Dualseele. Mystiker behaupten, dass im Wassermannzeitalter, das ja gerade erst begonnen hat und in dem viele Menschen ihr Bewusstsein nach oben richten, sich immer mehr Seelenpartner finden werden.

Die Erwartung an die Liebe ist mit der Zeit immer mehr gestiegen, was sie fast zwangsläufig zu einer Gratwanderung werden lässt. Denn Erwartungen knüpfen sich zuallererst an die jeweilige

Reife eines Menschen, an seine Erfahrungen und Einsichten, die er gemacht hat oder nicht. Das größte Missverständnis besteht nun darin, dass viele Menschen alle ihre Sehnsüchte in ihren Wunschpartner hineinprojizieren. Er muss einfach alles für einen sein, ein perfekter Mensch, den es in der Realität nicht geben kann und der die Ansprüche niemals erfüllen kann, die an ihn gestellt werden.

Gar nicht einmal so entscheidend scheint es hier zu sein, um welche (verkehrten) Ansprüche es geht. Beziehungsratgeber geben sich hier alle Mühe, diese in zahlreichen Punkten aufzulisten. Vielmehr geht es um das, was diesem oder jenem Menschen speziell fehlt und was er sich deshalb von seinem Partner erhofft. Das ist der Punkt, unter dem viele Partnerschaften heute leiden. Denn eines ist auch klar: Was wir von unserem Gegenüber erwarten, müssen wir auch selbst bereit sein zu erfüllen. Auf einen Menschen zu warten, der alle Wünsche erfüllt, lenkt natürlich sehr schön von den eigenen Unzulänglichkeiten ab und ist letztlich zum Scheitern verurteilt. Enttäuschungen, die sich in schöner Regelmäßigkeit durch das Leben ziehen, sind die unausweichliche Folge.

Wer einen Seelenpartner finden will, muss bereit sein, in Vorleistung zu gehen. Es gilt, sich selbst zu öffnen, ein Liebesrisiko einzugehen, zu geben, ohne gleich an das Nehmen zu denken. Stellen wir bereits beim ersten Kennenlernen die Hoffnung auf die große Liebe in den Raum, treiben wir den anderen eigentlich schon in die Flucht. Wer eine glückliche Bindung anstrebt, muss erst einmal selbst stark sein und für sich stehen können, um attraktiv zu sein. Menschen, die sofort bereit sind, sich völlig im anderen aufzugeben, sind noch nicht so weit, eine echte Beziehung führen zu können, die auf Augenhöhe ist.

Gefährdet, sich selbst in der Beziehung zu verlieren, sind insbesondere Menschen, die die meisten ihrer Planeten auf der Du-Seite ihres Horoskops haben, also auf der rechten Seite der MC-IC-Achse. Vor allem viele persönliche Planeten, wie Sonne, Mond, Merkur, Venus, Mars und Jupiter im 7. Haus, dem Bereich der Partnerschaft, suchen häufig all das in ihrem Partner, was sie eigentlich selbst bei sich entwickeln und darstellen sollten. Menschen, die dagegen die linke Seite der MC-IC-Achse ihres Horoskops übermäßig stark besetzt haben, nehmen zwar ihre eigene Person stärker wahr, müssen dafür aber lernen, den oder die andere erst in ihr Leben hineinzulassen.

Lass uns Freunde bleiben – Warum das 11. Haus der Schlüssel für eine gute Beziehung ist

Wenn wir uns ein Horoskop in Bezug auf seine Beziehungsfähigkeit und sein Liebesglück anschauen, dann sollten wir uns im Geburtshoroskop vor allem die Häuser 5, 7, 8 und 11 anschauen. Das 5. Haus steht für den Liebhaber bzw. die Liebhaberin, das Liebesabenteuer und die sexuelle Empfindung. Im 5. Haus findet sich der Mensch, mit dem wir das Leben genießen wollen, mit dem wir uns seelisch befreien und wachsen können.

Das 7. Haus symbolisiert sozusagen unsere Idealergänzung, hier findet sich der Mensch, mit dem wir leben wollen. Es hat mit dem Wunschpartner, aber auch der Art der Beziehung zu tun (siehe Kapitel „Das 7. Haus will erfüllt werden“).

Das 8. Haus hat wie das 5. Haus mit der Sexualität eines Menschen zu tun (siehe Kapitel „Liebe und Sexualität: Das 5. und 8. Haus“). Das 5. Haus verrät, wie wir die Sexualität erleben und was wir uns von unserem Partner diesbezüglich wünschen. Das 8. Haus hat mehr mit dem Loslassen und der Tiefe der sexuellen Empfindungen zu tun. Der Astrologe Stephen Arroyo betitelte einmal das 8. Haus folgendermaßen: „Das Bedürfnis, emotionale und seelische Sicherheit zu finden“. Das 8. Haus nimmt in unserer Zeit eine zweifellos größere Bedeutung als früher ein, da es sich hier natürlich auch um Tabuthemen sowie um verdrängte sexuelle Konflikte und Empfindungen dreht, die in vergangenen Zeiten aufgrund der vorherrschenden Moralvorstellungen nicht immer zur Sprache kamen. Das 8. Haus, das dem 7. folgt, hat nicht zuletzt mit dem gemeinsamen Lebensstil und der Geldverwaltung eines Paares zu, was in einer Beziehung auch darüber entscheiden kann, ob sie auf

Dauer funktioniert. Letztlich sind diese Häuser Lebensbereiche, an denen jedes Paar arbeiten muss, um die Partnerschaft erfolgreich zu gestalten.

Vergessen dürfen wir in dieser Aufzählung nicht das 11. Haus, das für eine Partnerschaft so etwas wie der Schlüssel sein kann, damit sie überhaupt im realen Leben, im Alltag und in der Freizeit funktioniert. Manche Leser mögen sich an dieser Stelle verwundert fragen, was denn der Bereich der Freundschaft mit Liebe und Partnerschaft zu tun hat. Ein sehr weiser Yogi sagte einst: Eine Beziehung ist dann ideal, wenn die Frau Gattin, Geliebte, Mutter und Freundin in einem verkörpert und der Mann umgekehrt Gatte, Geliebter, Vater und Freund. Dann wäre eine Beziehung fast vollkommen. Das 11. Haus verrät uns, wie unser bester Freund aussehen soll, der eben im Idealfall auch der Gatte bzw. die Gattin sein kann.

Aus dem 11. Haus können wir außerdem erfahren, welche soziale Haltung wir haben. Ein Mensch, der sozial denkt, wird in der Lage sein, Probleme und Krisen in seiner Beziehung zu bewältigen, weil er versucht, seinen Partner zu verstehen und fair und offen zu handeln. Ein Mensch dagegen, dem jeder soziale Gedanke abgeht, wird sich in jeder Beziehung schwertun, da er mit seinem Ego permanent aneckt und seinen Partner vor den Kopf stößt. Wenn es so jemand nicht lernt, auf den anderen zu achten, wird ihn auf Dauer auch eine gute Synastrie nicht vor dem Beziehungsaus retten können.

Eine gute Beziehung hat freundschaftliche Züge. Ein Paar, das immer füreinander da ist und bereit ist, offen über die Probleme des jeweilig anderen zu sprechen, das gemeinsam „Pferde stiehlt" und sich wie in einer idealen Freundschaft nicht gegenseitig bewacht, sondern sich Raum und Luft lässt, so dass die Liebe kein Zwang, sondern freiwillig ist (über das 11. Haus herrscht Freiheitsplanet Uranus), hat die Chance auf ein langes, dauerhaftes Glück.

Allerdings sollte das 11. Haus, die Freundschaft, in einer Beziehung kein Alleinstellungsmerkmal besitzen. Das 5. Haus, die Lebensfreude, das 7. Haus, die spannende Gegensätzlichkeit, das 8. Haus, die Verschmelzung, gehören ebenfalls unbedingt zu einer lebendigen Beziehung. Ansonsten bleibt der Partner immer nur

Freund, der die Sehnsucht nach einem großen Liebesglück nicht erfüllen kann. Oder der Wunschpartner macht das Angebot „Lass uns Freunde bleiben", ein Satz, der sich für viele, die sich eine (weitere) Liebesbeziehung gewünscht hätten, wie ein Schlag ins Gesicht anfühlt.

Dennoch ist das 11. Haus für die Liebe ungemein bedeutend. Aus ihm entspringen nämlich auch unsere Hoffnungen, die wir unbedingt mit unserem Partner teilen wollen. Alles, was wir an gemeinsamen Wünschen in unserem Leben verwirklichen, schweißt uns innerlich noch enger zusammen. Ohne das 11. Haus geht es genau so wenig wie ohne gemeinsame Interessen. Menschen, die nur gegensätzlich veranlagt sind und unterschiedliche Lebensziele haben, werden sich über kurz oder lang voneinander verabschieden. Wir müssen mit unserem Partner so etwas wie Übereinstimmung haben. Gemeinsame Themen, wie eine schwierige Kindheit, überhaupt ähnliche Lebenserfahrungen, ein verwandter Beruf, ein gemeinsames Hobby und Lebensziele, die übereinstimmen, machen Menschen erst füreinander interessant. Der Partner spielt immer auch eine wichtige, ja tragende Rolle in unserer persönlichen Entwicklung, die zu der vielleicht wichtigsten Aufgabe in unserem Leben gehört. Kann er diese Rolle nicht mehr einnehmen, ist die Beziehung oft vorbei.

Insofern ist der besage Ausspruch „Lass uns Freunde bleiben" zumindest ein positiver Hinweis, dass in diesem Bereich schon mal alles stimmt. Arbeiten sollten wir dann möglicherweise an den anderen Bereichen, die dem 5., 7. oder 8. Haus entsprechen …

Der sichere Griff nach dem bzw. der Falschen – Was steckt dahinter?

Wir Astrologen kennen sie aus der Beratung, die Klagen von Menschen, die nach mehreren Trennungen behaupten, immer wieder an den Falschen zu geraten. Das Ganze ist zunächst sicherlich ein philosophisches Problem. Im Grunde genommen müssen wir uns nämlich fragen, ob es den oder die Falsche in einem höheren Sinne überhaupt gibt oder ob nicht jede größere Begegnung ihre Richtigkeit im Leben hat. Schließlich haben wir die Chance, durch jede Beziehung, so schlecht sie auch sein mag, zu lernen und daran zu wachsen. Demnach hat jede Beziehung ihre Berechtigung, sofern wir bereit sind, Vergangenes positiv zu verarbeiten. In diesem Sinne stellt sich nicht die Frage, ob etwas gut oder schlecht war. Oftmals ist ein Partner außerdem für mehrere Jahre der richtige, dann aber nicht mehr. Das Leben ist eben dynamisch, und jeder von uns entwickelt sich auf seine Art weiter.

Soweit die Theorie. Ganz so einfach ist es aber in der Realität leider nicht immer. Sicher brauchen die meisten von uns mehrere „schlechte" Beziehungen, um zu wissen, wer zu uns passt und was wir überhaupt wollen. Häufen sich diese Beziehungen aber in schöner Regelmäßigkeit und in einer größeren Zahl, sollte man sich ernsthaft fragen, ob man nicht zu den vielen Unglücklichen gehört, die immer wieder auf den (die) Falsche(n) hereinfallen.

Es gibt tatsächlich Menschen, die immer wieder mit sicherer Hand ihr eigenes Unglück wählen und hinterher ihr Schicksal anklagen. Was passiert da? Welche Motive bringen Menschen dazu, sich wieder und wieder Partner zu suchen, von denen sie seelisch und körperlich verletzt und erniedrigt werden? Warum lassen sich diese Menschen immer wieder auf dasselbe Spiel ein, einen schier endlosen Kreislauf aus Verletzen, Verzeihen und abermaligem Verletzen?

Manche, so scheint es, bleiben nur bei ihrem Partner, um verletzt und nicht um geliebt zu werden. Handfeste Liebesprobleme, die ihren Ursprung in der Kindheit oder sogar in vorigen Leben haben, scheinen der tiefere Grund für solch falsche Verhaltensweisen und Partnerwahl zu sein. In Astrologischen Aufstellung lassen sich in solchen Fällen mitunter die Blockaden „Selbstsabotage" oder „Enttäuschung" finden und lösen.

Bisweilen ist die falsche Partnerwahl auch eine wunderbare Möglichkeit, Seelenhygiene zu betreiben, das heißt die eigenen ungeliebten, schlechten Seiten loszuwerden. Die negativen Seiten lässt man dann einfach von diesen unpassenden Partnern leben, so dass man selbst die Chance hat, als rein, unschuldig und gut dazustehen. Eine solche Art von Selbststabilisierung wird in der Psychologie auch „interpersonelle Abwehr“ genannt.

Nach psychologischen Erkenntnissen wählt man oftmals das Gegenteil von sich – z. B. der Chaot den Ordnungsliebenden, der Ausgeflippte die brave, graue Maus, der Intellektuelle den reinen Gefühlsmenschen, der Reisemensch den Stubenhocker, der Verschwender den Geizhals, der Egoist den Selbstlosen, der Täter das Opfer usw. Der Hintergrund ist: Der Chaot wehrt mit dem Ordnungsliebenden seine eigene Spießigkeit ab, der Ausgeflippte mit der braven Maus seine Normalität, der Intellektuelle mit dem reinen Gefühlsmenschen seine eigene Einfalt und so fort. Man könnte also sagen, wer den „falschen“ Partner wählt, will auch in irgendeiner Form seinen eigenen Schatten loswerden. Möglicherweise gibt ihm sein höheres Selbst den Auftrag, den Schatten in Form seines Gegenübers zu erkennen, damit wiederum die Persönlichkeit die Chance hat, zu wachsen und zu reifen.

In der Astrologie scheint das ganze weniger kompliziert. Der Aszendent ist das Ich, der Deszendent das Du, das völlige Gegenteil vom Aszendenten, sozusagen seine perfekte Ergänzung. Hier ist es ganz natürlich, dass etwa der Chaot (Fische) die Ordnungsliebende (Jungfrau) sucht.

Knapp daneben ist aber auch daneben, und wenn es immer wieder der oder die Falsche ist, sollte man nicht verzweifeln. Manchmal müssen es viele sein, bis der Richtige kommt, bis wir uns für den (die) Eine(n) geöffnet haben. Zu seinem Traumpartner zu finden, ist ein Weg, der oftmals eben steil und steinig ist. Der Anspruch, ihn in jungen Jahren zu finden, kann wohl nicht erhoben werden, zu viel Erfahrung muss in aller Regel gesammelt werden.

Zurück zur fatalen Partnerwahl: Ein Vorzeichen für Liebesleid findet sich im Horoskop unter anderem bei Venus in Konjunktion, Quadrat oder Opposition Saturn. Typisch für diese Konstellation ist, dass die betroffenen Menschen, sollten sie auf einen Partner treffen, der sie mit Liebe überschüttet, sich nicht angesprochen fühlen. Sich nicht geliebt fühlen ist das Problem dieser Menschen, die über einen geschwächten Selbstwert verfügen: „Wie kann mich ein anderer lieben, ich bin doch nichts wert..." Venus-Saturn führt in der Folge zu Bindungsängsten, die häufig dadurch gelöst werden, dass sich die Betroffenen einen Partner suchen, der nicht frei ist. Zur Bindung kommt es so erst gar nicht. Umso mehr dafür zu dem erneuten Gefühl, weniger wert zu sein und nicht geliebt zu werden. Typisch für Menschen mit Venus-Saturn-Spannungen, die immer wieder klagen, den falschen Partner zu wählen.

Das Nichtgeliebtsein-Thema, das zum Programm werden kann, geht manchmal auch mit Saturn in Haus 2 (Spiegel des Stiers, Zeichenherrscher Venus) oder Saturn in Haus 7 (Spiegel der Waage, Zeichenherrscher Venus) einher.

Gerade die Menschen mit Saturn in Haus 2 leiden oft heftig unter dem Gefühl, keine Anerkennung zu bekommen und suchen sich dann häufig einen Partner, der ihnen diese dann tatsächlich verwehrt, als bräuchten sie genau diesen Widerstand, um an sich und ihrem Defizit zu arbeiten.

Bei Saturn in Haus 7, dem Partnerschaftsbereich im Horoskop, zieht man grundsätzlich Menschen an, die die Saturn-Rolle in der Beziehung übernehmen, also den ernsten, pflichtbetonten Part übernehmen. Da Saturn aber auch der Karmaplanet ist, kann seine Stellung hier auch ein Vorzeichen dafür sein, dass man in puncto Partnerschaft noch etwas aufzuarbeiten hat, was vielleicht einst unter unguten Umständen endete. Dass diese karmischen Beziehungen nicht immer einfach sind, sondern im Gegenteil sehr belastend sein können, ist wahrscheinlich. Abgesehen davon kann Saturn in Haus 7 auch Partner anziehen, die einen im kritischen Sinne Saturns so, wie man ist, nicht akzeptieren, ja manchmal sogar ablehnen und neu formen wollen.

Eine große Rolle spielt in Bezug auf falsche Partnerwahl häufig Neptun, der gerne Traumschlösser aufbauen lässt. Menschen, die Venus-Neptun-Spannungen oder Neptun in Haus 7 haben, träumen, wie bereits beschrieben, vom Prinzen bzw. der Prinzessin. Sie neigen dazu, sich schnell ein Idealbild des Partners zu kreieren, der diesem nicht gerecht werden kann. Am Ende stehen ein Desillusionierungsprozess, die Ent-Täuschung nach der Täuschung, und die bittere Klage, immer an den Falschen zu geraten. Klar, sie sind ja auch auf eine Seifenblase hereingefallen, die sie für wirkliche Liebe hielten. Sie haben sich in ein Bild verliebt und nicht in einen realen Menschen.

Zur Idealisierung ihres Partners neigen außerdem Frauen mit Sonne-Neptun-Spannungen und Männer mit Mond in Konjunktion, Quadrat oder Opposition zu Neptun. Sie sehen nur die schönen Seiten ihres Partners und neigen dazu, die Augen vor seinen weniger schönen Eigenschaften zu verschließen.

Bei Sonne-Saturn-Spannungen bei Frauen und Mond-Saturn-Spannungen bei Männern spielen wieder der angesprochene Schatten und der übermächtige Vater bzw. die übermächtige Mutter eine wesentliche Rolle. Letztlich gibt es viele Beispiele und Gründe, den Falschen zu wählen.

In männlichen Horoskopen wären das vor allem die Spannungswinkel, also die Konjunktion, das Quadrat oder die Opposition zwischen Venus und Saturn. Der Grund: Venus zeigt im männlichen Horoskop immer an, welchen Typ von Frau er begehrt. Mischt sich Saturn ein, besteht hier die Neigung, Frauen zu begehren bzw. anzuziehen, die irgendwie unpassend sind.

Zum wiederholten Male Pech in der Partnerwahl haben oft Frauen mit Mars-Saturn-Spannungen, da sie dazu neigen, Männer zu begehren, die ihnen letztlich nur schaden. Zur Erinnerung: Im Horoskop einer Frau verrät Mars, welchen Typ von Mann sie anzieht. Steht Mars nun in Konjunktion, Quadrat oder Opposition mit Saturn, wächst dann die Gefahr, immer wieder den Faschen zu begehren.

Mars-Saturn-Spannungen machen außerdem dazu geneigt, Liebe erzwingen zu wollen, was immer schief gehen muss. Frauen und Männer mit diesen Aspekten haben oft Probleme, es einzusehen und zu akzeptieren, wenn ihre Liebe nicht auf Gegenliebe stößt.

Menschen, die das Gefühl haben, immer wieder den oder die Falsche(n) auszuwählen, haben, was die Liebe betrifft, grundsätzlich oft zu enge Auswahlkriterien. Der Partner muss viel Geld besitzen, einen angesehenen Beruf haben, darf nicht dick sein, muss über 1,80 m groß sein usw. Diese Wünsche haben nichts mit Liebe zu tun und verhindern nicht nur das Kennenlernen von Menschen, die sich unter Umständen viel zu sagen hätten, sondern führen auch schlichtweg zu leidvollen und unpassenden Verbindungen. Diese Erfahrung machen häufig die besonders vorstellungsbezogenen Plutonier, also Skorpion- bzw. Pluto-betonte Menschen. Liebe lässt sich nicht erzwingen, Liebe lässt sich nicht manipulieren, Liebe kommt immer dann, wenn wir nicht damit rechnen. Warum das so ist? Wenn wir nicht damit rechnen, sind wir offener, was die Voraussetzung dafür ist, dass Liebe überhaupt geschehen kann.

Beziehungsflüchter – Wenn es ernst wird, laufen sie davon

Vermutlich ist er auch Ihnen in Ihrem Leben schon einmal begegnet, oder Sie gehören selbst zu diesem Typus, der mehr oder weniger große Probleme hat, eine verbindliche Beziehung zu führen und von vielen als regelrechter Beziehungsflüchter gesehen wird. Überdurchschnittlich oft handelt es sich dabei um Männer. Warum dem so ist, ist nicht so einfach zu beantworten. Sicher liegt dies auch an den Genen des Mannes, der von Natur aus ein Jäger ist, der immer wieder erlegen, sich nicht einsperren lassen und seine Unabhängigkeit bewahren will, was in manchen Fällen zum Zwang ausarten kann. Die Frau dagegen trägt das soziale, das behütende Gen in sich, ist auf Nähe und Verlässlichkeit gepolt, hält die Familie im Kern zusammen und ist häufig in die Rolle der Hüterin der Moral gedrängt.

Beziehungsflüchter sind nun Menschen, die sich auf keine Partnerschaft so wirklich einlassen können und immer dann „dicht machen“, Abstand suchen und ausweichen, wenn es ernst wird. Natürlich haben auch Frauen mitunter das Problem, dass es ihnen schnell zu dicht und zu eng wird und sie sich eingeschränkt fühlen. Die Frage, die zuerst auftaucht, sehen sich Mann oder Frau mit einem Menschen konfrontiert, der schon immer größere Probleme hatte, sich ernsthaft auf eine Beziehung einzulassen, ist, ob diese Menschen denn Angst vor allzu großer Nähe oder gar den eigenen Gefühlen haben. Viele Frauen fragen sich verzweifelt, ob sie dafür Verständnis aufbringen sollen, wenn sie wieder einmal einen Mann vor sich haben, der gerade „die Kurve kratzen" will. Sollen sie um ihn kämpfen oder doch lieber gleich aufgeben? Will er nur mich nicht oder ist er wirklich ein Mensch, der mit Nähe und Gefühlen Probleme hat und den ich mit viel Geduld ändern kann? Wäre das alles vergebene Liebesmüh?

An dieser Stelle mögen viele Menschen verständlicherweise einwenden: Entweder es passt oder eben nicht. Doch so einfach ist das nicht. Und auch der beste Horoskopvergleich zwischen zwei Menschen ist, wie gesagt, kein Garant für eine verlässliche und stabile Beziehung. Aus Sicht der Astrologie gibt es Menschen, die zwar unbedingt eine Beziehung wollen, sie aber einfach nicht führen können. Dafür kann es viele Gründe und Ursachen geben.

In einem Partnerschaftsseminar des Astro-Kollegs behandelten wir einst den Fall eines bereits älteren Mannes, dem zwei Dinge im Leben wichtig waren: Geld und Sex. Diesen Fokus konnte man in seinem Horoskop erkennen. In seinem 2. Haus (Geld) stand Venus im Schützen. In Opposition dazu, also im 8. Haus, das mit dem Tod und der Tiefe der Sexualität zu tun hat, standen Mars, Mond und Uranus. Die abenteuerlustige Venus im Schützen in Opposition zur Mars deutet allein schon auf eine triebstarke Persönlichkeit hin. Mond und Uranus, die sich hier dazu gesellen, steigern das Ganze geradezu ins Unermessliche. Dieser Mann dachte tatsächlich nur noch an Sex, die käufliche Liebe passte in sein Lebenskonzept. Das Gefühl, in einer festen Beziehung „aufgehoben" zu sein, vermisste er weniger, da er als unheimlich erfolgreicher Geschäftsmann viele Freunde und „Schulterklopfer" hatte, die ihn dieses normale menschliche Bedürfnis verdrängen ließen. Doch mit dem Alter und der Rente kommt auch meist die Einsamkeit, weshalb diese Menschen dann oftmals vor einer großen Leere stehen.

Ein sehr weiser Pater und Mystiker sagte einmal zu mir, dass er der Überzeugung sei, dass Männer erst dann zu einem inneren, geistigen Weg bereit und fähig wären, wenn der Trieb in den fortgeschrittenen Jahren nachlässt. In jüngeren Jahren sind sie von ihrem Verlangen zu stark abgelenkt. An dieser These ist zweifellos etwas dran, sie betrifft aber nicht jeden Mann. Sicher gibt es Männer, aber auch Frauen, die häufig fremdgehen, aus festen Beziehung ausbrechen, weil immer wieder das Neue und Unbekannte lockt und einen nahezu magischen Zwang auf sie ausübt. Bestimmt nicht jeder triebstarke und sinnliche Mensch ist ein Fremdgeher und unfähig treu zu sein. Das wäre eine völlig falsche Behauptung.

Es gibt viele Varianten des Flüchtens. Da haben wir etwa den typischen Neptunier, also Menschen, die z. B. ein stark besetztes 12. Haus haben, die Fische-Aszendent, Neptun am Aszendent oder Sonne-Neptun-Spannungen haben. Sie neigen zum Entfliehen, so wie der Fisch, den man festhalten will, einem aus der Hand „glitscht". Sie neigen dazu, abzutauchen und sich zurückzuziehen, wenn es in der Partnerschaft Probleme gibt. Manche unter ihnen können in ihrer Beziehung erst dann richtig aufblühen, wenn sie heimlich, im Verborgenen und unbeobachtet stattfindet, wenn diese keiner äußeren Verantwortung untersteht. Frauen, die einen Mann mit der Sonne im 12. Haus haben, können von den Ausweichmanövern und Heimlichkeiten ihres Mannes meist „ein Liedchen singen". Ebenso ergeht es vielfach Männern, deren Frauen ihren Mond in Haus 12 haben. Das sind einfach Menschen, die das Abtauchen brauchen, die von Zeit zu Zeit eigene Wege gehen müssen und die im Rückzug oft erst ihr eigenes Leben finden.

Ein unbewältigter Neptun hat mit enormen unerfüllten Sehnsüchten und häufig viel zu hohen Erwartungen zu tun, die kein Partner erfüllen kann, weshalb sein Einfluss dazu führen kann, dass sich der Betroffene aus der Beziehung herausstiehlt, indem er aus heiterem Himmel einen Abgang macht oder indem er heimlich fremd geht.

Manche Menschen, die Probleme haben, sich ganz auf ihren Partner einzulassen, haben bisweilen das Problem des Ungeliebtseins, kämpfen mit Selbstwertproblemen und haben deshalb eine Scheu, sich dem anderen gegenüber zu öffnen und hinzugeben. Sie könnten ja wieder verletzt werden. Diese Menschen haben häufig Venus-Saturn-Spannungen oder Saturn in Haus 2 in ihrem Horoskop. Sie haben eben oftmals das Gefühl, nichts wert zu sein, was wiederum damit zusammenhängt, dass sie zu wenig emotionale Wärme in ihrer Kindheit hatten. Verzweifelt suchen sie nun nach dem Menschen, der sie bedingungslos liebt, haben aber gleichzeitig panische Angst vor zu viel Nähe, da Zurückweisung erneut zu großem Liebesschmerz führen kann. Ihr Ausweg ist manchmal eine Beziehung mit bereits gebundenen Menschen, die nicht zu nahekommen können. Ein Drama ohne Ende, solange dieses Problem nicht therapeutisch angegangen wird.

Andere sind unfähig, Verantwortung zu übernehmen, weil sie ganz einfach mit sich selbst und ihren Problemen nicht zurechtkommen, und wiederum andere haben einen so extremen Freiheitsdrang, dass sie die Erwartungen an ihren Partner, der sich eine ganz normale Beziehung wünscht, einfach nicht erfüllen können. Letztere haben in aller Regel ein stark uranisches Freiheitsthema in ihrem Horoskop. Neben dem Wassermann-Aszendent (Herrscher Uranus) fordert der Schütze-Aszendent, dessen Herrscher Jupiter ist, der keine Begrenzungen mag, ein erhöhtes Quantum an Freiheit ein. Nicht zuletzt wünscht sich der Löwe-Aszendent, der ja immer den Wassermann am Deszendenten (Du, Partnerschaft, Spitze des 7. Hauses) hat, eine tendenziell freiheitliche Beziehung.

Übermächtig wird das Bestreben nach persönlicher Unabhängigkeit aber oft erst dann, wenn etwa Uranus am Aszendenten oder in Haus 1 steht oder eine Konjunktion, ein Quadrat oder eine Opposition mit der Sonne bildet. Hier wird meist eine unkonventionelle Beziehung angestrebt, die nicht unbedingt in der Ehe und im Zusammenziehen enden muss. Zumindest ist es für den Uranier wichtig, auch in einer Ehe seine Unabhängigkeit leben zu dürfen, wie immer die auch aussehen mag.

Freiheitsdrang kann auch mit Leid aus der Vergangenheit gekoppelt sein. So verlassen z. B. Menschen mit Mond-Uranus-Spannungen oft ihre Herkunftsfamilie, die sie eingeengt, belastet und vor allem keinen geschützten Raum geboten hat. Eine Fluchtbewegung, die sie oftmals in ihre neue Beziehung mithineintragen und sich jedes Mal abwenden und alles hinterfragen lässt, wenn sie sich seelisch nicht geborgen fühlen.

Einer meiner Klienten war nicht bereit, Verantwortung für andere im täglichen Leben zu übernehmen, weshalb er auch jenseits der Fünfzig immer noch allein ist. Er hat unter anderem einen stark angegriffenen Saturn in Haus 4 und hatte entsprechend eine schwierige, dunkle und beengende Kindheit. Er ist schlichtweg unfähig, wieder in einer Familiensituation zu leben, da unbewusst die Angst über ihm schwebt, es könnte wieder so eng und belastend werden.

Oftmals tragen Menschen auch ein mehr oder weniger schräges Männer- bzw. Frauenbild in sich, das im Geburtshoroskop einer Frau immer durch die Sonne, das Männliche, symbolisch auch den Vater, und im Horoskop eines Mannes durch den Mond, das Weibliche, die Mutter, geprägt wird. Gerade Frauen mit Sonne-Saturn-Konjunktion, -Quadrat oder -Opposition haben immer ein größeres Vaterthema, der nicht immer, aber oft sehr autoritär und vereinnahmend ist und damit das innere Bild vom einengenden und verpflichtenden Mann schuf, der über einem steht. Männer mit Mond-Saturn-Spannungen haben in aller Regel in jungen Jahren eine sehr enge Mutterbindung gehabt, die in ihnen das Bild der einengenden und an Pflicht ermahnenden Frau entstehen ließ. Unbewältigt können diese Aspekte ebenfalls zu einer Unfähigkeit führen, eine glückliche Beziehung zu führen.

Es gibt, wie gesagt, viele Gründe zu flüchten. Immer lohnt es sich aber, genau hinzuschauen und daran zu arbeiten, um persönlich zu wachsen.

Männer und Frauen, die sich nicht verlieben können

„Ich kann mich nicht verlieben". Verzweifelt klagen gerade in unserer Zeit immer mehr Menschen darüber, dass bei ihnen einfach nicht der Funke überspringt, so viele Männer oder Frauen sie auch kennenlernen. Dabei handelt es sich oft um durchaus attraktive Männer und Frauen, die gerne wieder eine enge Beziehung hätten und eigentlich gute Chancen beim anderen Geschlecht haben. Doch irgendetwas scheint sie abzuhalten und ihre Gefühle zu blockieren. Oder ist es nur das Schicksal, das es nicht gut mit ihnen meint und die Begegnung eines Seelenpartners verhindert?

Wie meistens liegt auch hier die Wahrheit in der Mitte. Vielfach sind Menschen, die sich nicht mehr verlieben können, vom Leben gebeutelt. Sie haben sich zu oft die Finger verbrannt, haben reihenweise Körbe erhalten oder sind einige Male verlassen worden, so dass sie eine Art Schutzmechanismus entwickelt haben, ganz nach Motto: „Niemand soll mich mehr zurückweisen können". Dieser Mechanismus kann mit der Zeit so ausgefeilt und perfide sein, dass niemand mehr in das Herz des Betroffenen vordringen und seine Gefühle wecken kann. Der potenzielle Partner wird so lange hingehalten und hinterfragt, bis auch die kleinste Gefühlsregung, die sich zu einer Verliebtheit aufbauen hätte können, im Keim erstickt ist. Man kann hier wiederum von einer Art Selbstsabotage sprechen, die diesen Menschen oft gar nicht bewusst ist.

Manchmal sind Menschen, die sich nicht mehr oder nur noch sehr schwer verlieben können, auch von einer vorausgegangenen langjährigen Beziehung oder Ehe geschädigt, von der sie sich mächtig eingeengt und in ihrer persönlichen Entwicklung gebremst fühlten. Nun schwanken sie permanent zwischen dem Bedürfnis, eine neue Beziehung zu führen und der Angst, wieder gefangen zu sein, hin und her, was ebenfalls zu einer eher defensiven Haltung beim Kennenlernen führt bzw. ein näheres Kennenlernen eines möglichen Partners von Vorherein verhindert.

Diese Menschen müssen ehrlich sein zu sich selbst und sich fragen, ob sie überhaupt eine Beziehung wollen, ob sie bereit sind, Kompromisse einzugehen, die jede Partnerschaft erfordert oder ob für sie jetzt die Freiheit über alles geht. Menschen, die sich nicht oder nicht mehr verlieben können, haben sogar häufig Begegnungen, wo scheinbar alles passt: Der neue Mann bzw. die neue Frau ist lieb, attraktiv und klug, es gibt gemeinsame Hobbys und Interessen, und dennoch will der ersehnte Blitz nicht einschlagen. Die Angst vor der Liebe scheint zu groß. Häufig haben diese Menschen eine schwierige Planetenbesetzung in ihrem 7. Haus, dem Partnerschaftsbereich, was es letztlich erfordert, sich und die vergangenen Beziehungen gründlich zu reflektieren, um nochmal einen neuen Versuch zu starten.

Schlechte Erfahrungen bedeuten nicht, dass es die große Liebe nicht geben kann, was diese Menschen immer gerne anführen, um ihr eigenes Unglück zu erklären. Tatsächlich gibt es aber auch Frauen und Männer, die eigentlich die Liebe voll und ganz bejahen, die keine unbewältigte Vergangenheit als Blockade mit sich herumschleppen und die sich trotzdem nicht verlieben können. Diese Menschen gibt es in unserer modernen Welt, in der das Single-Dasein auf dem Vormarsch ist, immer mehr. Sie sehen sich nach Liebe und können sie nicht leben, weil sie irgendwie von ihren Gefühlen entkoppelt sind. Das hat mit unserem rationalen, betont wissenschaftlichen Denken zu tun, das die Verliebtheit allenfalls als notwendige Hormonspinnereien ansieht, damit Beziehungen überhaupt funktionieren. Kein Wunder, entwickelt der moderne Mensch ein unmerkliches Misstrauen gegen die Verliebtheit, die nicht berechenbar und fassbar ist und die vielleicht sogar Schaden im Leben, das perfekt eingerichtet wurde, bewirken kann. Viele Menschen trauen sich nicht mehr, mit Leidenschaft zu leben, setzen an ihre Stelle Vernunft und Kontrolle, mit der sie nichts falsch machen können.

Das Gegenteil ist jedoch der Fall. Ohne Leidenschaft und Risiko, das nun einmal zur Liebe gehört, gibt es auch kein wirkliches Liebesglück.

Menschen, die zu sehr in ihrem Kopf und Verstand gefangen sind, haben oft wenig Wasser in ihrem Horoskop, das heißt, die Zeichen Krebs, Skorpion und Fische sind kaum oder gar nicht von persönlichen Planeten, wie Sonne, Mond, Merkur, Venus, Mars und Jupiter bzw. Aszendent, besetzt.

Manchmal führt allein schon eine prägnante Merkur-Stellung im Horoskop bzw. eine starke 3. Haus Betonung zur Überbetonung des Intellekts und Zweifel an allen Gefühlen. Saturn in Haus 3 sowie Merkur-Saturn-Spannungen, Jungfrau- oder Zwillinge-Aszendent gehören dazu in vorderster Front. Menschen, die zu sehr im Kopf sind und bei denen die Liebe ausbleibt, führen häufig eine Art (unbewusste) Liste von Eigenschaften, die ein Partner mitbringen muss. Doch die Liebe ist eben keine Rechnung, die aufgeht. Wer sich verlieben will, muss Emotionen zulassen und alle Listen und Auswahlkriterien bewusst streichen und über Bord werfen. Das ist die einzige Chance. Mann und Frau verlieben sich meist in jemanden, mit dem sie absolut nicht gerechnet hätten.

Familienmensch oder Einzelgänger?

Sind Sie ein Familienmensch oder ein Einzelgänger? Das ist in puncto Beziehungsfähigkeit eine sehr ernsthafte Frage mit großer Tragweite. Denn es gibt in den vergangenen Jahren einen deutlichen Trend, der uns alle traurig stimmen muss: Immer mehr Menschen in Deutschland leben allein. Der Trend zur Single-Gesellschaft, zum freiwilligen oder erzwungenen Einzelgänger ist unaufhaltsam. Und damit werden die Menschen automatisch einsamer, was in vielen Fällen noch viel schlimmer ist als Geldsorgen oder Krankheit. In Großstädten leben derzeit mehr als 40 Prozent der Menschen in Einpersonenhaushalten, die Zahl ist kontinuierlich steigend. Nicht besser ist die Situation auf dem Land, wo die Jungen die Dörfer verlassen und die älteren Menschen zurücklassen. Wir scheinen uns tatsächlich zu einer Gesellschaft von Egoisten zu entwickeln, die nur noch das eigene Wohl und ihre Karriere im Auge haben, die keine Zeit für Kinder und Familie haben und die den Partner je nach Laune und Lebenssituation wechseln. Er muss halt passen oder eben nicht. Mehr als 50 Prozent Scheidungen in den Großstädten sprechen eine deutliche Sprache.

Viele Menschen scheinen in der Ehe nicht mehr gewillt zu sein, Krisen gemeinsam zu bewältigen, die ja in jeder Beziehung so sicher wie das Amen in der Kirche kommen. Und auf Internetportalen, auf denen immer mehr Menschen einen Partner suchen, geht es vielleicht noch eine Stufe herzloser zu. Dort werden die Menschen wie frische Hemden gewechselt, ganz nach dem Motto, es könnte ja immer noch etwas Besseres kommen.

Viele Menschen wollen keine Verantwortung mehr übernehmen, wollen frei sei und sich möglichst ungehindert selbst entwickeln. Nötige Kompromisse der Liebe und der Partnerschaft wegen werden vielfach nicht mehr eingegangen, da sie als Schwächung der eigenen Entfaltung angesehen werden.

Der moderne Mensch neigt dazu, rein seinem Kopf, seinem Verstand, seinem Kalkül zu folgen. Gefühle und alte Wertvorstellungen, die die Liebe und die Menschlichkeit gebieten, sind altmodisch, überholt, scheinen nicht mehr in das Lebensverständnis eines modernen Menschen zu passen. Aber es gibt heutzutage natürlich auch viele bewusste Menschen, die den Weg zur Zweisamkeit, zum Familienmenschen suchen und sich bewusst gegen diesen herzlosen Trend entscheiden.

Was die hohe Scheidungsrate in Großstädten betrifft, müssen wir zudem ergänzen, dass sich die Liebe noch nie in so einer drastischen und tiefgehenden Wandlungsphase befand wie heute, in unserer Zeit. Die alten Rollen, in denen der Mann der Versorger, das Oberhaupt der Familie war und die Frau die alleinige Hüterin von Haus und Familie, ist ein überholtes Gesellschaftsmodell, das seit der Emanzipation der Frau dem Tode geweiht ist. Das heißt, dass sich natürlich auch die Erwartungen an den Partner und an eine Beziehung ändern. In dieser Wandlungsphase unseres Beziehungsideals befinden wir uns aktuell, was natürlich nicht immer für eine feste, dauerhafte Beziehung und Familiengründung förderlich ist. Wir können zusammenfassend sagen, dass eine Häufung gesellschaftlicher Umstände und menschlicher Entwicklungen, die hier nicht alle angesprochen werden können, zu der fortschreitenden Single-Gesellschaft, zum Einzelgängertum führen (siehe auch Kapitel „Hilfe – mein Partner ist ein Narzisst!“).

Was aber sagt die Astrologie zum Thema Einzelgänger oder Familienmensch? Klar, wir sind gerade erst am Anfang des besagten Wassermannzeitalters, in dem die Individualität großgeschrieben wird. Wassermann hat wenig Bezug zum Krebs, zur Familie, dafür zu Freundschaften und Wahlverwandtschaften. Klar ist auch, dass Uranus, der Herrscher des Wassermanns, der unter anderem auch mit Egozentrik, Freiheitsbestreben und Eigenwilligkeit assoziiert wird, erst in der Neuzeit entdeckt wurde und deshalb beim modernen Menschen eine große Rolle spielt. Die Umstände erlauben es in unserer Zeit auch, selbständiger zu leben und sich relativ frei zu entfalten.

Durch Uranus, Neptun und Pluto, die Planeten der Neuzeit, haben sich auch die Horoskope geändert bzw. werden in einem neuen Licht betrachtet. Ein Mensch, der etwa Uranus am Aszendent, in enger Verbindung mit der Sonne oder im Partnerschaftshaus 7 hat, muss heute glücklicherweise nicht mehr heiraten, sondern kann und darf auch eine eher unkonventionelle Beziehung führen, mit getrennten Wohnungen usw. Früher waren diese Menschen in Ehen eingesperrt und todunglücklich. Für sie ist es ein Segen, ein mehr oder weniger starker Einzelgänger sein zu dürfen.

Und ja, wir müssen den einzelnen Menschen und sein Horoskop immer sehr genau anschauen und dürfen nicht alle über einen Kamm scheren. Menschen, die etwa ein stark besetztes 12. Haus in ihrem Horoskop haben, das mit Rückzug, Alleinsein und Heimlichkeiten verknüpft ist, müssen ebenfalls eigene Wege gehen dürfen, ohne jede Überwachung, zumindest von Zeit zu Zeit. Sie brauchen in ihrem Leben immer wieder den Rückzug wie die Luft zum Atmen. Insofern könnte man diese Typen auch unter Einzelgänger aufzählen, die, wenn man sie lässt, dennoch gute Familienväter oder -mütter sein können.

Und dann haben wir natürlich auch noch den sehr selbstbezogenen Menschen, der zum Egoisten neigt und deshalb auch schnell zum Einzelgänger und -kämpfer werden kann. Gemeint sind die Menschen, die nahezu alle ihre Planeten auf der östlichen Seite, auf der Ich-Seite ihres Horoskops angesiedelt haben. Diese Menschen können sehr gut mit sich allein sein und haben im Großen und Ganzen auch keine größeren Probleme, allein zu leben. Sie verkraften Trennungen in aller Regel wesentlich schneller und besser als die Menschen, die Hauptteil ihrer Planeten auf der westlichen Horoskopseite, auf der Du-Seite haben.

Letztere sind nicht zum Einzelgänger geboren und leiden mehr oder weniger stark vor sich hin, wenn sie keinen Partner oder Familie besitzen. Ihr größter Lebenssinn ist die Gemeinschaft, sie wollen teilen und können auch reisen und schöne Eindrücke in ihrem Leben am besten zu zweit genießen. Der eher selbstbezogene Typ dagegen kommt auch gut mit sich allein zurecht, kann auch allein verreisen und die Dinge nur für sich allein genießen. Die extremen Typen, in die eine oder andere Richtung, gibt es tatsächlich relativ häufig, auch wenn es natürlich ebenso viele Mischtypen gibt, die gerne allein sind, aber unbedingt das Du brauchen.

Menschen, die besonders anhänglich sind, haben oftmals auch eine starke Wasserbetonung in ihrem Horoskop, also die Zeichen Krebs, Skorpion oder Fische entsprechend stark besetzt. Haben wir gar eine starke Betonung des Zeichen Krebs oder des 4. Hauses (Spiegel des Krebses, taucht im Horoskop als Bereich der Herkunft und Familie auf) vor uns, dann handelt es sich um besonders anhängliche Menschen, denen das Privatleben über alles geht und die sich nichts sehnlicher wünschen als eine Familie.

Hat ein Mensch überhaupt kein Wasser im Horoskop, dann besteht in aller Regel auch wenig Tiefgang in den Gefühlen, es fehlen dann oft Mitgefühl und innere Verbundenheit, die an nahen Menschen haften lassen.

Beim typischen Karrieretyp, der etwa ein starkes Saturn-Thema oder (und) ein prominent besetztes 10. Haus (die großen Lebensziele) hat, ist ebenfalls eine Tendenz zum Einzelgänger, weg vom Familienmenschen gegeben. Menschen sind, um es zusammenfassend zu sagen, so oder so, einfach völlig unterschiedlich. Die gesellschaftlichen Umstände der heutigen Zeit scheinen den Einzelgänger aber wesentlich stärker zu fördern als den Familienmenschen.

Pauschal könnte man den Sternzeichen in Bezug auf die Frage nach ihrem Familiensinn bzw. Einzelgängertum folgende Eigenschaften zuordnen: Der Widder neigt in manchen Lebensphasen zum Einzelgänger, zumal er unglaublich egoistisch und verletzend sein kann. Der typische Stier hilft gerne anderen, um sich beliebt zu machen. Ein Leben ohne Familie ist für ihn nicht vorstellbar. Zwillinge kennen oft keinerlei Moral, brauchen viele unterschiedliche Kontakte. Der Krebs ist der geborene Familienmensch schlechthin, setzt anderen jedoch mit ständigen Vorwürfen zu. Löwe kennt zwar nur sich und seine Bedürfnisse, versucht aber, die Familie zusammenzuhalten. Die Jungfrau ist mit ihrer Nüchternheit oft lieblos, geht auch gerne eigene Wege. Die Waage braucht das Du, auch die Familie ganz stark, sucht aber meistens zusätzliche Verbindungen, die ihr persönlich weiterhelfen. Ein Skorpion kommt schwer von seiner Familie los, manipuliert aber alle und jeden in seinem Sinne. Schütze will sich von der Familie nicht einengen lassen, und der typische Steinbock stellt oft den Beruf über die Familie. Der Wassermann ist zu keiner echten Bindung fähig, er will anders sein und eigene Wege gehen. Fische sind unglaublich anhänglich und zu allen freundlich, meistens aber nicht nur zu den eigenen Leuten.

Der Einfluss der Eltern auf unser Beziehungsglück

Nicht selten können Eltern ihre Kinder nicht loslassen, auch wenn diese längst volljährig sind. Umgekehrt gibt es aber auch Kinder, die keinen Absprung von Zuhause finden. Oft bleiben sie sogar ein Leben lang im Elternhaus wohnen oder in einem Haus bzw. einer Wohnung in unmittelbarer Nähe. Ein Abnabeln, das eigentlich in der Pubertät zeitgemäß gewesen wäre, findet hier nicht statt. Und das kann eine durchaus tragische Entwicklung nehmen, da fehlende Abnabelung die eigene Entwicklung hemmt. Diese Menschen bleiben auf ihre Art immer Kind. Zwangsläufig verhindern diese unnatürlich engen Bindungen an die Herkunft oft eine Beziehung und schon gar die Gründung einer eigenen Familie. Es gibt sie ja schon, die Familie, warum also die Frage nach einer neuen? Und oftmals gibt es auch schon einen Partnerersatz. So kann die Mutter, psychologisch gesehen, den Platz der Ehefrau einnehmen und der Vater den des Ehemannes. Das ist nicht so selten und passiert meist unbemerkt und völlig unbewusst.

Häufig ist das etwa bei Scheidungen der Fall, wenn der Mann geht und die Frau mit dem Sohn zurückbleibt. Das Vakuum, das der Vater hinterlässt, wird in der Folge häufig vom Sohn ausgefüllt, das heißt, er kümmert sich ab jetzt um die Mutter, rutscht damit aber in eine völlig falsche Rolle und damit auch in ein falsches Leben hinein, das nicht seines ist. Er ist weder Vater noch Partner.

Genau dasselbe kann auch einem Mädchen passieren, das allein mit ihrem Vater bei Trennung oder Tod der Mutter zurückbleibt. Da die Tochter den Vater liebt und sich ihm verpflichtet fühlt, wird sie unter Umständen versuchen, den Vater zu umsorgen und ihm die Ehefrau zu ersetzen. Eine Last, die schwer wiegt und die bis ins Erwachsenenalter und in spätere Beziehungen mithineingetragen werden kann.

Beispiele für den verkehrten Platz in der Familie gibt es viele, es muss keine Scheidung vorausgehen. Diese Fälle werden heutzutage häufig in Systemischen Familienaufstellungen oder Astrologischen Aufstellungen erfolgreich behandelt. Während sich Familienaufstellungen darum bemühen, wieder den richtigen Platz im Leben zu erkennen, wird in Astrologischen Aufstellungen versucht, den verlorenen Seelenteil zurückzuholen, der mit dieser falschen Rolle ein Eigenleben führte und letztlich zur Blockade wurde.

Wir Astrologen können anhand des Geburtshoroskops zumindest sehen, wie stark der Einfluss von Vater und Mutter im Horoskop ist, ob sie unsere Entwicklung fördern oder unbewusst hemmen. In jedem Fall haben Vater und Mutter und unser Verhältnis zu ihnen einen mehr oder weniger großen Einfluss auf unser Beziehungsleben. Denn die Mutter und die Frau, die in Form des Mondes in unserem Horoskop auftauchen, prägen beim Manne im Wesentlichen sein Bild von Frauen.

Und die Sonne, Symbol für Vater und den Mann, prägt im Horoskop einer Frau entscheidend ihr Männerbild. Mutter und Vater sind natürlicherweise die erste Begegnung mit dem Weiblichen bzw. dem Männlichen.

Stehen nun etwa Sonne bzw. Mond im Horoskop in Kontakt mit den Wohltätern Venus oder Jupiter, auch in Spannungswinkeln, wie dem Quadrat oder der Opposition, dann ist meist das Verhältnis zu Vater und Mutter sehr gut und wird keinesfalls als belastend empfunden.

Schwieriger wird es in aller Regel, wenn Saturn auftaucht, vor allem wenn Mond oder Sonne in einer Konjunktion, einem Quadrat oder einer Opposition zu Saturn stehen. Auch dann muss die Beziehung zu den Eltern nicht schlecht sein, sie ist nur häufig zu eng, was die eigene Entwicklung blockieren kann.

Bei Sonne-Saturn-Spannungen kann der Vater der Frau wie ein Schatten über einem liegen und das eigene Strahlen, sprich, die Entfaltung verhindern. Speziell im Horoskop einer Frau deuten Sonne-Saturn-Spannungen ein oft sehr enges Vaterverhältnis an, das unter Umständen aber auch durch die unangenehme Autorität oder umgekehrt durch das Leid und die Schwäche des Vaters ein schräges Männerbild in ihr entstehen lässt. Männer sind für diese Frauen einengend, wollen einen bestimmen wie der Vater. In engeren Beziehungen neigen diese Frauen dazu, den Partner immer wieder mit dem schwierigen bzw. dominanten Vater zu vergleichen. Diese Männer werden also von Vorneherein von ihren Frauen an den falschen Platz gestellt und müssen ausbaden, was der Vater einst „verbrochen" hat. Frauen mit Sonne-Saturn-Spannungen sind, was Männer betrifft, vorbelastet, ja manchmal auch beziehungsgeschädigt.

Ähnlich ergeht es Männern, die Mond-Saturn-Konjunktion, -Quadrat oder -Opposition im Horoskop haben. Sie hatten zumindest in jüngeren Jahren eine sehr enge Beziehung zur Mutter, die oft sehr autoritär und bestimmend war und ihren Sohn immer wieder an seine Verantwortung und Pflichten erinnerte.

Grundsätzlich stehen bei Sonne- wie Mond-Saturn-Spannungen die Pflichten, das Funktionieren im Vordergrund. Aus dem Kind soll schließlich etwas werden…

Sowohl der Vater als auch die Mutter meinen es meist gut mit ihren Kindern, sie wollen sie nur stark machen für diese harte Welt, in der nur die Leistung anerkannt wird. Zu früh in diese Richtung erzogen, bedeutet jedoch letztlich Verlust der Kindheit, da diese Kinder zu früh Verantwortung tragen und erwachsen sein müssen.

Die schwierigen Mond-Saturn-Themen im Horoskop eines Mannes führen nun oft dazu, dass sich diese Männer wieder eine Frau suchen, die das Regiment übernimmt. Psychologisch ist hier häufig so etwas wie ein Mutterkomplex zu beobachten. Scheitert diese Beziehung, beschweren sich diese durch Frauen „geschädigten" Männer häufig über einengende und alles bestimmen wollende Frauen, manche unter ihnen entwickeln in der Folge auch eine regelrechte Grausamkeit gegenüber Frauen, sie rächen sich unbewusst für all das, was ihnen die Mutter einst angetan hat.

Häufig besetzen die Väter bei Sonne-Saturn-Spannungen im Horoskop der Frau den Platz des Partners, da an diesem Vater einfach kein Vorbeikommen scheint. Ähnlich ergeht es immer wieder Männern mit Mond-Saturn-Spannungen, deren Mutter nicht aufhört, über ihr Leben bestimmen zu wollen. Und auch da findet eine potenzielle Partnerin häufig keinen Platz.

Schwierig kann es für Männer in Beziehungen unter anderem auch dann werden, wenn ihr Mond in Konjunktion, Quadrat oder Opposition zu Pluto steht oder sich im plutonischen Skorpion befindet. Bei so einem Mond wird häufig von Machtmissbrauch der Mutter gesprochen, die ihren großen Einfluss auf ihr Kind nicht aufgeben will, auch wenn es längst schon erwachsen und ausgezogen ist. Männer mit so einem Mond erleben es häufig, dass sich die Mutter stark in ihre Beziehungsleben einzumischen versucht, so dass es letztlich zum Machtkampf zwischen der Mutter und der Partnerin kommen muss. Die betroffenen Männer ziehen nicht selten Frauen an, die, ähnlich wie die Mutter, ein Machtthema haben. Frauen spielen bei ihnen die dominante Rolle, oft zeitlebens.

Bei Frauen wiederum deuten Sonne-Pluto-Spannungen, also die Konjunktion, das Quadrat und die Opposition zwischen Sonne und Pluto, einen Vater an, der Macht und Einfluss über sein Kind behalten will. Ähnlich wie Männer mit Mond-Pluto-Spannungen ziehen diese Frauen, entsprechend dem Vorbild ihres Vaters, wieder Männer an, die alles bestimmen und dominieren wollen.

Das Vorbild von Vater und Mutter hat immer einen Einfluss auf unser Beziehungsleben, und wenn es nur die Reaktion auf die Beziehung der Eltern ist, es selbst ganz anders machen zu wollen.

Natürlich gibt es zahlreiche weitere Aspekte und Stellungen der Sonne und des Mondes, die die unterschiedlichen persönlichen Wahrnehmungen der Eltern und ihre Prägung andeuten. Befindet sich etwa im Horoskop der Mond im Quadrat zur Sonne, dann litt der bzw. die Betroffene unter der häufigen Uneinigkeit der Eltern und kann deshalb in der eigenen Beziehung gegenteilige Standpunkte als sehr belastend empfinden.

Sehr glücklich werden Frauen in ihrer späteren Ehe oft dann, wenn ihre Sonne einen starken Winkel mit Jupiter, dem großen Wohltäter, bildet. Sie suchen sich einen Mann, wie es der Vater war, großzügig und fördernd, selbstbewusst und vielleicht auch ein bisschen arrogant.

Männer mit prägnanten Mond-Jupiter-Winkeln können wiederum viel mit der erfolgreichen, selbstbewussten Frau anfangen, ja werden von dieser oft beruflich gefördert.

Steht im weiblichen Horoskop die Sonne im 7. Haus, dann besteht eine nahe Vaterbeziehung, die nicht unbedingt eine spätere Liebesbeziehung blockieren muss. Auf jeden Fall führt diese besondere Vaterbeziehung dazu, dass auch die Partnerschaft das Wichtigste im Leben ist.

Ähnlich ist das wiederum bei Männern mit dem Mond in Haus 7, der hier eine sehr nahe und in den meisten Fällen auch positive Mutterbeziehung anzeigt. Auch diese Männer sehnen sich später nach einer Partnerin, mit der sie ähnlich verschmelzen können wie mit der Mutter in der frühkindlichen Phase.

Bei Sonne in Haus 10, was eine Verwandtschaft mit Sonne-Saturn-Aspekten hat, ist der Vater oft ein großes Vorbild, was Beruf und Ansehen betrifft. Im Horoskop einer Frau kann das der Auslöser dafür sein, dass sie wieder einen Gatten wählt, der über einen angesehenen Beruf und eine hohe gesellschaftliche Stellung verfügt.

In männlichen Horoskopen hat der Mond in Haus 10 eine vergleichbare Wirkung wie Mond-Saturn. Die Mutter ist hier oftmals die Regentin über das Leben des Sohnes. Prinz Charles hat diese Mond-Stellung, die eben auch der Hinweis für eine bedeutende öffentliche Stellung oder einen prominenten Beruf der Mutter sein kann. Prinz Charles hat dementsprechend mit Camilla wieder eine starke Frau gewählt, die ihn eher führt als sich bedingungslos unterordnet.

Die Angst der Männer vor starken Frauen

Psychologische Studien belegen, was wir alle schon längst wussten: Hat die Frau größeren beruflichen Erfolg als ihr Mann, verdient sie mehr Geld als er oder, besonders schlimm, ist sie schlichtweg intelligenter, kratzt dies arg am Selbstbewusstsein der meisten Männer. Klar, das vermeintlich schwache Geschlecht galt es ja bisher zu schützen. Doch diese Rollenverteilung bricht in unserer Zeit zunehmend zusammen, was sicherlich auch ein Grund für die derzeit immens hohe Scheidungsrate ist. Frauen wollen selbst stark sein und Karriere machen und wildern damit auf männlichem Terrain, nehmen ihm ungewollt seine Aufgabe und sein Selbstbewusstsein. Harte Zeiten für Männer!

Was sagt die Astrologie dazu? Die Zukunft ist weiblich. Darin sind sich nahezu alle Trend- und Zukunftsforscher einig. Frauen werden in nicht allzu ferner Zukunft weltweit am Ruder sitzen und die globalen Geschicke lenken. Damit verändert sich die Politik, die Wirtschaft, das Sozialwesen, kurz gesagt die gesamte Welt.

Im Moment mag man das noch kaum glauben. Allein die Lohnunterschiede zwischen Mann und Frau in der westlichen Welt sind nach wie vor eklatant. Da gibt es noch lange keine Gleichberechtigung. Um im Schnitt auf den gleichen Jahresverdienst wie Männer zu kommen, mussten Frauen, in Tagen gerechnet, fast drei Monate länger arbeiten. Auch was die höchsten Positionen in Politik und Wirtschaft betrifft, hinken Frauen noch meilenweit hinterher. Doch das wird nicht mehr lange so sein. Zukunftsforscher sprechen vom „Female Shift", was übersetzt so viel wie „Verschiebung zum Weiblichen" heißt. Ein Trend, der inzwischen zu den zehn Megatrends unserer Zeit gehört. Die Forscher bestätigen damit genau das, was viele Astrologen bereits als natürliche Entwicklung im Wassermann-Zeitalter erkannten. Das Patriarchat bröckelt, die Frauen von heute haben ihr altes Rollenverständnis, das die jahrtausendelange Herrschaft des Patriarchats festlegte, endgültig aufgegeben. Sie sind längst nicht mehr nur Mutter und Ehefrau, die in Abhängigkeit vom Gatten leben, sie wollen nun selbst ihr Leben bestimmen, Arbeiten gehen, Anerkennung finden, Karriere machen.

Diese Entwicklung, die im Zuge der Emanzipation in den 60er Jahren begann, steckt nicht mehr ganz in ihren Anfängen, aber noch in den Kinderschuhen. Sie ist jedoch schon stark genug, um viele Männer fundamental zu verunsichern. Denn Frauen stoßen damit zwangsläufig immer mehr in die Männerwelt vor und werden zu deren Konkurrenten. Männer sind im Zwiespalt, hat man ihnen doch eingeimpft, das „schwache Geschlecht" zu beschützen, von dem sie nun gnadenlos vom Thron gefegt werden (siehe Kapitel „Der Wandel der Liebe im Wassermannzeitalter – der Partner wird zum Coach").

Plötzlich ist sie da, die starke Frau, die der Mann so sehr fürchtete, dass er sie noch im Mittelalter als Hexe verbrannte. Dass Männer sich zumindest unbewusst auch heute noch vor starken Frauen, ihrem instinktbetonten, triebhaften Mond und ihrer verführerischen Venus fürchten, zeigen die Experimente der Psychologin Kate Ratliff von der University in Florida. An den insgesamt fünf Studien nahmen laut „Psychologie Heute" 450 Paare aus den USA und den Niederlanden teil. Unter anderem mussten die Teilnehmer Aufgaben lösen, bei denen es um geistige und soziale Intelligenz ging. In Einzelgesprächen erzählten die Wissenschaftler dann den Teilnehmern, dass ihr Partner entweder ausgezeichnet oder besonders schlecht abgeschnitten hatte. Vordergründig hatte das Abschneiden ihrer Frauen keinen Einfluss auf das Selbstbewusstsein der Männer. Doch in ihrem Inneren sah die Sache völlig anders aus. Sehr selbstbewusste Männer, die etwa das Wort „ich" spontan mit „großartig" und „beeindruckend" verbinden, brachen innerlich regelrecht zusammen, wenn ihnen gesagt wurde, dass ihre Frauen den Intelligenztest famos bewältigt hatten. „Diese Männer interpretieren den Erfolg ihrer Frauen automatisch als eigenen Fehler", meinte Kate Ratliff. Besonders stark traf es die Männer, die selbst eher schlecht abschnitten und ihre Frauen gut.

Tatsachlich kann man auch im wirklichen Leben immer wieder beobachten, dass Männer ein großes Problem bekommen, wenn ihre Frauen mehr Geld verdienen und in ihrem Beruf erfolgreicher sind. Ein Mann, der von einer und noch mehr von seiner Frau übertrumpft wird, gilt unausgesprochen als Versager, einer, der sich nicht durchsetzen kann. Das geht gegen seine Ehre, gegen seinen Mars und seine Männlichkeit. Ausnahmen bestätigen hier die Regel. Frauen erkennen zunehmend ihre männliche Seite, während Männer die Aufgabe haben, ihre weibliche zu akzeptieren. Das wäre der richtige Weg. Doch genau darin liegt das Problem. Frauen leben ihren Mond, ihre Seele, ihre Empathie, lassen Gefühle zu und setzen ihre Venus ein, um zu vermitteln und auszugleichen, um den Weg des Friedens und des Kompromisses zu wählen, während Männer sich oftmals allein dem Rationalen verpflichtet fühlen, sich durch dominantes Gebaren durchzusetzen versuchen und dabei ihrem eigenem Mond und ihrer Venus, ihrem weiblichen Anteil, fremd, ja feindlich gegenüberstehen.

Natürlich haben, um das noch einmal zu verdeutlichen, auch Männer einen Mond (Seele, Frausein) und eine Venus (Weiblichkeit, Schönheit, Erotik) in ihrem Horoskop wie auch Frauen eine Sonne (Mannsein) und einen Mars (Männlichkeit, Wille, Triebkraft).

Kein Mann ist nur männlich und keine Frau nur weiblich. Jeder Mann hat weibliche Anteile und jede Frau männliche Anteile in sich (siehe Kapitel „Kann man Homosexualität im Horoskop erkennen?“). Die Kritik an der starken, emanzipierten Frau lautet ja immer: Sie ist wie ein Mann. Das heißt, dass manche Frauen heutzutage vielleicht zu sehr wie Männer auf ihren Mars, auf ihre brachiale Durchsetzungskraft setzen, anstatt ihre eigentlichen weibliche Kräfte entsprechend zu würdigen und einzusetzen. Auch das ist ein Problem, für die Frauen selbst, die sich ihrer Weiblichkeit berauben und für die Männer, die jetzt auch noch erdulden müssen, dass Frauen ihre Rollen übernehmen und besetzen.

So gesehen ist die weibliche Emanzipation noch lange nicht am Ende angelangt, da viele Frauen sie als ein Angleichen an den Mann sehen, was natürlich falsch ist. Umgekehrt gibt es auch Männer, die es mit ihrem Mond und ihrer Venus übertreiben und genauso wie die klassische Frau werden wollen, weshalb heute solche böse Schimpfworte wie „Frauenversteher“, „Weichei“, „Schwuchtel“ kursieren. Viele Männer wollen gar nicht so werden wie Frauen, bauen hier sogar eine harte Front auf, während Frauen vielfach wie selbstverständlich ihren Mars und ihre Sonne, die in den astrologischen Entsprechungen nicht nur mit Mannsein, sondern auch mit Entfaltung zu tun hat, leben, ohne zu übertreiben oder deshalb gleich männlich zu werden. An diese Haltung muss sich der Mann in Zukunft orientieren. Er darf, nein er soll männlich bleiben und er soll zudem seine weiblichen Seiten annehmen. Das macht ihn stark, so dass er sich nicht vor starken Frauen fürchten muss. Das ist die Emanzipation der Frau und des Mannes im fortschreitenden Wassermannzeitalter.

Die Liebe, die nicht sein darf

Im Laufe meiner langjährigen astrologischen Praxis bin ich häufig mit einem Problem konfrontiert worden, das scheinbar nicht zu lösen war. Immer ging es dabei um eine mehr oder weniger heimliche Liebe, eine Liebe, die nicht sein durfte und deshalb im Verborgenen blieb. Meistens handelt es sich dabei um Frauen, die alleinstehend sind und sich in einen bereits gebundenen Mann verliebt haben. Ein Drama in mehreren Akten, das keinen guten Ausgang haben kann.

Zunächst schien alles in Ordnung. Endlich ein Mann, wie er immer schon erträumt wurde. Von astrologischer Seite finden sich hier meistens auch schöne, besonders anziehende Interaspekte, die weder die Frau noch der Mann bisher in einer Beziehung hatten. Dafür, dass die große Liebe scheinbar gefunden war, nahmen diese Frauen sogar in Kauf, dass sich ihr neuer Partner zunächst noch nicht trennen und seine neue Beziehung verheimlichen wollte. Kompromisse, die viele Frauen, die sich das in moralischer Hinsicht niemals hätten vorstellen können, dennoch eingehen. Die andere Frau im Hintergrund scheint erst einmal gar nicht zu existieren, wird zunächst oft verdrängt. Und Männer können unheimlich gut im Ausreden finden sein. Einmal fürchten sie die Rache ihrer Frau und bitten um Verständnis, dann wieder geben sie vor, finanziell ruiniert zu werden. Ein andermal erklären sie, ihre

Frau würde sich umbringen, wenn alles ans Tageslicht käme oder wäre nicht fähig, selbstständig zu leben. Es gibt viele Gründe, die Männer vorschieben. Sie beruhigen ihre neue Liebe, indem sie ihr mehr oder weniger versichern, die einzig wahre Liebe zu sein und dass sie außerdem unter ihrer Frau, mit der sie nichts mehr hätten, unglaublich leiden würden. So entsteht nicht nur Verständnis, sondern auch noch Mitgefühl für den Mann. Und jeder weiß, das Mitleid die größte Falle für eine Frau sein kann, indem sie ihre Verliebtheit weiter steigert. Einen Mann zu retten und ihn aus den Händen der bösen Rivalin zu reißen, kann zu einem mehr oder weniger starken unbewussten Antrieb für diese Liebe werden. Und ja, die Erfahrung besagt, dass Paare durch gemeinsame Feindbilder, wie in diesen Fällen die „lästige Ehefrau", zusammengeschweißt werden. Konflikte, die in der neuen Liebe zutage treten könnten, werden auf diese Art und Weise erfolgreich unterdrückt. Feindbild sei Dank!

Männer suchen die Affäre häufig, weil es ihnen in ihrem bisherigen Leben und in ihrer Beziehung zu eng und zu eintönig wurde. Auch das Sexuelle spielt bei ihnen eine große Rolle. Viele Männer wie Frauen leiden gerade in längeren Beziehungen unter sexueller Frustration.

Männer sind jedoch oft nicht so mutig wie Frauen. Tendenziell kann man sagen, dass eine Frau, die davon überzeugt ist, die wahre Liebe gefunden zu haben, eher bereit ist, ihr bisheriges Leben komplett aufzugeben als ein Mann. Männer wollen vielfach alles beim Alten lassen und neigen dazu, aufkommende Leidenschaften aus Vernunftsgründen zu kontrollieren. Familie, Geld, Ansehen, beruflicher Erfolg – dafür wurde jahrelang alles getan, und auch die Frau und die Familie sind für ihn eine Art Besitz, den man(n) nicht so ohne Weiteres loslässt und freigibt.

Konkret heißt dies, diese Männer wollen ihre Ehe keineswegs aufgeben, ihre Affäre aber auch nicht. Manchmal sind es tatsächlich nur die Feigheit und die panische Angst vor dem Drama, die diese Männer unfähig machen zu entscheiden und zu handeln. Und so locken sie ihre heimliche Liebe mit falschen Versprechen, die sich immer wieder vertrösten lässt, auf das Prinzip Hoffnung setzt, obwohl sie längst schon weiß, dass sich nichts ändern wird. Sie wartet in einer Endlosschleife darauf, dass sich die Ehe bzw. Beziehung ihres Liebhabers auflöst. Die Hoffnung stirbt eben zuletzt und kann auch oftmals durch Freunde, die die ungute Situation erkannt haben und mit guten Ratschlägen zur Seite stehen wollen, nicht getrübt werden. Das Ganze kann sehr tragische Züge annehmen. Die betroffenen Liebhaberinnen beginnen zwar, wie gesagt, zunehmend an ihrer Liebe zu zweifeln, sind aber häufig nicht in der Lage, die Beziehung aufzulösen. Sie lassen sich weiter von falschen Versprechen hinhalten und von trügerischen Hoffnungen leiten. Für die Männer passt alles, die betroffenen Frauen geraten dagegen immer weiter in eine schwächere Position, die keine Beziehung mehr auf Augenhöhe ermöglicht.

In dieser Falle stecken Frauen oft viele Jahre. Und je länger sie in solch unerfüllten Beziehung verfangen sind, desto schwieriger wird es für sie, an sich selbst zu glauben. Der Selbstwert sinkt immer weiter ab. Im Horoskop dieser Frauen kann anhand ihres 2. Hauses, das mit Geld und Selbstwert zu tun hat, ohnehin oft ein eher geschwächter Selbstwert, was die Anlage betrifft, erkannt werden, wenn etwa Saturn oder Neptun in diesem Bereich stehen bzw. darüber herrschen oder wenn eine Venus-Saturn-Spannung im Horoskop vorherrscht. Sie werden durch diese unerfüllte und daher unglückliche Liebe vom Schicksal mit ihrer schwächsten Seite konfrontiert.

Es ist kein böses Schicksal, das ein grausames Spiel macht, sondern letztlich nur die Aufforderung des Lebens, zu kämpfen, an seinen größten Schwächen zu arbeiten, sich selbst zu behaupten und abzugrenzen, wenn es die eigene Einsicht vorgibt.

Wir alle müssen uns gerade auch in der Liebe der Realität stellen und die Wahrheit akzeptieren. Erwidert jemand nicht die eigene Liebe, macht es keinen Sinn, ihm hinterherzulaufen. Und wenn jemand nicht in der Lage ist, ganz und gar Ja zu uns und der Beziehung zu sagen, dann ist es eben auch nicht die große Liebe, die wir uns so sehr gewünscht haben.

In der Liebe lässt sich nichts erzwingen und manipulieren. Das müssen sich diese Frauen vorwerfen lassen, die jahrelang auf der

Wartebank sitzen und hingehalten werden. Das Leben duldet weder, dass wir uns etwas vormachen, noch etwas vormachen lassen.

Wenn eine solchermaßen gedemütigte Frau zur astrologischen Beratung kommt, weiß sie eigentlich, dass sie nicht auf dem richtigen Weg ist. Sie kann jedoch meistens nicht loslassen, keinen Abstand finden. Es besteht ein Schwanken zwischen eben dieser Hoffnung und der Einsicht. Meist erscheinen diese Frauen mit den Geburtsdaten ihrer vermeintlichen Nebenbuhlerinnen, die ihren armen Mann gefangen halten. Der Astrologe soll nun zumindest noch einmal erklären, zu wem der begehrte Mann besser passen würde. Er soll durch den Horoskopvergleich des Mannes mit seiner Frau am besten bestätigen, dass die beiden nicht zusammenpassen. Diese Erwartung steht fast immer im Raum und lässt unerfahrenen Astrologen den Schweiß auf die Stirn treiben. Astrologen dürfen und sollten sich natürlich nicht manipulieren lassen, sie sind es, die jetzt die Aufgabe haben, die Wahrheit zu sagen. Und: Sie sollten sich darum bemühen, herauszufinden, warum sich diese Frau einen verheirateten Mann ausgesucht hat. (siehe Kapitel „Der sichere Griff nach dem bzw. der Falschen – Was steckt dahinter?“) Ist es Zufall gewesen, oder hat das eine Methode, die nicht bewusst ist?

Letzteren Fall konnte ich tatsächlich sehr oft beobachten. Diese Frauen hatten wie gesagt oftmals Selbstwertprobleme, die zu einer gewissen Widerstandslosigkeit führten und verhinderten, dass sie sich von verheirateten Männern entsprechend abgrenzten. Daneben konnte häufig ein massives Freiheitsthema oder (und) eine übermäßig starke Ich-Betonung (auffallend starke Planetenbesetzung der Osthälfte des Horoskops, die sich links von der MC-IC-Achse befindet), beobachtet werden.

Unbewusst suchen sich diese Frauen bisweilen gebundene oder in irgendeiner Form nicht erreichbare Männer aus, die ihnen nicht zu nahekommen können. Ein Mann, der auf der anderen Seite von Deutschland lebt oder in festen Händen ist, kann einem nicht so ohne Weiteres auf die Pelle rücken und einen einengen. Und viele dieser Frauen können oft erst dann Liebe und Gefühle zulassen, wenn nicht das Risiko einer dauerhaften Einengung besteht. Viele Konflikte bleiben damit außerdem außen vor. Die Beziehung ist zunächst wie ein permanenter gemeinsamer Urlaub – romantisch und einfach nur gut. Der Alltag holt sie nicht ein, und das schöne Gesicht der neuen Liebe bleibt bestehen. Aber eben nur zunächst. Mit den Ansprüchen und wachsenden Erwartungen beginnt das Idealbild vom jeweilig anderen zu bröckeln, um dann irgendwann einmal völlig in sich zusammenzufallen. Viele dieser betroffenen Frauen haben dann das Gefühl, mehrere Jahre ihres Lebens verpasst und nicht gelebt zu haben.

Sicher finden wir auch umgekehrt viele Familienväter, die Uranus am Aszendent, den Aszendenten im Schützen bzw. Wassermann oder eine Sonne-Uranus-Spannung usw. haben und die vor allem dann Gefühle zeigen und sich sexuell öffnen können, wenn es in Freiheit bzw. in einer Liebesbeziehung geschieht, die heimlich bzw. unerreichbar bleibt.

Das Verteufelte daran ist, dass die Liebe, fände sie bei diesen Menschen doch Erfüllung und würde das Paar sich öffentlich zueinander bekennen, wieder vor derselben Prüfung stehen würde. Wieder kommen Engegefühle hoch, wieder würden Mann oder Frau am liebsten flüchten und sind versucht, etwas heimlich, für sich zu machen, das ihnen das Gefühl der Freiheit vermittelt.

Wer dieses Freiheitsproblem hat, muss die Lösung, sprich die Freiheit, in sich finden. Die Angst, in der Beziehung geschluckt und völlig eingenommen zu werden bzw. die grundsätzliche Angst, in seinem Leben fremdbestimmt und eingeengt zu werden, muss bewältigen werden. Der Selbstwert spielt hier natürlich eine größere Rolle. Manchmal treffen sich zwei Menschen, die beide Furcht davor haben, vom jeweilig anderen einkassiert zu werden. Dann kann die Beziehung funktionieren. Grundsätzlich sollte es sehr freiheitsliebenden Menschen in einer reiferen Beziehung gelingen, ihre Freiheit einzufordern und zu leben.

Der symbiotische Mensch, der es dagegen nicht eng genug haben kann und zum Klammern und Kontrollieren neigt, wie das bei manchen Stier-, Krebs- oder Skorpion-Aszendenten beobachtet werden kann, muss dagegen lernen, loszulassen und dem anderen vor allem bewusst mehr Freiraum zu schenken, damit die Beziehung nicht dem Tod geweiht ist.

Die Liebe kommt meist überraschend

„Die Liebe kommt unerwartet“, bemerkte einst der große Dichter und Schriftsteller Hermann Hesse. Sie kommt meist dann, wenn man sie nicht sucht und nicht auf sie wartet. Genauso unerwartet und überraschend kann sie sich allerdings auch wieder „aus dem Staub machen“. Ja, die Liebe ist unberechenbar, sie ist nicht messbar, nicht rational greifbar, nicht festzuhalten und folgt ihren völlig eigenen Gesetzen.

Menschen, die schon lange auf der Suche sind nach einem Partner, sind oft an dem Punkt angelangt, an dem sie ganz bewusst sagen: „Ich suche nicht mehr“, da das Leben sie gelehrt hat, dass Liebe nicht forciert und schon gar nicht erzwungen werden kann. Natürlich suchen sie noch, möglicherweise jetzt aber mit einem völlig anderen Ansatz.

Manchmal entdecken wir Astrologen in Synastrien von Paaren wunderbare Übereinstimmungen, so dass wir auch aus astrologischer Sicht bestätigen können: „Das muss wahre Liebe sein!“ Ein unfassbarer Zufall, denn es müssen viele Faktoren zusammenspielen, damit zwei Menschen und deren Horoskope zusammen „funktionieren“. Zu jedem Topf findet sich ein Deckel, sagt der Volksmund, und zu jedem Horoskop scheint es ein passendes anderes Horoskop zu geben. Zwei Menschen, die sich begegnen und sich nicht nur ineinander verlieben, sondern die auch füreinander bestimmt sind, dies ist letztlich mit einem großen Lottogewinn gleichzusetzen.

Fragt sich nur, warum sich die einen finden und andere ein Leben lang vergeblich auf den Einen bzw. die Eine gewartet haben. Ist das Leben ungerecht? Wenn wir davon ausgehen, dass der Zufall einfach nur ein Zufall ist, ohne jeden Sinn, dann wäre dem so. Glauben wir jedoch daran, dass es einen höheren Sinn des Zufalls gibt, dann heißt das, dass uns etwas zufällt, das zu uns musste aufgrund einer höheren kosmischen Ordnung. Wenn wir uns in einen Menschen verlieben, sollten wir deshalb diese Liebe in höhere Hände legen und darauf vertrauen, dass es eine große Liebe wird, sofern sie für uns vorgesehen ist. Dieses Vertrauen in das Leben ist das, was oftmals den Weg zu dem Menschen ebnet, der irgendwo da draußen ist und auf uns wartet.

An die Liebe glauben heißt nun aber auch nicht, dass wir sie so einfach ohne jedes Dazutun und ohne jede eigene Entwicklung geschenkt bekommen. Denn, wie gesagt, es ist immer ein Weg, den wir zu unserer Liebe gehen müssen. Konkret heißt das, dass wir entwicklungsfähig sein müssen, dass wir zunehmend bereit werden sollten, uns zu reflektieren, um aus vergangenen Fehlern und Niederlagen in der Liebe zu lernen. Das ist hart, aber auch wichtig. Wer immer nur dem anderen die Schuld an einer gescheiterten Beziehung zuschiebt oder nicht verstehen will, warum er verlassen wurde, der nimmt sich selbst die Chance, persönlich zu wachsen, um beziehungsfähiger zu werden. Wir alle wissen: Die Liebe können wir nicht festhalten, und wir können auch nicht darauf bauen, dass sie einst da war. Haben wir einmal das Herz eines Menschen erobert, müssen wir das im Laufe einer langen Beziehung immer wieder tun, da wir ihn sonst erst innerlich und dann im Außen verlieren. Die Liebe ist ihrer Natur nach freiwillig und nicht in einem Vertrag festzumachen, auch nicht durch den Ehevertrag.

Immerhin gibt es astrologisch gesehen Zeiten, in denen es wahrscheinlicher wird, dass wir einem Menschen begegnen, der zu uns gehört. An erster Stelle sei hier der Transit des Jupiters durch das 7. Haus (Partnerschaft) genannt, der ja nur alle 12 Jahre stattfindet und allein schon deshalb etwas ganz Besonderes ist. Er ist eine Art Türöffner für die Partnerschaft und hilft, den oder die Richtige(n) zu finden. In der Regel dauert dieser Transit, unter dem sehr viele Menschen tatsächlich heiraten, ein bis zwei Jahre an. Eine Chance, die sich ein Single nicht entgehen lassen sollte.

Aber seriöser Weise muss auch hier gesagt werden: Ist der betroffene Mensch für eine Beziehung innerlich nicht bereit oder ist er gar beziehungsunfähig, da er etwa seine Streitsucht oder seinen Unabhängigkeitswahn nicht in den Griff bekommt oder unter einer psychischen Erkrankung wie Depression leidet, wird auch dieser Transit ohne großes Aufheben an ihm vorüberziehen.

Unabhängig von diesem besonders schönen und seltenen Transit kann die Liebe in jedem Moment in unserem Leben erscheinen.

Manchmal ist es ein Liebesaspekt, wie ein schöner Venus-Jupiter-Winkel am Himmel, der ihr den Weg ebnet, ein anderes Mal läuft vielleicht gerade der Mond über unsere Geburts-Venus. Der besondere Augenblick, in dem es funkt bzw. sich etwas Größeres anbahnt, ist astrologisch immer erkennbar. Das ist sicher.

Aber, diese besonders guten Transite und mundanen Aspekte können auch völlig spurlos an Suchenden vorübergehen. Wir können die Liebe deshalb auch astrologisch nicht vorhersehen, wir können allenfalls Zeitfenster ausfindig machen, in denen sie wahrscheinlicher wird. Der Zufall, der Moment, in dem der Lebenspartner, ja vielleicht sogar eine Art Dualseele vor einem steht, ist und bleibt ein göttliches Geschenk, ein Eingriff von oben, ein Schicksal, das zuschlägt. Er ist astrologisch genauso wenig zu berechnen wie der Tod. Und genau das ist das Wunderbare an der Liebe, die nicht fragt, die nicht fordert, die nicht käuflich ist, die einfach nur kommt und plötzlich da ist. Wie schön, dass wir sie nicht berechnen können!

KARMISCHE LIEBE

Saturn verrät, ob sich Paare bereits aus Vorleben kennen

Kennen Sie das Gefühl, von einem Menschen nicht loszukommen, mit ihm innerlich so stark verbunden zu sein, dass eine Trennung nur unter großem Leid möglich wäre? Wenn das der Fall ist, könnte es sich durchaus um eine karmische Beziehung handeln, in der die Gefühle immer sehr stark und intensiv sind. Oftmals besteht eine enorme Anziehungskraft, auch in sexueller Hinsicht, die bis zur totalen Hörigkeit gehen kann. In Träumen können Erinnerungen an gemeinsame vorige Leben auftauchen, irgendwie besteht von Anfang an eine seltsame Vertrautheit, die schon bei der ersten Umarmung zur Gewissheit wird: Diese Seele muss ich schon länger kennen. Manche Menschen sprechen dann sogar intuitiv von einer karmischen Beziehung, auch wenn sie sich bis dahin noch nie mit diesem Thema beschäftigt haben.

Diese Beziehungen sind einmalig – einmalig schön und selten anstrengend. Sie ziehen sich bereits von einem Leben zum nächsten hin, und oftmals sind Dinge in der Vergangenheit passiert, die tragisch und leidvoll waren und die nun endlich aufgearbeitet werden müssen.

Die Lösung dieser gemeinsamen Aufgabe kann als sehr schmerzhaft empfunden werden. Wir wissen nicht, was einmal vorgefallen ist, wir spüren aber, da gibt es ganz tiefe Ahnungen und Erinnerungen, die wehtun und die geklärt und geheilt werden müssen. Bis es soweit ist, bis wir die gemeinsame Aufgabe erkannt haben und anpacken, was wiederum zur Karmaauflösung führt, sind wir von so einer Beziehung möglicherweise irritiert. Liebesgefühle, die nicht tiefer und heißer sein könnten, wechseln sich möglicherweise mit regelrechten Hassgefühlen und der Überlegung ab, wie man den anderen nur losbekommen könnte, da man dem Leiden und der Abhängigkeit nur allzu gerne ein Ende machen will.

Paare, die so extrem in ihrer Liebe wie in ihrer Abneigung sein können, dass sie nicht miteinander, aber auch nicht ohneeinander leben können, haben in der Synastrie oftmals Mars-Saturn-Spannungen oder kritische Interaspekte zwischen Saturn und Pluto, wobei man daraus keine allgemein gültige Regel ableiten kann.

In einer karmischen Beziehung spielt auf jeden Fall Saturn, der Karmaplanet, eine überragende Rolle. Saturn ist aber trotz aller Liebe, die in Vorleben bestanden haben mag, immer auch ein Anzeichen dafür, dass etwas aufgearbeitet und bewältigt werden muss, was früher einmal in eine falsche Richtung gelaufen ist. Das ist vor allem dann der Fall, wenn der Saturn des einen in einem Spannungswinkel, also in einer Konjunktion, einem Quadrat oder einer Opposition auftaucht.

Und manchmal ist eine karmische Beziehung auch gar nicht so spektakulär und leidenschaftlich, wie man das annehmen möchte. Solch schwierige karmische Beziehungen werden schlichtweg von dem Glauben getragen, dass nur der bzw. die eine in Frage kommt.

Aus der Liebe des ersten Moments ist im Laufe der Zeit eine reine Pflichtverbindung entstanden. Saturn steht in diesen Fällen oft in Konjunktion, Quadrat oder Opposition zur Geburts-Sonne des anderen. In aller Regel handelt es sich hier um eine lange Zeit bestehende Beziehung, die einen mehr oder weniger unromantischen Verlauf hat. Am Ende angekommen will der Sonnen-Eigner den Saturn-Partner, der ihm einstmals Rückhalt gegeben und Sicherheit vermittelt hat, abschütteln, da er sich nun endlich frei entfalten will. Er hat sozusagen seine karmische Schuld beglichen. Manchmal halten diese Beziehungen aber auch ein Leben lang, sofern der Sonne-Eigner und seine Sonne nicht selbst strahlen wollen und sich unter der Obhut und dem Schutz des Saturns wohlfühlen. Meist haben sich diese Paare in Augenblicken kennengelernt, in dem der Sonnen-Eigner in einer Krise war und Halt gesucht hat, die ihm der Saturn des neuen Partners geboten hat. Das Dumme ist nur, dass im Leben nichts umsonst ist. Der saturnische Halt verpflichtet die Sonne, was diese wiederum einengen kann, sobald sie gefestigt ist, nach eigener Entfaltung trachtet und deshalb aus dem Saturn-Schatten heraustritt. Meist ist dann das Ende der Beziehung gekommen, Saturn wird der Sonne lästig, und umgekehrt bricht für den Saturn seine stabile und gewohnte Welt zusammen.

Die beste Chance auf einen dauerhaften Zusammenhalt findet sich noch bei der Opposition zwischen Sonne und Saturn, die in einer Beziehung immer ein kreatives Potential besitzt. Hier befinden sich zwar auch Entfaltungswunsch und Sicherheitsdenken in einer Spannung. Die Opposition erlaubt den Betroffenen jedoch, sich damit zu arrangieren, indem jeder Abstriche von seinen Wünschen macht. Man kann sich hier gut in der Mitte treffen, so dass beide Seiten zufrieden sind.

Bei einem Interaspekt zwischen Saturn und Mond ist ebenfalls eine karmische Vergangenheit wahrscheinlich. Es kann zu sehr tiefen Gefühlen kommen, die zu einer symbiotischen Beziehung führen. Das gesamte Leid der vergangenen Leben, das sich im Saturn angereichert hat, kann den Mond-Eigner jedoch seelisch schwer machen und in düstere Welten hinabziehen, die möglicherweise ein Abglanz dunkler Lebenssituationen voriger Leben sind. Ein Interaspekt, der den Mond-Eigner mit den Jahren immer mehr belastet und ihm Lebensfreude raubt, so dass auch er vielfach den Absprung sucht.

Einen sehr schwierigen karmischen Bezug können ferner kritische Interaspekte zwischen Saturn und Saturn aufweisen. Sie sind ein Anzeichen dafür, dass die Beziehung zu eng ist und bereits in der Vergangenheit belastende Verstrickungen aufwies. Manche alten Astrologen behaupteten, dass eine Konjunktion, ein Quadrat oder eine Opposition zwischen Saturn und Saturn im Vergleich eigentlich gar nicht gehen, da diese Menschen sich gegenseitig blockieren und sich nicht wirklich gegenseitig helfen können, schweres Karma aufzulösen. Oft bleiben diese Paare in einer gemeinsamen, schweren Vergangenheit hängen, die das gemeinsame jetzige Leben immer mehr in eine Sackgasse führt.

Die bindende, tiefe karmische Liebe wird vor allem durch die Konjunktion und Opposition zwischen Venus und Saturn in der Synastrie angezeigt. Der Venus-Eigner litt hier einstmals unter dem

Saturn, wurde vielleicht sogar von ihm verlassen oder verstoßen. Im Jetzt zeigt sich der Saturn-Eigner oft sehr verantwortungsvoll und treu, da er vielleicht instinktiv spürt, etwas gutmachen zu müssen. Speziell beim Quadrat und der Opposition kann man gelegentlich auch eine verzögerte Liebe beobachten, die möglicherweise leidvoll war, da beide immer zusammen sein wollten, was durch tragische äußere Umstände verhindert wurde.

Vor allem beim Quadrat des Saturn zu Venus können wir allerdings oft auch entschiedene Ablehnung des Saturn-Eigners beobachten, der diese Venus überhaupt nicht schön findet und umgekehrt eine Venus, die sich unter der Strenge Saturns nicht wohlfühlt und diesen als freudlos und belastend empfindet.

Es gibt sie tatsächlich, die karmischen Beziehungen zwischen Menschen, die sich aus vergangenen Zeiten kennen und zutiefst lieben, ohne Wenn und Aber und die schon lange auf der Suche nach dem jeweils anderen waren. Und sicher existieren solche karmischen Verbindungen nicht nur zwischen Mann und Frau, sondern auch zwischen Eltern und Kindern sowie nahen Verwandten und Freunden.

Manchmal treffen wir Menschen, die uns auf Anhieb näher sind als irgendein Blutsverwandter. Es kann aber auch geschehen, dass ein Kind in der Familie geboren wird, das z. B. fast das gleiche Horoskop hat wie die verstorbene Großmutter. Natürlich müssen wir in diesem Falle zunächst offenlassen, ob diese ähnlichen Horoskope und Charaktere, die in Familien auftauchen können, nicht erblich bedingt sind. Und klar, heutzutage wird oft viel zu schnell von Karma und Kennen aus dem Vorleben gesprochen, ohne jeden Hintergrund, nur aus einem spontanen Gefühl heraus. Das ist sicher zu wenig.

Woran aber erkennen wir eine karmische Beziehung, sieht man einmal von einigen astrologischen Interaspekten ab, die deutlich in diese Richtung weisen? Nun, es ist wie gesagt oft diese seltsame Vertrautheit, die z. B. Liebende spüren, sobald sie sich das erste Mal umarmen. Gerade in diesem ersten Augenblick der Nähe kann die tiefe Gewissheit auftauchen, sich schon lange zu kennen. Wir erkennen eine karmische Beziehung auf alle Fälle auch daran, dass sie oft unheimlich intensiv ist, im Positiven wie im Negativen. Sie nimmt uns ganz ein und ruft auf ihre Art Verdrängtes und Vergessenes hervor, das einen großen Einfluss auf unser Leben gewinnt und es verändert. Uns gibt sie dadurch die Chance, noch näher zu uns selbst zu finden.

Vielfach treffen wir auch nur Menschen aus dem Vorleben, um endgültig aus einer unguten Verwicklung mit ihnen herauszukommen, so dass der Weg für eine persönliche Entwicklung frei wird. Was Mann-Frau-Beziehungen betrifft, ist das vor allem dann der Fall, wenn Karmaplanet Saturn im 7. Haus des Geburtshoroskops steht. Diese Menschen haben lange Zeit in ihrem Leben schwierige karmische Begegnungen, die ihnen helfen, alte Schulden zu begleichen.

Beispiel William und Kate – Saturn kettet sie aneinander

Saturn, der Schicksal- und Karmaplanet, spielt im Horoskopvergleich, der Synastrie zwischen Kate Middleton und Prinz William, Herzogin und Herzog von Cambridge, eine ungeheuer große Rolle. Er spricht von Pflicht, Verantwortung und großen Mühlsteinen, die vor allem Kate mit sich herumschleppt. Aber der Reihe nach: William, geb. am 21.6.1982 um 21:03 WET/S in Paddington/London, hat vom Horoskop her große Ähnlichkeiten mit seiner Mutter Diana. Beide haben sie einen Schütze-Aszendent, dem persönliche Freiheit und Weltanschauungen sehr wichtig sind, der in seinen Äußerungen oft sehr direkt, ja manchmal fast unverschämt erscheint. Beide haben sie zudem die Sonne im Krebs und im 7. Haus, dem Bereich des Du und der Öffentlichkeit. Wie seine Mutter ist William deshalb eine feste Partnerschaft und Ehe sehr wichtig. Daneben macht speziell die Sonne im volkstümlichen Krebs im 7. Haus sehr populär, kann viele Menschen erreichen. Williams Sonne im Trigon zu Jupiter verrät seinen edlen Kern und die wahre

Berufung zum König. Ein hohes Zeichen, er wird König werden. William hat neben seiner Sonne auch den Mond, Symbol für die Mutter und Ehefrau, im Krebs und im 7. Haus. Dies verdeutlicht zum einen seine sehr enge Mutterbeziehung, die für ihn oftmals herrisch, launisch und unberechenbar war, da sein Mond im Quadrat zu Mars steht.

In Kate, geb. am 9.1.1982 um 19 Uhr GMT in Reading, sucht er wohl das Abbild seiner Mutter, die letztlich am hohen Erwartungsdruck der Royals und der Öffentlichkeit scheiterte. Kate schlüpfte mehr oder weniger ungewollt in die Rolle Dianas. Hier bewahrheitet sich die psychologische Erkenntnis, dass ein Mann stets seine Mutter in seiner Gattin sucht oder das genaue Gegenteil. Auch Kate muss jetzt mit der schwierigen Familie und der extremen öffentlichen Beachtung zurechtkommen. Und Kate hat natürlich den Mond im Krebs, so wie er auch in Williams Horoskop steht und dort gleichzeitig die Mutter wie Ehefrau anzeigt.

Geburtshoroskop Herzogin Kate

Dieser Mond von Kate bringt jedoch große Schwierigkeiten mit sich, da es sich bei ihrer Geburt um eine Mondfinsternis handelte, die noch dazu im Quadrat zu Saturn stand. Diese Konstellation deutet auf eine schwierige Familienkonstellation hin, in der sie aufwuchs. Vater und Mutter tauchen als sehr ehrgeizig auf und wollten, dass ihre Tochter etwas ganz Besonderes wird. Die Verpflichtungen ihrer Herkunftsfamilie erschwerten bereits ihre Seele, in der Gegenwartsfamilie drohen die Belastungen und Verpflichtungen auf Dauer unerträglich zu werden. Kate, man muss es ganz offen sagen, hat eine Anlage zu großem Schwermut.

Im Horoskopvergleich der beiden steht unter anderem der Saturn von William im Quadrat zur Sonne von Kate. Das heißt, er gibt ihr zunächst Form und Schutz, fast auf väterliche Art und Weise, er hält sie jedoch auch vom Leben fern. Doch William verpflichtet sie auch, so wie es ihr Vater getan hat, unter dessen Schatten sie stand und dessen ehrgeizige Pläne sie erfüllen musste. Sie kennt ja

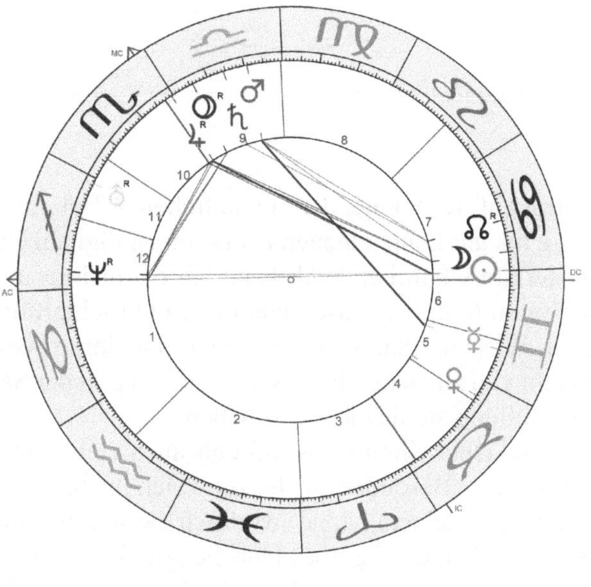

Geburtshoroskop Prinz William

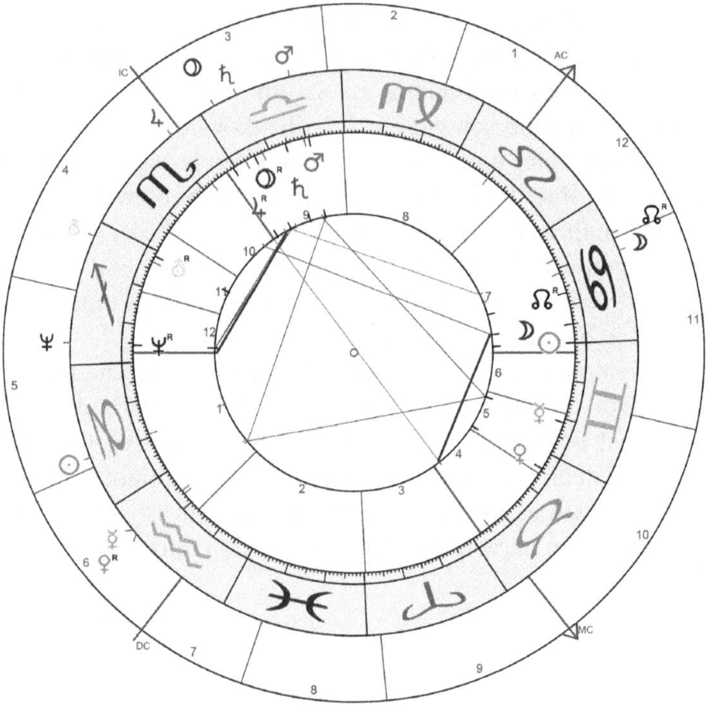

Horoskopvergleich (Synastrie) Prinz William und Herzogin Kate

diesen Saturn auf der Sonne, der einem höheren Ziel dient und ihr selbst wenig bis gar keine eigenen Entfaltungsmöglichkeiten lässt, aus ihrer Herkunftsfamilie. Auch Kate hat damit irgendwie ihren Vater geheiratet. Männer, Einschränkung und Pflichterfüllung sind für sie eins. Williams Saturn lastet zudem auf ihrer Seele. Nein, Kate hat nicht viel zu lachen in dieser Beziehung, in der Saturn und die Pflichterfüllung sie fest im Griff haben.

Aber, wo viel Dunkelheit ist, ist oftmals auch viel Licht. So auch in dieser Synastrie. Besonders schön zeigt sich ihr Jupiter im Skorpion im Trigon zu seinem Mond, wodurch sie ihn in seiner Popularität fördert und eigenes großes Familienglück schenkt. Für eine große Liebe spricht ferner sein Mars in der Waage im Trigon zu ihrer Venus im Wassermann. Ein Interaspekt, der für eine lange andauernde körperliche Anziehungskraft steht. Mars, den sie beide in der Waage stehen haben, sagt uns, dass sie beide nicht immer die entscheidungsfreudigsten Menschen sind und lernen müssen, ihre Rechte durchzusetzen. Kate und William sind das Beispiel einer Beziehung, die Saturn aneinander gekettet hat, die daneben aber auch wirklich starke Gefühle füreinander haben. Tatsächlich besteht die Gefahr, dass die Schwere für Kate zu groß wird und sie auf Dauer den Druck der Öffentlichkeit und der königlichen Familie nicht standhalten kann. Kate wird früher oder später erkennen müssen, dass sie noch nie in ihrem Leben wirklich frei war, schon gar nicht in ihrer Herkunftsfamilie. Beide Lichter, Sonne und Mond, in Spannung zu Saturn sprechen von einer verlorenen Kindheit. Hoffentlich erleidet sie nicht das Schicksal ihrer verstorbenen Schwiegermutter, deren wilde Flucht vor dem Königshaus geradewegs in den Tod führte.

Beispiel Steffi Graf und Andre Agassi – Eine echte karmische Liebe

Niemand kann vorhersagen, ob Andre Agassi und Steffi Graf für immer ein Paar bleiben. Aus astrologischer Sicht wissen wir aber, dass die beiden sich schon aus früheren Leben kennen müssen und ihre Liebe deshalb eine lange Geschichte hat. Diese karmische Liebe ist etwas ganz Besonderes.

Andre Agassi (geb. am 29.4.1970 um 4 Uhr PDT in Las Vegas) ist nach neuesten Meldungen ein Fische-Aszendent, was man an den relativ kurzen Gliedmaßen seines Körpers und der Neigung, etwas füllig zu werden, sowie an seinen überaus warmherzigen und sehnsuchtsvollen Augen erkennt. Beim ersten Anblick seines Horoskops fällt sofort seine enge Konjunktion zwischen Sonne und Saturn im Stier ins Auge. Sonne und Saturn deuten enormen Ehrgeiz, aber auch Trauer und eine Neigung zu Depression an. Es ging ihm oft nicht gut in seiner Kindheit und in seiner Karriere. Er stand im Schatten seines Vaters, der im eigenen Horoskop stets in Form der Sonne auftaucht bzw. durch diese symbolisiert wird. Sonne-Saturn heißt, der Vater impfte ihm Pflichtbewusstsein ein, versuchte, ihn hart und leistungsbereit zu machen. Sonne-Saturn im 2. Haus (Geld, Selbstwert) besagen, dass er Zuneigung und Anerkennung nur nach vollbrachter Leistung bekam. Mit seiner Venus in den Zwillingen begehrt er vor allem Frauen, die entweder Zwillinge, zumindest aber intellektuell, geistig anregend und gewandt sind. Eine Frau, die sich gut ausdrücken kann, die grazil und beweglich ist, spricht ihn erotisch an. Mit Pluto und Uranus im 7. Haus wünscht er sich zudem eine starke, dominante (Pluto) wie freiheitsliebende Frau (Uranus).

Steffi (geb. am 14.6.1969 um 4:40 Uhr MEZ in Mannheim) erfüllt diese Erwartungen perfekt. Mit Sonne, Mond und Aszendent, den drei Eckpfeilern der Persönlichkeit, in den Zwillingen, ist sie

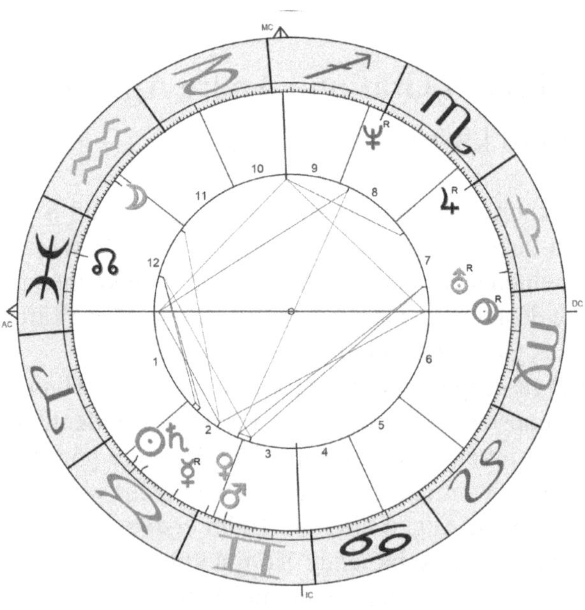

Geburtshoroskop Andre Agassi

sogar ein dreifacher Vertreter dieses luftigen, beweglichen, stets neugierigen, geistigen Zeichens. Zwillinge-Aszendent macht gewöhnlich schlank, speziell der Mond in Haus 12 und im Wassermann steht für die geheimnisvolle, unabhängige Frau. Zusätzlich hat sie Merkur in den Zwillingen gegenüber Mars, was sie als klugen Kopf und zusammen mit den anderen Zwillinge-Planeten als extrem kommunikativen Menschen ausmacht. Das Quadrat von ihrer Sonne und ihrem Aszendenten zu ihrer Uranus-Jupiter-Pluto-Konjunktion steht daneben für einen dominanten, erfolgsorientierten wie freiheitsliebenden und eigenwilligen Menschen. Sie ist tatsächlich durch und durch die Anima von Andre.

Steffi sucht mit Schütze am Deszendent (Spitze 7. Haus) den weltoffenen, gewandten, sportlichen und manchmal auch großspurigen Mann, so einen, wie es Andre ist. Mit Mars im Schützen begehrt sie zudem körperlich denselben Typus. Mars gegenüber Merkur verrät, dass sie einen Mann braucht, mit dem sie reden,

Geburtshoroskop Steffi Graf

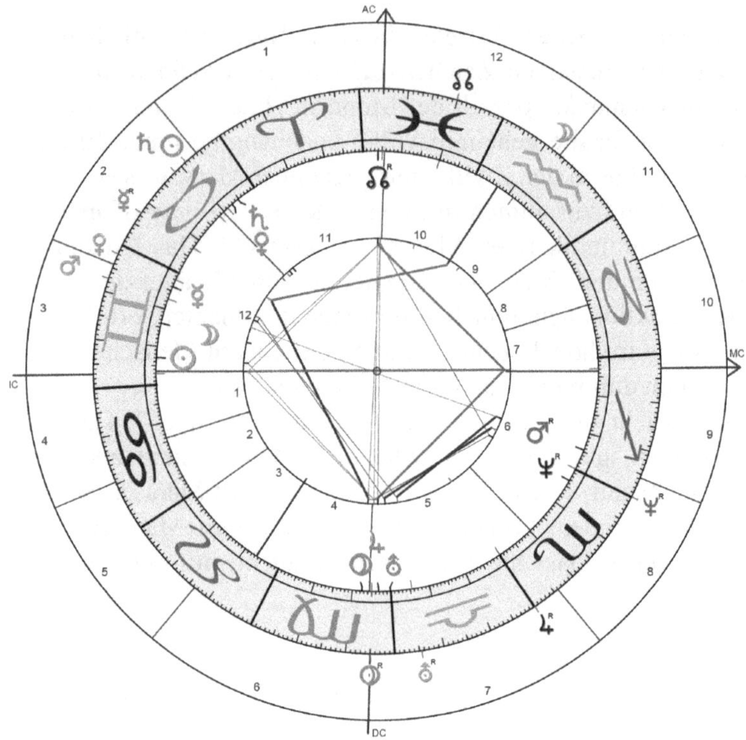

Horoskopvergleich (Synastrie) Steffi Graf und Andre Agassi

streiten, diskutieren kann. Andre hat seinen Mars in den Zwillingen, in Konjunktion mit Venus und im 3. Haus. Zusätzlich steht diese Konjunktion im Trigon zu Uranus. Hier finden wir seine gewaltige Emotion und Reaktionsschnelligkeit, die sein Tennis so ungemein faszinierend und mitreißend macht. Andre Agassi ist Leidenschaft pur. Seine Venus-Mars-Konjunktion befindet sich im Vergleich auf ihrem Merkur. Er, der viel und gerne redet (Venus Konjunktion Mars in Haus 3) findet damit in Steffi den idealen Gesprächspartner.

Merkur-Mars-Konjunktion als Interaspekt deutet aber auch auf zeitweise heftige Auseinandersetzungen hin, bei denen es sehr laut werden und Geschirr fliegen kann. Die Leidenschaft beider kennt keine Grenzen. Dieser Interaspekt hält die Beziehung lebendig, kann aber auch eine Gefahr für sie sein.

Steffi hatte mit ihrer Venus-Saturn-Konjunktion ebenfalls eine Kindheit und Jugend, die mehr von Pflicht als von herzlicher Liebe geprägt war. Menschen mit diesem Aspekt haben oft ein mangelndes Selbstbewusstsein, das manchmal zur Triebfeder großer Erfolge wird. Ein Aspekt, der auf eine große Verletzlichkeit und Liebesleid hinweist. Eine ähnliche Struktur hat der Saturn von Andre im 2. Haus, welches ja der irdische Spiegel des Stiers ist, in dem wiederum Venus herrscht. Menschen mit Saturn in Haus 2 stellen sich und ihren Wert ebenfalls oft infrage bzw. suchen ihn wie gesagt über Leistung und äußere Anerkennung.

Das Schicksal wollte es nun, dass diese beiden Verletzten, von ihren Vätern zur Leistung angehaltenen und gezwungenen Menschen, die nicht wirklich Kind sein durften, zusammenfanden. Allein schon ein so ähnliches Schicksal kann stark verbinden.

Interessant ist, und das ist geradezu magisch, dass ihre Venus-Saturn-Konjunktion im Horoskopvergleich (Synastrie) auf seiner Sonne-Saturn-Konjunktion steht. Das heißt, dass das Schicksal sie zusammengeführt hat, damit sie dem jeweilig anderen helfen können, die Entbehrungen und Wunden der Vergangenheit zu heilen.

Die Geschichte von der alten Liebe erzählt aber vor allem ihre Venus in Konjunktion zu seinem Saturn. Dieser Interaspekt deutet eine unglaublich tiefe und zugleich schmerzvolle Liebe an. Zwei Seelen, die möglicherweise lange Zeit darauf gewartet haben, sich wieder zu finden. Und wer weiß, möglicherweise haben sich die beiden bereits innerlich schon wieder für das kommende Leben verabredet. Ein wirklich faszinierender Horoskopvergleich!

DIE BEDEUTUNG DER INTERASPEKTE

Sonne zu Sonne

Konjunktion: Schafft meist ein gutes Grundverständnis und deutet auf ähnliche Lebensvorstellungen hin. Man könnte hier fast von einem geschwisterlichen Verhältnis sprechen. Für eine Beziehung nicht immer ideal, da unter dem zu großen Gleichklang die gegenseitige Anziehungskraft leiden kann.

Sextil, Trigon: Günstiger Aspekt, der vor allem in geistiger Hinsicht auf Harmonie und gegenseitiges Wohlwollen hinweist. Oft finden sich hier auch ähnliche Bedürfnisse, was die Lebensausrichtung betrifft.

Quadrat: Deutet auf unterschiedliche Lebensvorstellungen hin, die oft nur schwer zu vereinbaren sind. Oft bauen sich diese grundlegenden Differenzen nach Jahren der Beziehung zu unerträglichen Gegensätzen auf.

Opposition: Starke und positive Anziehungskraft. Was der eine nicht hat oder kann, gelingt dafür dem anderen und umgekehrt. Der Austausch kann sehr spannend und anregend sein.

Sonne zu Mond

Konjunktion, Sextil, Trigon: Sonne- und Mond-Interaspekte zwischen Mann und Frau sind absolut willkommen, vor allem, wenn sein Mond (Symbol für die Frau) im günstigen Winkel zu ihrer Sonne (Symbol für den Mann) steht. Aber auch die umgekehrten Aspekte sind hier günstig zu werten. Zu den besten Interaspekten gehört die Konjunktion zwischen seinem Mond und ihrer Sonne, der für eine besonders große seelische und geistige Nähe steht.

Quadrat: Auch dieser Aspekt schließt Liebe auf keinen Fall aus, wenngleich im Zusammensein gewisse seelisch-geistige Spannungen und Dissonanzen auftreten dürften. Oftmals treten hier die weiblichen und männlichen Gegensätze noch stärker zutage.

Opposition: In seiner positiven Wirkung fast noch stärker als Sextil oder Trigon. Man kann sich hier sinnvoll ergänzen und gegenseitig stark fördern. Ein schöner Aspekt der Nähe und Liebe, vor allem wenn sein Mond in Opposition zu ihrer Sonne steht.

Sonne zu Merkur

Konjunktion, Sextil, Trigon: Gutes geistiges und intellektuelles Grundverständnis, das förderlich für gemeinsame Lebensgestaltung und unter Umständen Zusammenarbeit ist.

Quadrat, Opposition: Geistige Anregungen, aber auch Spannungen und Meinungsverschiedenheiten. Der Merkur-Eigner ist hier oft der kleinliche Denker, der die höheren Einsichten der Sonne anzweifelt.

Sonne zu Venus

Konjunktion, Sextil, Trigon: Liebe, Zärtlichkeit, Vertrauen, Sympathie, geistige wie körperliche Nähe. Eine besonders große Liebe kann seine Venus in Konjunktion mit ihrer Sonne bringen.

Quadrat, Opposition: Auch diese Spannungswinkel erzeugen zumindest Sympathie, bisweilen wecken sie sogar sehr starke Liebesgefühle, die aber nicht immer konstant sind und wechseln können. Oft fehlt auch die Verbindlichkeit.

Sonne zu Mars

Konjunktion: Ein Interaspekt, der heftige begehrliche und leidenschaftliche Liebe wecken kann. Harmonisch ist vor allem ihr Mars in Konjunktion zu seiner Sonne. Umgekehrt ist die Wirkung etwas schwächer.

Sextil, Trigon: Gegenseitiges Gefallen und körperliche Anziehungskraft. Interaspekte, die für den Aufbau eines gemeinsamen Lebens förderlich sind.

Quadrat, Opposition: Vieles, das gemeinsam angepackt wird, misslingt. In der Beziehung dominieren oft permanenter Streit und Auseinandersetzungen, die mitunter zu einem schnellen und bösen Ende führen.

Sonne zu Jupiter

Konjunktion, Sextil, Trigon: Vor allem die Konjunktion ihrer Sonne mit seinem Jupiter führt, sofern weitere günstige Interaspekte hinzukommen, fast immer zur Ehe. Grundsätzlich darf hier bei allen günstigen Interaspekten mit großem Aufleben und gegenseitiger Förderung gerechnet werden. Glaube, Vertrauen, gemeinsame Ideale und Weltanschauungen sind die unerschütterliche Basis, auf der eine glückliche dauerhafte Verbindungen entstehen kann. Mit die besten Interaspekte überhaupt!

Quadrat, Opposition: Insgesamt ebenfalls gutes Verstehen, das jedoch mitunter von falschen Versprechungen, Erwartungen und

Unkorrektheiten getrübt wird. Oftmals erhofft man sich berufliche Vorteile und materielle Gewinne durch das Eingehen dieser Partnerschaft, sowohl von Seiten des Sonne- wie Jupiter-Eigners.

Sonne zu Saturn

Sextil, Trigon: Interaspekte, die für Treue, Rückhalt und stabile Beziehungen stehen. Es können gemeinsam langfristige Pläne verwirklicht werden. Auch eine berufliche Zusammenarbeit ist hier unter Umständen förderlich.

Konjunktion, Opposition: Interaspekte bei denen unterschiedliche Beobachtungen gemacht werden. Der Saturn-Eigner kann hier dem Sonnen-Eigner Halt und Stabilität im Leben verleihen, was oft zu einer dauerhaften Ehe führt. Sobald sich die Sonne jedoch in eine andere Richtung entwickelt als Saturn oder sich einfach nur freier entfalten will, beginnt Saturn zu bremsen und wird zur Belastung, die der Sonnen-Eigner früher oder später abschütteln will.

Quadrat: Das Quadrat zwischen Sonne und Saturn ist immer behindernd und einschränkend für den Sonne-Eigner. Doch auch der Saturn-Eigner fühlt sich zunehmend verunsichert von den Wünschen und der Lebensausrichtung der Sonne.

Sonne zu Uranus

Konjunktion: Originelle und ungewöhnliche, bisweilen aber auch unpassende Verbindung. Das Zusammensein ist anregend, abwechslungsreich und aufregend. Ständige Unruhe und Überraschungen können die Beziehungen aber auch belasten und unerträglich machen.

Sextil, Trigon: Der Sonne-Eigner bringt viel Verständnis für die Eigenarten des Uranus-Eigners auf. Gemeinsam werden viele gute Ideen und Pläne entwickelt. Die Beziehung wird selten langweilig, da immer wieder Neues kommt und entstehen kann.

Quadrat, Opposition: Gefahr von heftigen Aufregungen und Auseinandersetzungen, vorübergehende Entfremdungstendenz aufgrund verschiedenartiger Entwicklung. Trennungen geschehen bisweilen ebenso plötzlich, affektartig und überraschend, wie die Beziehung zustande gekommen ist.

Sonne zu Neptun

Konjunktion: Der Neptun-Eigner neigt dazu, den Sonnen-Eigner zu idealisieren, daher oft sehr schwärmerische Verbindung, mitunter aber auch Täuschung und Betrug durch den Neptun-Eigner. Bei höherentwickelten Menschen deutet dieser Aspekt auf intensiven geistigen Austausch hin.

Sextil, Trigon: Gemeinsame Ideale, spirituelle Interessen und Glaubensinhalte, tiefes gegenseitiges Verstehen. Oft eine sehr romantische Beziehung.

Quadrat, Opposition: Der Sonnen-Eigner läuft Gefahr, sich in der Person des Neptun-Eigners zu täuschen und sich ein falsches Bild von ihm zu machen. Grenzenlose Schwärmereien, Beziehung erscheint wie ein irrealer Traum, der in einem ernüchternden Desillusionierungsprozess endet.

Sonne zu Pluto

Sextil, Trigon: Gemeinsam sind sie stark, können sich gegenseitig zu überdurchschnittlich großen Leistungen anstacheln und alle Hürden im Leben überwinden. Auch gemeinsame große Lebensumbrüche und -wandlungen können mit Hilfe dieses Interaspekts gelingen.

Konjunktion, Quadrat, Opposition: Gefahr von Machtkämpfen und Gewalt. Pluto will die Sonne beherrschen, stark beeinflussen und besitzen. Bei schwieriger Anlage des Pluto-Eigners können auch Willkür, Gewalt, Missbrauch, Unterdrückung und Strafe ins Spiel kommen.

Sonne zum Aszendenten

Konjunktion, Sextil, Trigon: Das Grundgefühl stimmt, finden sich beide sehr sympathisch, bei Gegengeschlechtlichkeit starke Bindungstendenz und körperliche Anziehungskraft. Die Sonne liebt den Aszendenten, will eine Beziehung mit ihm eingehen.

Quadrat: Ebenfalls Sympathie und gegenseitige Anziehung, die jedoch durch unterschiedliche Interessen und Lebensziele irritiert und abgeschwächt werden kann.

Opposition: Der Sonnen-Eigner kann hier so etwas wie der Idealpartner des Aszendenten-Eigners sein. Er verkörpert vieles von dem, was er sich immer gewünscht und ersehnt hat. Eine glückliche Ehe ist möglich.

Sonne zu MC

Konjunktion: Für eine moderne Beziehung ein sehr wichtiger Interaspekt, der gemeinsame Lebensziele und Interessen anzeigt, die wiederum den Wunsch nach einer engeren Bindung erzeugen. Der Sonnen-Eigner fördert den MC-Eigner bewusst oder unbewusst beruflich, der durch diese Beziehung häufig angeregt wird, Karriere zu machen.

Sextil, Trigon: Gegenseitiges Schätzen und Fördern von Lebenszielen, harmonisches gemeinsames Auftreten in der Öffentlichkeit, gutes Bild als Paar nach außen abgeben.

Quadrat: Unterschiedliche Interessen und Zielsetzungen im Leben, die manchmal einen Spalt zwischen Beruf- und Privatleben bringen.

Opposition: Der Sonnen-Eigner bringt Licht und Freude in das Zuhause des MC-Eigners. Fördert gemeinsame private wie berufliche Vorhaben und Planungen.

Sonne zum aufsteigenden Mondknoten

Konjunktion, Sextil, Trigon: Der Sonnen-Eigner unterstützt den Mondknoten-Eigner bei der Lösung von belastendem Karma und fördert ihn damit in seiner persönlichen Entwicklung. Umgekehrt führt die persönliche Entwicklung des Mondknoten-Eigners zum Aufblühen und Entfalten der Sonne. Gemeinsam kann das Leben in eine gute Richtung gelenkt werden.

Quadrat, Opposition: Unterschiedliche persönliche Entwicklungen, die die Beziehung auf Dauer in Frage stellen können. Speziell bei der Opposition kann der Sonnen-Eigner ein Teil der karmischen Vergangenheit des Mondknoten-Eigners sein.

Mond zu Mond

Konjunktion, Sextil, Trigon: Ein Aspekt, der gegenseitige Sympathie verrät und zumindest eine günstige Basis für die Liebe schafft. Speziell die Konjunktion deutet auf eine starke seelische Verwandtschaft hin. Alle diese günstigen Interaspekte zwischen Mond und Mond fördern das Zusammenspiel im Alltag und die Häuslichkeit. Es können hier meist große innere Übereinstimmungen beobachtet werden.

Quadrat: Es besteht eine starke Anziehung, die zu Bindungen führen kann, wenngleich im Gefühlsbereich Unstimmigkeiten beobachtet werden dürften. Erschwert das Auskommen im Alltag.

Opposition: Oft extrem gegensätzliche Empfindungen, die aber auch anziehend und inspirierend sein können.

Mond zu Merkur

Konjunktion, Sextil, Trigon: Starke seelisch-geistige Anregung. Man sieht sich gerne und hat sich immer etwas zu erzählen. Ein Interaspekt, der auf jeden Fall das erste Kennenlernen fördert und erleichtert.

Quadrat, Opposition: Missverständnisse können das gute Einvernehmen beeinträchtigen und zu Unregelmäßigkeiten im Kontakt führen. Manchmal wird irgendwie aneinander vorbeigeredet.

Mond zu Venus

Konjunktion, Sextil, Trigon: Ein gutes Vorzeichen für die Liebe. Über eine starke seelische Verbindung wachsen Liebe, Erotik und Hingabe. Besonders starke Gefühle löst die Konjunktion aus, die als Interaspekt oft schwierige andere Interaspekte überragt und bewältigen lässt.

Opposition: Steht ebenfalls für große Liebe und viel Nähe. Der Reiz des Unbekannten kann hier beim Kennenlernen zusätzlich eine große Rolle spielen.

Quadrat: Auch die Spannungsaspekte zwischen Mond und Venus sind günstig zu bewerten und können Liebe erzeugen. Die Zuneigung kann jedoch wechselnd oder schwärmerisch übertrieben sein. Oft kommt die Liebe nicht zustande.

Mond zu Mars

Konjunktion: Bei Gegengeschlechtlichkeit sorgt die Konjunktion für eine starke Anziehungskraft. Besonders günstig ist sie zu werten, wenn der Mars der Frau in Konjunktion zum Mond des Mannes steht. Er entspricht ihrem Idealbild von Mann und umgekehrt sie seinem Idealbild von Frau. Der Mond wirkt hier ähnlich wie Venus.

Sextil, Trigon: Erfrischende, jugendlich-erotische Anziehungskraft, das Paar kann sich gut riechen.

Quadrat, Opposition: Oft ein schneller Wechsel von affektartiger Zuneigung und totaler Ablehnung, der jeweils andere lockt und reizt, provoziert aber auch irgendwie inneren Widerstand. Am ehesten ist hier noch die Opposition zu bewältigen.

Alle möglichst exakten Mond-Mars-Interaspekte bringen der Frau in der Regel rasche Mutterschaft, vorwiegend wenn sie die Mond-Eignerin ist.

Mond zu Jupiter

Konjunktion, Sextil, Trigon: Speziell die Konjunktion deutet häufig auf Heirat hin. Sextil und Trigon zwischen Mond und Jupiter bringen zumindest warmherziges Einvernehmen und große Sympathie füreinander. Oft kann ein unausgesprochenes Verstehen beobachtet werden.

Quadrat, Opposition: Auch bei diesem Vorzeichen bestehen Sympathie und herzliche Zuneigung. Äußere Umstände und Missverständnisse können jedoch eine engere Bindung verhindern. Auch besteht im Beisammensein die Tendenz zu Leichtsinn und Verschwendung. Die Opposition wirkt sich in aller Regel dennoch sehr günstig aus. Es kann eine große innere Verbundenheit entstehen.

Mond zu Saturn

Sextil, Trigon: Tiefe seelische Bindung, Treue und Zuverlässigkeit. Zusammen können große Pflichten bewältigt werden. Die starke innere Verbindung kann darauf hinweisen, dass sich beide bereits aus einem Vorleben kennen.

Konjunktion, Quadrat, Opposition: Die Sorgen und Probleme des Saturn-Eigners können zu einer wachsenden seelischen Bedrückung des Mond-Eigners führen, der die Schwere Saturns nicht mehr ertragen kann. Oft besteht ein Abhängigkeitsverhältnis aufgrund von gemeinsamen Verpflichtungen. Am ehesten ist hier wiederum die Opposition zwischen Mond und Saturn aufzulösen, die im besten Falle seelischen Tiefgang und Ernsthaftigkeit bringen.

Mond zu Uranus

Konjunktion: In dieser Beziehung kann keine Langeweile entstehen. Für den Mond-Eigner ist sie mitunter auch etwas aufreibend und anstrengend, da der Uranus des Partners permanente Unruhe verbreitet. Das Paar braucht immer wieder Abstand, um zur Ruhe zu finden

Sextil, Trigon: Das Zusammensein ist geprägt von starken und spontanen Gefühlsäußerungen und vielen Abwechslungen. Begünstigt gemeinsame Vorhaben und Interessen. Die Bereitschaft, sich für größere Veränderungen im Leben immer wieder zu öffnen, belebt die Beziehung.

Quadrat, Opposition: Einer starken Anziehung können hier plötzliche Aufregungen, Entfremdung und Abstoßung folgen. Das gilt ganz besonders für das Quadrat zwischen Mond und Uranus, das wohl selten zu einer verlässlichen und konstanten Beziehung führt. Bei der Opposition zwischen Mond und Uranus kann im positiven Falle eine immer wieder neue Faszination füreinander entstehen.

Mond zu Neptun

Konjunktion: Kann zu einer gegenseitigen Idealisierung führen, mit der Gefahr von nachfolgender Enttäuschung. Bisweilen spielt auch Mitleid eine größere Rolle in der Beziehung. Im positiven Falle eine ähnliche Wirkung wie beim Sextil und Trigon.

Sextil, Trigon: Erzeugt tiefgreifendes Verständnis für die Wünsche und Sehnsüchte des jeweilig anderen und die Bereitschaft, sich füreinander aufzuopfern. Es besteht ferner ein starkes und unausgesprochenes Gespür für die inneren Vorgänge des Partners. Im Weiteren fördern diese Interaspekte gemeinsame spirituelle Interessen.

Quadrat, Opposition: Neigung, sich ein falsches Bild vom anderen zu machen, Enttäuschung, immer wiederkehrende Unklarheiten, die die Beziehung schwer belasten können, ebenso wie Heimlichkeiten und unausgesprochene Wünsche.

Mond zu Pluto

Konjunktion: Intensive Gefühle, die zu bedingungsloser, affektartiger Hingabe und rauschhafter körperlicher Vereinigung führen können. Bisweilen kann auch eine regelrechte Hörigkeit entstehen, vor allem von Seiten des Pluto-Eigners, der sich vom Mond und dessen Gefühlsleben unwiderstehlich angezogen fühlt. Pluto und sein Eigner setzen den Mond oft mit großen Forderungen und Erwartungen unter Druck und versuchen, ihn völlig zu vereinnahmen, was den Mond-Eigner letztlich in die Flucht treiben kann. Oft karmischer Hintergrund wie beim Quadrat und der Opposition.

Sextil, Trigon: Der Pluto-Eigner kann Begeisterung und große Freude beim Mond-Eigner wecken. Umgekehrt kann aber auch der Mond-Eigner die Leidenschaft des Plutos wecken. Wie bei der Konjunktion können diese Interaspekte auch die sexuelle Anziehungskraft steigern.

Quadrat, Opposition: Der Mond-Eigner fühlt sich vom Pluto-Eigner bevormundet und seelisch belastet. Oft sehr leidenschaftliche Beziehung, wobei hier die Betonung auf „leiden“ liegt. Der Mond-Eigner gerät hier häufig in eine unausgesprochene Abhängigkeit des Pluto-Eigners. Diese Abhängigkeit kann mit einer unaufgelösten Beziehung und inneren Verstrickungen aus dem Vorleben zu tun haben.

Mond zu Aszendent

Konjunktion, Opposition: Starke Anziehung und Bedürfnis nach Intimität und Nähe, die sehr oft zur Heirat führt. Besonders wertvolle Interaspekte, die eine lange Beziehung begünstigen und auf Dauer zu einer starken inneren wie äußeren Angleichung führen können.

Sextil, Trigon: Es bestehen grundlegende seelische und körperliche Harmonien, die ebenfalls häufig zu engen Bindungen führen. Meist verliebt sich zunächst der Mond-Eigner in den Aszendenten.

Quadrat: Interesse vor allem von Seiten des Mond-Eigners, das aber starken Schwankungen unter liegen kann. Eine stabile Beziehung ist nur möglich, wenn andere günstige Interaspekte Treue und Verlässlichkeit anzeigen.

Mond zu MC

Konjunktion, Opposition: Der Mond-Eigner versucht hier häufig, die Geschicke des MC-Eigners zu lenken und großen Einfluss auf sein Leben auszuüben. Dies ist ganz besonders der Fall, wenn der Mond-Eigner die Frau und der MC-Eigner der Mann ist. Erfolg kann den MC-Eigner für den Mond besonders attraktiv und sexy machen. Dieser Interaspekt ist förderlich, um gemeinsame Lebensziele zu verwirklichen. Speziell die Opposition hilft bei der Gründung einer gemeinsamen Familie und Erwerb eines Eigenheims.

Sextil, Trigon: Der Mond-Eigner findet Gefallen an der Einstellung, dem Beruf und dem Ansehen des MC-Eigners und dürfte zumindest in der Lage sein, bei diesem Sympathie zu wecken.

Quadrat: Karrierepläne und berufliche Ziele stehen seelischen Empfindungen entgegen. Das Missfallen, ausgehend vom Mond-Inhaber, bremst letztlich das Fortkommen des MC-Eigners. Ein Interaspekt, der aber negativ oft kaum bis gar nicht spürbar ist und deshalb auch keine besonders große Rolle spielt.

Mond zum aufsteigenden Mondknoten

Konjunktion, Sextil, Trigon: Deutet auf eine starke seelische Verbindung hin. Der Mond-Eigner hilft dem Mondknoten-Eigner, seine karmischen Aufgaben zu bewältigen. Besonders stark und positiv ist hier die Konjunktion.

Quadrat, Opposition: Die beiden kennen sich vor allem bei der Opposition aus einem Vorleben und laufen nun Gefahr, in alte, eher für die Beziehung schwierige Verhaltensmuster hineinzufallen.

Merkur zu Merkur

Konjunktion: Steht bei Paaren Merkur an der gleichen Stelle, kann ein sehr ähnliches Denken beobachtet werden. Beide wissen oft schon, was der jeweilig andere denkt, bevor es ausgesprochen wird. Kann zu einem guten geistigen Austausch führen. Manchmal mangelt es allerdings an konträren, belebenden Gedanken.

Sextil, Trigon: Sehr günstig für Zusammenarbeit und gemeinsame Planungen. Man kann sich geistig gut ergänzen und gegenseitig weiterhelfen. Diese Interaspekte helfen, in schwierigen Zeiten gemeinsam eine Lösung zu finden.

Quadrat, Opposition: Provoziert gegensätzliche Ansichten und Meinungen, die oft nicht in das eigene Weltbild hineinpassen und zu Konflikten führen können. Speziell bei der Opposition können der geistige und gedankliche Austausch dennoch sehr fruchtbar und anregend sein.

Merkur zu Venus

Konjunktion, Sextil, Trigon: Erhöht die Flirtbereitschaft und erzeugt Liebesgedanken. Besonders stark ist die Konjunktion zu werten. Näherkommen über schöne, intensive Gespräche, Telefonate, Mails, Briefe, die von Liebe und Erotik handeln. Interaspekte, die helfen, sich auch in Krisenzeiten über das Gespräch anzunähern.

Quadrat, Opposition: Gerade die Spannungsaspekte können knisternde erotische Spannungen bewirken. Gewisse Gegensätze können sich jedoch in den Ansichten und in den ästhetischen Empfindungen offenbaren. Einen eher reizvollen und positiven Gegensatz kann wiederum vor allem die Opposition darstellen.

Merkur zu Mars

Sextil, Trigon: Energische Zusammenarbeit, guter gedanklicher Austausch. Speziell der Merkur-Eigner kann innere Beweggründe und äußeres Handeln des Mars-Eigners gut verstehen. Umgekehrt unterstützt der Merkur-Eigner gedanklich und intellektuell den Mars-Eigner in seinem Handeln und Tun. Gemeinsam können schnelle und gute Entscheidungen gefällt werden.

Konjunktion, Quadrat, Opposition: Gegenteilige Meinungen und Interessen stoßen hier immer wieder hart aufeinander und provozieren Streit und Zank. Das Auskommen ist durch diese Aspekte vor allem im Alltag und in der Zusammenarbeit deutlich erschwert. Paare mit diesen Interaspekten sollten darauf achten, nicht zu eng aufeinanderzusitzen und die gegenseitige Kritik nicht zu übertreiben.

Merkur zu Jupiter

Konjunktion, Sextil, Trigon: Fruchtbarer geistiger Austausch und gute, einträgliche Zusammenarbeit. Merkur kann das Glück Jupiters durch positive Gedanken und Erkenntnisse fördern, während Jupiter die engen gedanklichen Grenzen des Merkurs durch Glauben, Hoffnung, Großzügigkeit usw. erweitern kann. Hilft dem Paar, große gemeinsame Pläne zu verwirklichen.

Quadrat, Opposition: Ähnlich günstig wie Konjunktion, Sextil, Trigon zu werten. Hintergedanken und festgefahrene Meinungen könnten jedoch den Austausch stören. Manchmal sind es auch falsche Versprechen und trügerische Hoffnungen, die das gemeinsame Glück trüben können.

Merkur zu Saturn

Sextil, Trigon: Ernste, tiefgründige geistige Auseinandersetzung. Das Paar ist in der Lage, sich konstruktiv über schwierige Probleme und Inhalte auseinanderzusetzen. Sehr gute Interaspekte für eine gemeinsame Arbeit.

Konjunktion, Quadrat, Opposition: In den allermeisten Fällen muss hier mit geringem gegenseitigen Verständnis für die Probleme des anderen sowie mit großen Missverständnissen im Austausch gerechnet werden. Lüge und Verrat können sogar zur Feindschaft führen. Bei reiferen Personen kann die Konjunktion wie Sextil oder Trigon wirken.

Merkur zu Uranus

Konjunktion, Opposition: Reger geistiger Austausch und große gemeinsame Unternehmungslust. In enger Zusammenarbeit können geniale Ideen und Pläne entwickelt werden. Diese Interaspekte können aber auch dazu verführen, dass der eine den anderen immer wieder unterbricht und nicht aussprechen lässt.

Sextil, Trigon: Man hat sich immer etwas zu sagen, kann aber auch ohne große Worte ein intuitives Verständnis füreinander entwickeln. Der intensive geistige Austausch hilft, immer wieder überraschende Auswege in schwierigen Situationen zu finden.

Quadrat: Plötzlich aufbrechende unterschiedliche Anschauungen, Missverständnisse, laute Worte, Streit. Man reibt sich geistig aneinander, es werden nur schwer gemeinsame Lösungen gefunden.

Merkur zu Neptun

Konjunktion: Schwärmerische, tiefsinnige Gespräche über Liebe, Kunst, Religion und Mystik, aber auch Gefahr von Lüge, Täuschung, Betrug, Verrat und Missverständnissen.

Sextil, Trigon: Man versteht einander, auch wenn die Worte nicht immer klar und verständlich sind, es besteht häufig eine gute Übereinstimmung in geistigen, religiösen und spirituellen Inhalten.

Quadrat, Opposition: Missverständnisse, den anderen bewusst täuschen und hintergehen. Merkur lehnt die unlogische und schwärmerische Seite Neptuns ab, während sich Neptun von den Gedanken Merkurs in seinem Empfinden und Sehnen gestört fühlt.

Merkur zu Pluto

Sextil, Trigon: Besonders günstig für gemeinsame forschende Tätigkeit. Der Austausch kann inspirierend und sehr tiefgründig sein und zu wertvollen Erkenntnissen verhelfen.

Konjunktion, Quadrat, Opposition: Gefahr von fanatisch geführten, hasserfüllten Auseinandersetzungen, sich gegenseitig häufig widersprechen, sich vom anderen schnell angegriffen fühlen. Die Konjunktion und die Opposition können mitunter auch positiv wirken und zu tiefgründigem gedanklichen wie geistigen Austausch anregen. Allerdings bedarf es auch bei diesen Interaspekten großer gegenseitiger Toleranz.

Merkur zu Aszendent

Konjunktion, Sextil, Trigon: Vor allem Merkur passt sich hier den Gewohnheiten des Aszendenten gut an und bringt ihm auch geistige Anregungen, insbesondere bei der Konjunktion. Interaspekte, die häufig gemeinsame Interessen andeuten.

Quadrat: Viele Gespräche und Diskussionen, die gelegentlich zu keinem Ergebnis führen. Letztlich stellt dieser Interaspekt aber keine Beeinträchtigung für eine gute Beziehung dar.

Opposition: Ein lebhafter geistiger Austausch inspiriert und fördert die Beziehung. Der Merkur-Eigner wird vom Aszendenten-Eigner häufig als kluger und passender Partner wahrgenommen.

Merkur zu MC

Konjunktion, Sextil, Trigon: Oft fördert der Merkur-Eigner beruflich den MC-Eigner durch praktische Wissensvermittlung. Ein geistig reger Austausch ist möglich.

Quadrat, Opposition: Die Lebensziele und Hauptinteressen des einen stehen den Meinungen und Gedanken des anderen entgegen. Häufig kann mangelndes Verständnis füreinander beobachtet werden.

Merkur zum aufsteigenden Mondknoten

Konjunktion, Sextil, Trigon: Günstig für gemeinsame Reisen sowie für den Austausch von Wissen. Merkur und sein Eigner unterstützen wichtige persönliche Ausrichtungen des Mondknoten-Eigners.

Quadrat: Merkur hinterfragt grundlegende Lebensausrichtungen des Mondknoten-Eigners.

Opposition: Gemeinsame Begegnungen und Schnittstellen, die die vorigen Leben betreffen.

Venus zu Venus

Konjunktion, Sextil, Trigon: Bei diesen Aspekten kann eine starke Grundsympathie und gegenseitiges sinnliches Begehren beobachtet werden. Die Annäherung wird hier durch eine natürlich vorhandene Harmonie erleichtert.

Quadrat, Opposition: Ebenfalls starke gegenseitige Anziehungskraft. Die Liebeserfüllung kann sich hier jedoch durch Unklarheiten und geschmackliche Dissonanzen verzögern.

Venus zu Mars

Konjunktion, Opposition: Aspekte zwischen Venus und Mars haben die stärkste sinnliche Anziehungskraft zwischen Mann und Frau überhaupt. Besonders intensiv und nachhaltig wirken die Konjunktion und die Opposition. Sie deuten auf leidenschaftliche, erfüllende Liebe ohne Berechnung und faden Beigeschmack hin. Es darf mit tiefer wollüstiger Befriedigung und gesteigerter Lebensfreude gerechnet werden, die sich im Beisammensein einstellt.

Besonders erwünscht sind die Venus des Mannes in Konjunktion oder Opposition zum Mars der Frau. Aber auch umgekehrt, also die Venus der Frau in Konjunktion oder Opposition zum Mars des Mannes, sind als Vorzeichen für Liebe günstig. In aller Regel ist es der Venus-Eigner, der Liebe weckt.

Sextil, Trigon: Erfüllende, leidenschaftliche, körperliche Liebe, intimes Wohlgefallen, völlige Hingabe.

Quadrat: Ebenfalls sehr stark in seiner Wirkung, jedoch weniger harmonisch als die anderen Aspekte. Anziehung, Verfallensein, plötzliche Ablehnung und Abstoßung befinden sich mehr oder weniger im schnellen Wechsel. Es fehlen Harmonie und Konstanz in der Zuneigung. Die sexuellen Reize sind gerade beim Quadrat oft ungewöhnlich scharf, aber eben nicht konstant.

Venus zu Jupiter

Konjunktion, Opposition: Die Liebe (Venus) erhält hier höhere Würden durch Jupiter. Im Klartext deuten diese Aspekte deshalb auf erwünschte Partnerschaften und letztlich große Liebe hin. Die Gefühle füreinander sind rein und klar und können auch durch äußerliche Störungen kaum getrübt werden.

Sextil, Trigon: Eheglück, Liebesreichtum, starke gefühlsmäßige und moralische Übereinstimmungen.

Quadrat: Jupiter neigt in diesem Fall häufig zu Liebesversprechungen, die aber nicht immer eingehalten werden, möglich ist hier auch eine Art von verbotener, unmoralischer Liebe.

Venus zu Saturn

Konjunktion, Opposition: Sehr interessante Interaspekte, die unterschiedlich ausfallen können. Einmal kann Liebesleid und Ablehnung vor allem durch den Saturn-Eigner beobachtet werden, dann wieder eine unglaublich tiefe, treue und unzerstörbare Liebe, die vermutlich eine gemeinsame Vergangenheit aus Vorleben hat. Die Liebe kann lange Zeit unerfüllt bleiben und verzögert werden, manchmal braucht sie auch einfach nur Zeit, um sich aus äußeren gesellschaftlichen Hemmnissen, Einschränkungen und Zwängen befreien zu können.

Vor allem bei der Opposition zwischen Venus und Saturn findet sich häufig eine ungewöhnlich tiefe Liebe, die durch alle Wandlungen und Krisen des Lebens hindurch nicht nur bestehen bleibt, sondern sogar immer noch stärker wird. Harmonisch ist hier die Liebe auch zwischen einer jüngeren Frau, die die Venus-Eignerin, und einem älteren Mann, der der Saturn-Eigner ist.

Sextil, Trigon: Eine treue und konstante Zuneigung kennzeichnet diese Verbindung. Mit besonders großer Harmonie darf in der Partnerschaft gerechnet werden, wenn der Saturn-Eigner wesentlich älter ist.

Quadrat: Verzögerte Liebe, die nur schwer Erfüllung findet. Bisweilen deutet dieser Interaspekt auf eine Erkaltung der Gefühle hin, vor allem auch in sexueller Hinsicht.

Venus zu Uranus

Konjunktion: Liebe auf den ersten Blick führt zu schnellen, spontanen Liebesbeziehungen, die allerdings auch voreilig sein können. Venus und Uranus erzeugen eine Art Liebesrausch, der sich vor allem unter ungewöhnlich, romantischen Umständen entzündet.

Sextil, Trigon: Liebe ohne Langweile. Ständige Überraschungen im Zusammensein halten die Spannung, den Reiz aufrecht.

Quadrat, Opposition: Kurzweiliger Reiz, Strohfeuer, das schnell wieder verglimmt, unbeständige Liebe, Untreue, schnell Bindung, schnelle Trennung. Speziell die Opposition kann unter Umständen aber auch eine sehr freiheitliche, ungezwungene spannende Liebe mit vielen Liebesexperimenten anzeigen.

Alle Venus-Uranus-Interaspekte können auch ein Zeichen für freie, unbürgerliche Liebe sein.

Venus zu Neptun

Konjunktion, Sextil, Trigon: Sehnsucht nach einer idealen Liebe, erhöhte Bereitschaft, für die Beziehung Opfer zu bringen, gemeinsam schwelgen und schwärmen, körperlose platonische Liebe.

Quadrat, Opposition: Gefahr, sich gegenseitig etwas vorzumachen, sich in den Gefühlen des anderen zu täuschen, Liebe aus Mitleid, Verführung, unpassende Verbindung, Scheinehe. Speziell bei der Opposition kann jedoch bisweilen eine positive Idealisierung in der Form beobachtete werden, dass das Paar vor allem das schöne Gesicht des jeweiligen anderen im Auge hat.

Venus zu Pluto

Konjunktion, Opposition: Aspekte zwischen Venus und Pluto können eine sehr starke Kraft haben, im Positiven wie Negativen. Oft besteht in irgendeiner Form ein Abhängigkeitsverhältnis, das bis in die sexuelle Hörigkeit hineingehen kann. Der Pluto-Eigner will die Venus um jeden Preis fest an sich binden, begehehrt sie ungemein, unabhängig davon, ob der Pluto-Eigner ein Mann oder eine Frau ist. Wird die Liebe von Venus nicht erwidert, kann der Pluto-Eigner unter Umständen ein Leben lang unter dieser unerfüllten Liebe leiden. Aber auch die Venus kann Pluto hoffnungslos verfallen und leiden, sobald er sich von ihr nur räumlich entfernt. Die Liebe ist oft sehr magisch und leidenschaftlich, wobei die Betonung nicht immer, aber sehr oft auf Leiden liegt.

Sextil, Trigon: Starke Sinnlichkeit und Leidenschaft in harmonischer, entspannter Form, gegenseitige Anziehungskraft bis ins hohe Alter.

Quadrat: Unerfülltes Begehren meist von Seiten des Pluto-Eigners, verdrängte sexuelle Wünsche und Triebe, die die Beziehung erschweren. Venus fühlt sich von Pluto oftmals überfordert und zu sehr unter Druck gesetzt, vor allem in sexueller Hinsicht, vorwiegend wenn der Pluto-Träger ein Mann und die Venus-Eignerin eine Frau ist. Man kann unter diesem Interaspekt bisweilen Paare beobachten, die trotz innerer Ablehnung und Abneigung nicht voneinander loskommen, was zu einem tragischen Ende führen kann. Frauen, deren Venus unter so einem Pluto leidet, können zunehmend an Kraft verlieren und sogar krank werden.

Venus zu Aszendent

Konjunktion, Sextil, Trigon, Opposition: Der Venus-Eigner liebt den Aszendent-Eigner und kann auch bei diesem große Liebe erzeugen. Besonders heftig ist die Verliebtheit bei der Konjunktion und Opposition.

Quadrat: Ebenfalls starke Verliebtheit von Seiten des Venus-Eigners, die jedoch vom Aszendent-Eigner nicht immer erwidert wird und deshalb oft zu Enttäuschungen und schlechten Erfahrungen führt.

Venus zu MC

Konjunktion, Sextil, Trigon, Opposition: Der Venus-Eigner fördert den MC-Eigner beruflich und in seinen Lebenszielen durch Liebe und Zuneigung.
Speziell bei der Opposition hilft Venus dem MC-Eigner außerdem, ein schönes und wohltuendes gemeinsames Zuhause zu schaffen.

Quadrat: Wenig Verständnis des Venus-Eigners für die beruflichen Belange des MC-Eigners, auch kleinere Dissonanzen in den Lebensvorstellungen, die aber nicht besonders schwerwiegend sein müssen.

Venus zum aufsteigenden Mondknoten

Konjunktion: Karmische Liebesverbindung, Aufleben im Beisammensein, finden das Glück, indem sie sich gemeinsam weiterentwickeln und fördern.

Opposition: Liebe aus einem vorigen Leben.

Sextil, Trigon: Venus fördert den Mondknoten-Eigner in der Bewältigung wichtiger Lebensaufgaben.

Quadrat: Kaum negativ spürbar. Die Venus und ihr Eigner haben Verständnis für persönliche Lebensausrichtung des Mondknoten-Eigners.

Mars zu Mars

Konjunktion, Opposition: Bei Gleichgeschlechtlichkeit bringen diese Aspekte häufig Streit und Zank, in seltenen Fällen aber auch große gemeinsame Aktivitäten und Energieeinsatz. Bei Gegengeschlechtlichkeit können gegenseitiges Begehren und eine starke Anziehungskraft beobachtet werden. Mars zu Mars hilft Paaren speziell bei der Konjunktion, im Leben am einem Strang zu ziehen, während Paare sich bei der Opposition zwischen Mars und Mars in ihrem unterschiedlichen Handeln und Auftreten ergänzen können.

Sextil, Trigon: Starke sinnliche Anziehung, in jedem Fall günstig für gemeinsame Tätigkeiten und Unternehmungen. Im Zusammensein kann sich die Energie durch zielgerichteten Einsatz sozusagen verdoppeln.

Quadrat: Auch beim Quadrat kann bei ungleichem Geschlecht noch eine gewisse sinnliche Anziehungskraft beobachtet werden. Ständige Auseinandersetzungen und Uneinigkeit im Wollen gefährden jedoch die Beziehung.

Mars zu Jupiter

Konjunktion, Quadrat, Opposition: Viel Streit aufgrund weltanschaulicher Differenzen, gegenseitige Schädigung, Vorurteile, unmoralische Handlungen, Trennungstendenz.

Bei der Opposition zwischen Mars und Jupiter kann in Beziehungen manchmal auch eine sehr fruchtbare weltanschauliche Auseinandersetzung beobachtet werden.

Sextil, Trigon: Übereinstimmung in Willenszielen und weltanschaulichen, religiösen Fragen. Alle großen gemeinsamen Vorhaben, die mit Mut und Überzeugung angegangen werden, glücken.

Mars zu Saturn

Konjunktion, Quadrat, Opposition: Gehören zu den ungünstigsten Aspekten im Vergleich und können, wenn überhaupt, nur durch ein größtmögliches Maß an Toleranz überwunden werden. Das Einvernehmen ist meist schon früh gestört, wenngleich die Feindschaften hier oft lange und unerbittlich geführt werden. Vielfach handelt es sich hier um Altlasten aus früheren Leben. Konkrete Auswirkungen: Gegenseitige Schädigung, unterschiedliche Willensziele, Zerwürfnis, Trennung.

Speziell bei der Opposition können bisweilen aber auch völlig gegenteilige Beobachtungen gemacht werden. Hält das Paar fest zusammen, sind große gemeinsame Willensziele erreichbar. Riesen Erfolge sind vor allem dann möglich, wenn das Paar zusammenarbeitet. Der Mars-Eigner bekommt in diesem Falle durch den Saturn-Eigner Halt und Struktur, was seine Ziele, seinen Antrieb und seine Handlungen angeht. Umgekehrt kann Mars den beruflichen Ehrgeiz des Saturn weiter anstacheln und ihm helfen, große Ziele zu erreichen. Gerade die Opposition zwischen Mars und Saturn kann zum dynamischen Duo machen, auch wenn die eine oder andere Auseinandersetzung in der Beziehung recht heftig ausfallen sollte.

Sextil, Trigon: Energische Zusammenarbeit, gemeinsame Ziele auch im Fall von großen Hindernissen erreichen.

Mars zu Uranus

Konjunktion: Gelegentlich starke, plötzliche Zuneigung, falls Mars-Träger die Frau ist. Ansonsten ist die Konjunktion zu werten wie das Quadrat und die Opposition.

Sextil, Trigon: Begünstigt spontane gemeinsame Unternehmungen. Das Zusammensein setzt große Energien frei und sorgt für Abwechslung und überraschende Erlebnisse.

Quadrat, Opposition: Plötzliche Aufregungen, Spannungen und Streit bis hin zu Gewalttätigkeiten, Rücksichtslosigkeit, vorschnelle Trennung.

Mars zu Neptun

Konjunktion, Quadrat, Opposition: Oft Täuschung, Hintergehung und Betrug von Seiten des Neptun-Eigners, bisweilen wird der Neptun-Eigner vom Mars-Eigner aber auch ausgebeutet und ausgenutzt. Weitere Tendenzen: Perversität, Korruption, Intrigen, Verführung, Liebesleid.

Die Opposition ist förderlich, wenn Neptun die Venus ersetzt. Die Liebe kann aber auch dann nur ein Traum und körperlos bleiben.

Sextil, Trigon: Die Täuschungen des Neptuns können in diesem Fall auch unabsichtlich sein. Ansonsten: Einfühlsamkeit und Verständnis des Neptun-Eigners für die Wünsche und Aktivitäten des Mars-Eigners. Der Mars-Eigner kann beim Neptun-Eigner große Liebessehnsüchte wecken.

Mars zu Pluto

Konjunktion. Opposition: Starke sexuelle Anziehungskraft und triebhafte Fixierung, aber auch Gefahr von Streit bis hin zu Hass und Gewaltausbrüchen.

Speziell bei der Opposition kann das Paar auch eine große gemeinsame Dynamik entwickeln, sofern es sich nicht gegenseitig bekämpft und gemeinsame Ziele verfolgt.

Quadrat: Starke gegenseitige Anziehungskraft trotz gleichzeitiger Abstoßung, sich gegenseitig misstrauen, plötzliche und sehr heftige Auseinandersetzungen, Trennungsgefahr.

Sextil, Trigon: Große natürliche Zuneigung, gemeinsame Willensziele erreichen. Es gibt kein Hindernis, das zusammen nicht bewältigt werden könnte.

Mars zu Aszendent

Konjunktion: Mars begehrt den Aszendenten vor allem in sinnlicher und körperlicher Hinsicht, was allein schon oft zu einer engeren Beziehung führt. Steht der Mars der Frau in Konjunktion zum Aszendenten des Mannes, kann er ihr Traummann sein.

Opposition: Der Mars befindet sich in diesem Falle im 7. Haus des Aszendenten-Eigners. Es kann hier wohl ein starkes Begehren von Seiten des Mars bestehen, jedoch ist die Gefahr von ständigen Querelen und Auseinandersetzungen groß, die schließlich zur Trennung führen.

Sextil, Trigon: Starke gegenseitige Sympathie, Freude am persönlichen Ausdruck des anderen, gute Zusammenarbeit.

Quadrat: Widerspruch, leicht in Streit geraten, Abneigung, Trennungsgefahr, wenn das Gegeneinander nicht aufgehalten werden kann.

Mars zu MC

Konjunktion, Opposition: Im besten Falle fördert der Mars-Eigner die beruflichen Ziele des MC-Trägers. Er bringt dann seinen ganzen Willen und seine ganze Kraft für ihn ein. Möglicherweise auch gute Voraussetzungen für eine gemeinsame freiberufliche Tätigkeit.

Speziell die Opposition kann auch beim Aufbau einer Familie oder (und) dem Erwerb eines Eigenheims behilflich sein.

Sextil, Trigon: Ideale Zusammenarbeit, man verfolgt gemeinsame Ziele, hat das gleiche Wollen.

Quadrat: Unterschiedliche Bestrebungen und Zielsetzungen, schwieriges Übereinkommen in grundsätzlichen Fragen.

Mars zum aufsteigenden Mondknoten

Konjunktion: Triebhafte Verbindung, Gefahr von Streit und Zerwürfnissen, aber auch die Chance für den Mondknoten-Eigner, mit Hilfe des Partners altes Karma aufzuarbeiten und zu bewältigen.

Opposition: Es gibt eine gemeinsame karmische Vergangenheit, die unter unguten Umständen endete. Auch jetzt kann es wieder zu Streit und Trennung kommen.

Sextil, Trigon: Gute Verbindung, die gemeinsam vom Schicksal gestellte schwierige Aufgaben bewältigen kann.

Quadrat: Im Laufe der Beziehung können sich unterschiedliche Bestrebungen und Ziele offenbaren, die schließlich dazu führen, dass wieder getrennte Wege gegangen werden.

Jupiter zu Jupiter

Konjunktion, Sextil, Trigon: Herzliches Einvernehmen, gegenseitige Förderungen in geistiger oder (und) materieller Hinsicht, ähnliche Wertvorstellungen, echte Zuneigung und Liebe, gute Eheaussichten.

Quadrat, Opposition: Ebenfalls starke gegenseitige Zuneigung sowie gute Ehechancen. Es besteht hier aber vor allem beim Quadrat die Tendenz, Glück, das sich in erster Linie auf materielle Dinge gründet, vorzutäuschen.

Jupiter zu Saturn

Konjunktion, Quadrat, Opposition: Saturn schränkt die Entfaltungskraft Jupiters ein, unterdrückt seine Neigung zu Aufleben und Zuversicht. Häufig stehen ungünstige äußere Umstände einem Eheglück entgegen.

Die Opposition kann in manchen Fällen günstig sein, sofern sich Vorsicht und Ernsthaftigkeit sowie Optimismus und Zuversicht in Bezug auf gemeinsame Pläne und Vorhaben die Waage halten.

Sextil, Trigon: Dauerhaftes Glück, gemeinsam etwas aufbauen, gemeinsam Schwierigkeiten überwinden. Saturn gibt dem Jupiter Ernsthaftigkeit und hilft ihm, maßvoll zu bleiben. Umgekehrt fördern die Kräfte Jupiters den Saturn beim Verfolgen konkreter Lebensziele.

Jupiter zu Uranus

Konjunktion, Sextil, Trigon: Sich gegenseitig geistig inspirieren, gemeinsam neue Wege beschreiten, glückliche Umstände und Überraschungen fördern das Zusammensein. Durch das gegenseitige Gönnen von persönlichem Freiraum kann die Beziehung an Qualität und innerem Zusammenhalt gewinnen.

Quadrat: Trennung aufgrund unglücklicher bzw. unvorhergesehener Umstände, Uneinigkeit und so manche Differenz in moralischen, weltanschaulichen und religiösen Fragen.

Opposition: Jupiter regt Uranus dazu an, sich der Zukunft und neuen Möglichkeiten im Leben gegenüber zu öffnen, und umgekehrt inspiriert Uranus den Jupiter dazu, mit Mut zu leben und Risiken einzugehen. Kann sehr fruchtbar sein.

Jupiter zu Neptun

Konjunktion, Sextil, Trigon: Herzliche Zuneigung, tiefer religiöser und spiritueller Austausch, sich große Versprechen geben, Idealisierung der Beziehung, echte Liebe.

Quadrat, Opposition: Scheinglück, sich gegenseitig etwas vormachen und falsche Versprechen geben, manchmal geheuchelte Liebe und gemeinsamer verschwenderischer Lebensstil.

Vor allem die Opposition kann sich auch positiv auswirken und gemeinsame idealistische Ziele andeuten.

Jupiter zu Pluto

Konjunktion, Quadrat, Opposition: Große gemeinsame Unternehmungen und Geschäfte, aber auch Machtkämpfe und Vertrauensbruch, vor allem beim Quadrat. Pluto neigt dazu, den Jupiter auszubeuten und ihn moralisch herunterzuziehen.
Speziell die Opposition kann die Möglichkeiten geben, gemeinsam viel auf materieller Ebene zu erreichen.

Sextil, Trigon: Zusammenschluss aufgrund gemeinsamer weltanschaulicher oder auch materiellen Interessen, sich gegenseitig beruflich und materiell fördern. Interaspekte, die beim Aufbau eines gemeinsamen Vermögens förderlich sind.

Jupiter zu Aszendent

Konjunktion, Opposition: Sehr günstige Voraussetzungen für Liebe und Ehe. Beide lassen sich gegenseitig Raum und Freiheit, um sich persönlich weiterzuentwickeln, auch gute Anpassung und Harmonie. Wir finden hier häufig sehr glückliche Liebesbeziehungen.

Sextil, Trigon: Gutes Verstehen, Ehewunsch, Aufleben, unkomplizierte, herzliche Annäherung. Der Jupiter-Eigner fördert die Persönlichkeitsentwicklung des Aszendenten. Umgekehrt fügt sich der Aszendent harmonisch in das Weltbild des Jupiters ein.

Quadrat: Ebenfalls starke gegenseitige Sympathie und der Wunsch, sich näherzukommen. Es dürften jedoch unterschiedliche Vorstellungen in Auftreten und Lebensführung zu beobachten sein.

Jupiter zu MC

Konjunktion, Sextil, Trigon: Berufliche Förderung und Hilfestellung durch den Jupiter-Eigner, grundsätzliche Übereinstimmung in wichtigen Lebenszielen, Freundschaft oder Beziehung ermöglicht glückliche Lebenswende. Am stärksten wirkt die Konjunktion.

Opposition: Glückliches Heim, Familiengründung, Anpassung, Harmonie.

Quadrat: Starke gegenseitige Sympathie, die jedoch von abweichenden Zielen und Weltanschauungen abgeschwächt wird.

Jupiter zum aufsteigenden Mondknoten

Konjunktion, Opposition: Gewollte karmische, enge, herzliche Verbindung, Aufblühen und Aufleben im Zusammensein. Der Jupiter-Eigner hilft dem Mondknoten-Eigner bei der Bewältigung von belastendem Karma.

Sextil, Trigon: Glückliche und karmisch gewollte Verbindung. Das Paar hat die Chance, einen guten gemeinsamen befreienden Weg zu gehen.

Quadrat: Auch überwiegend positive Wirkung. Wiederum fördert vor allem der Jupiter-Eigner den Mondknoten-Träger bei der Aufarbeitung von Karma.

Saturn zu Saturn

Konjunktion: Die Konjunktion zwischen Saturn und Saturn deutet auf ähnliche Schwierigkeiten, Sorgen und Probleme im Zusammenleben sowie auf eine Gleichrichtung in grundsätzlichen Lebensfragen hin.

Sextil, Trigon: Bei diesen Aspekten zeigt sich gegenseitiges Verständnis für die Sorgen und Problem des anderen. In ernsten Angelegenheiten sind oft ähnliche Grundüberzeugungen gegeben.

Quadrat, Opposition: Im Zusammenleben kann zu große Enge Probleme bereiten. Auch können schwierige äußere Umstände das Zusammensein beeinträchtigen.

Saturn zu Uranus

Sextil, Trigon: Normalerweise kein Aspekt, der großes gegenseitiges Interesse erzeugt. Im besten Fall kann der Uranus-Eigner dem Saturn-Eigner neue Lebensperspektiven aufzeigen und ihm bei der Abkehr von Altem, Belastendem unterstützen. Umgekehrt kann der Saturn-Eigner dem Uranus-Eigner bei der konkreten Verwirklichung von neuen Vorhaben weiterhelfen.

Konjunktion, Quadrat, Opposition: Sehr problematische Verständigung. Was dem einen nützt, schadet dem anderen. Der Saturn-Eigner fühlt sich durch das Vorwärtsdrängen des Uranus-Eigners verunsichert, während Uranus umgekehrt sich von Saturn in seinem Wunsch, Neues zu verwirklichen, ausgebremst fühlt. Schwierige Interaspekte, die die Beziehung oft schon im Ansatz scheitern lassen.
Bei der Opposition kann die Spannung zwischen Saturn, der an Altem festhält, und Uranus, der das Neue anstrebt, auch fruchtbar und kreativ sein.

Saturn zu Neptun

Sextil, Trigon: Im besten Fall kann sich ein tiefer geistiger Austausch ergeben. Es können unter Umständen auch große gemeinsame Ideale verwirklicht und gelebt werden. Neptun kann die verneinenden Tendenzen von Saturn mildern, umgekehrt kann Saturn fantasievollen und geistreichen Auswüchsen von Neptun Kontur verleihen.

Konjunktion, Quadrat, Opposition: Gefahr von Täuschungen, Illusionen, Betrug, Intrigen und Leid. Das Verständnis füreinander ist oft von Vorurteilen belastet.
Bei der Opposition können im besten Falle gemeinsamer ernsthafter Glaube und gelebte Spiritualität zu einem inneren Zusammenhalt führen.

Saturn zu Pluto

Sextil, Trigon: Förderlich für harte gemeinsame Arbeit, der Pluto-Eigner ist dabei der Antreiber.

Konjunktion, Quadrat, Opposition: Grausamkeiten, geraten im Zusammenleben leicht in eine Sackgasse, heftige Auseinandersetzungen, fügen einander Leid zu.

Besteht ein innerer starker Zusammenhalt, was aus der gesamten Synastrie hervorgeht, dann können auch bei der Konjunktion wie Opposition größere gemeinsame Ziele durch enorme Anstrengungen und Leistungen erreicht werden. Aber auch dann besteht oftmals die Gefahr von extremen zerstörerischen Auseinandersetzungen.

Saturn zu Aszendent

Sextil, Trigon: Der Saturn-Eigner verleiht dem Aszendent Halt und Stabilität, fester Zusammenhalt in Notzeiten.

Konjunktion, Quadrat, Opposition: Der Aszendent-Eigner fühlt sich vom Saturn-Eigner zunehmend bevormundet und unterdrückt sowie in seiner persönlichen Entfaltung eingeschränkt.

Saturn zu MC

Konjunktion, Opposition: Im Falle einer gemeinsamen freiberuflichen Tätigkeit kann die Konjunktion positiv sein und größere gemeinsame Ziele erreichen lassen. Auch kann der Ehrgeiz des Saturn-Eigners den MC-Eigner zusätzlich motivieren, beruflich viel zu erreichen. Bisweilen wirkt die Konjunktion aber wie das Quadrat und hemmt den MC-Eigner in seinen Zielen.

Bei der Opposition kann das gemeinsame Ziel die Gründung einer Familie oder (und) der Bau bzw. Erwerb eines Eigenheims sein.

Sextil, Trigon: Gute berufliche Zusammenarbeit, grundsätzliche Übereinstimmung in größeren Zielen und Vorhaben, Anteilnahme am Schicksal des anderen.

Quadrat: Der Saturn-Eigner hemmt die beruflichen Ziele und Entfaltung des MC-Eigners, Differenzen aufgrund unterschiedlicher Zielsetzungen und Anschauungen.

Saturn zum aufsteigenden Mondknoten

Konjunktion: Eine schicksalshafte Begegnung, in der es einige schwierige karmische Aufgaben zu bewältigen gilt. Mitunter verhindert der Saturn-Eigner das Aufleben und die Verwirklichung des Mondknoten-Eigners.

Sextil, Trigon: Eine gute und ernsthafte Verbindung. Zusammen können schweres Karma bewältigt und Schicksalsschläge überwunden werden.

Quadrat, Opposition: Eine Verbindung, die wohl einige schwere, schicksalshafte Prüfungen zu bestehen hat. Oftmals Trennung unter sehr unguten Umständen.
Speziell bei der Opposition ist eine gemeinsame Vergangenheit wahrscheinlich, die aber eher leidvoll und tragisch war.

Uranus zu Uranus

Konjunktion: Der Zeitgeist sowie gemeinsame reformerische oder auch soziale Aktivitäten verbinden. Gemeinsam können vollkommen neue Wege gegangen werden.

Sextil, Trigon: Gegenseitiges Verständnis für progressive Ideen und Reformen, geistig anregender Austausch.

Quadrat, Opposition: Das Paar stammt aus unterschiedlichen Generationen, die einen in sich widersprechenden Zeitgeist besitzen, was wiederum zu gegensätzlichen Auffassungen in Hinblick auf Reformen und Neuerungen führen kann.

Die Opposition kann in einer Liebesbeziehung aber auch zu sehr guten und interessanten neuen Wegen führen, die vom revolutionären Zeitgeist der einen wie der anderen Generation inspiriert sind.

Uranus zu Neptun

Konjunktion, Sextil, Trigon: Der Neptun-Eigner inspiriert den Uranus-Eigner zu neuen Vorhaben, umgekehrt kann der Uranus-Eigner dem Neptun-Eigner helfen, seine Träume und Wunschvorstellungen umzusetzen. Im besten Falle helfen diese Interaspekte, gemeinsame Visionen zu entwickeln.

Konjunktion, Quadrat, Opposition: Unterschiedliche Wünsche, Sehnsüchte und Visionen. Die Opposition kann aber unter Umständen zu fruchtbarem geistigem und spirituellem Austausch führen.

Uranus zu Pluto

Sextil, Trigon: Gemeinsam große neue Vorhaben bewältigen, dem vorherrschenden Zeitgeist weit voraus sein, großartige gemeinsame Zukunftsvisionen.

Konjunktion, Quadrat, Opposition: Lehnen sich gemeinsam gegen bestehende Ordnungen auf, wobei Pluto meist die treibende Kraft ist und Uranus der Handelnde, manchmal Trennungen unter tragischen Umständen.

Uranus zu Aszendent

Konjunktion: Aufregendes, abwechslungsreiches Zusammensein mit der Tendenz zu plötzlicher Trennung, Sinnesänderungen und Untreue des Uranus-Eigners. Der Uranus-Eigner ist fast immer sehr anstrengend, oftmals auch beunruhigend für den Aszendenten.

Sextil, Trigon: Überraschende Wendungen im Zusammensein, aus Abneigung wird plötzlich Zuneigung, ungewöhnlicher gemeinsamer Lebensstil. Zusammen gelingt es, sich aus Verstrickungen und Abhängigkeiten zu befreien.

Quadrat, Opposition: Plötzliche Trennungen, der Aszendent-Eigner leidet unter der wechselnden Zuneigung und Sprunghaftigkeit des Uranus-Eigners. Es kann immer wieder anstrengende Umbrüche und Veränderungen im Zusammensein geben. Die Beziehung bleibt inkonstant und wird oft immer wieder infrage gestellt.

Bei der Opposition ist im besten Falle eine sehr moderne, freiheitliche, ungezwungene Beziehung möglich.

Uranus zu MC

Konjunktion: Gute gemeinsame Ergebnisse in astrologischer Tätigkeit oder in wissenschaftlich-technischen Berufen können erzielt werden. Uranus ist der Ideengeber. Ansonsten wirkt die Konjunktion allerdings meist wie Quadrat oder Opposition zwischen Uranus und MC.

Sextil, Trigon: Günstig für jegliche berufliche Zusammenarbeit. Der Uranus-Eigner ergreift dabei häufig die Initiative, was neue Projekte und Vorhaben betrifft. Oft übernimmt er auch den innovativen Part des Ideengebers. In Liebesbeziehungen fördern diese Interaspekte ein gemeinsames freies und unabhängiges Leben.

Quadrat, Opposition: Der Uranus-Eigner drängt den MC-Eigner in eine verkehrte berufliche Richtung bzw. stellt diese unter Umständen infrage. Interaspekte, die das Zusammenziehen und die Gründung einer Familie zumindest erschweren können.

Uranus zum aufsteigenden Mondknoten

Konjunktion: Der Uranus-Eigner kann dem Mondknoten-Eigner im besten Falle helfen, neue Wege, die das Schicksal für ihn vorgesehen hat, zu gehen. Eine oft aufregende Verbindung.

Sextil, Trigon: Eine erfüllte Gegenwart und Zukunft, sofern sich das Paar immer wieder Neuem gegenüber öffnet. Gemeinsam können gute Ideen und Visionen verwirklicht werden.

Quadrat, Opposition: Trennung aus heiterem Himmel, unterschiedliche Wege gehen, wodurch die Beziehung keine Zukunft hat. Speziell die Opposition kann den Mondknoten-Eigner immer wieder in schwierige Verhaltensweisen aus früheren Leben zurückfallen lassen.

Neptun zu Neptun

Konjunktion: In manchen Fällen kann Neptun die Funktion von Venus übernehmen und zu einer schwärmerischen Sympathie und Zuneigung führen. Im Weiteren können hier bisweilen ähnliche geistige Interessen und Glaubensinhalte beobachtet werden.

Sextil, Trigon: Ziehen sich auf geheimnisvolle Art und Weise an, können sich geistig stark inspirieren.

Quadrat: Heimlichkeiten und Täuschungen können das Zusammensein erschweren. Auch: sich ein falsches Bild voneinander machen. Voneinander abweichende Ideale aufgrund unterschiedlicher Generationen.

Anmerkung: Neptun Opposition Neptun kommt im Horoskopvergleich normalerweise nicht vor, da der Altersunterschied zu groß ist.

Neptun zu Pluto

Sextil, Trigon: Unterwürfige Zuneigung des Neptun-Eigners mit Tendenz zur Abhängigkeit. Pluto dominiert, aber Neptun kann stark beeinflussen.

Konjunktion, Quadrat, Opposition: Täuschungen, Perversität, Verführung, Heimlichkeiten, die die Beziehung belasten.

Neptun zu Aszendent

Konjunktion: Der Neptun-Eigner neigt zur Idealisierung des Aszendent-Eigners, versteht aber auch dessen Sorgen und Probleme und kann sich gut in ihn einfühlen. Bisweilen große gegenseitige Liebe mit Tendenz zur Aufopferung von Seiten des Neptun-Eigners.

Sextil, Trigon: Zu werten wie die Konjunktion, jedoch schwächer in der Wirkung. Der Neptun-Eigner regt die Fantasie des Aszendent-Eigners an, der Aszendent-Eigner wiederum fühlt sich eigentümlich angezogen vom Neptun-Eigner.

Quadrat, Opposition: Regt zu ablehnenden Fantasien an, der AC-Eigner könnte vom Neptun-Eigner getäuscht werden.
Bei der Opposition ist die Beziehung oftmals auf Illusionen aufgebaut. Mitunter können wir eine Idealisierung und aufopferungsvolle Liebe des Neptun-Eigners beobachten.

Neptun zu MC

Konjunktion: Neptun kann im besten Falle den MC-Eigner künstlerisch und geistig inspirieren und beruflich fördern. Vielfach wirkt die Konjunktion hier aber auch wie das Quadrat oder die Opposition zwischen Neptun und MC.

Sextil, Trigon: Neptun ist der gute Geist des MC, wünscht ihm Glück in Beruf und Schicksal und fördert ihn damit durch gute Gedanken und Gefühle.

Quadrat, Opposition: Möglicherweise idealisiert der Neptun-Eigner den MC-Träger in Hinsicht auf seinen Beruf und seine gesellschaftliche Stellung und sieht darüber hinaus nicht den Menschen, um den es geht.
Speziell bei die Opposition kann das Finden eines gemeinsamen Heims und die Gründung einer Familie gelegentlich ein unerfüllter Traum bleiben.

Neptun zum aufsteigenden Mondknoten

Konjunktion, Sextil, Trigon: Träume können verwirklicht werden und schweißen zusammen. Begünstigt auch gemeinsame spirituelle Interessen.

Quadrat, Opposition: Der Neptun-Eigner hat wenig Verständnis für das Verwirklichen größerer Lebensziele des Mondknoten-Eigners. Oft auch unpassende Verbindung.
Speziell bei der Opposition gibt es möglicherweise eine karmische Vergangenheit, in der Betrug und Täuschung ein größeres Thema waren.

Pluto zu Pluto

Konjunktion: In seltenen Fällen Bündnis zum Zweck der Macht. Gemeinsam will und kann man etwas Großes schaffen und erreichen. In negativer Auswirkung Tendenz zu Machtkämpfen, Streit, unbegründetem Misstrauen und gegenseitiger Kontrolle. Ein Interaspekt, den alle Paare aus der gleichen Generation haben. Wie er sich im Zusammensein auswirkt, hängt im Wesentlichen auch von der persönlichen Stellung und Aspektierung Plutos im Horoskop der angesprochenen Menschen ab.

Sextil, Trigon: Förderlich für gemeinsame körperlich anstrengende Tätigkeiten und Forschungsarbeiten.

Quadrat: Mitunter ein Generationenkonflikt, der sich auch in einer Beziehung auswirken kann. Beide haben ein gegensätzliches Verhältnis zu Macht und Verboten. Manchmal auch: Können sich „nicht riechen", schwelender Dauerkonflikt, der häufig nicht offen ausgetragen wird.

Anmerkung: Auch Pluto Opposition Pluto kommt in der Praxis so gut wie nie vor.

Pluto zu Aszendent

Sextil, Trigon: Pluto fordert den Aszendenten heraus, begehrt ihn, übt unter Umständen einen großen Einfluss auf ihn aus und hilft ihm, sich zu verändern, sein wahres Potential zu erkennen. Oft eine schicksalhafte enge Bindung.

Konjunktion, Opposition: Pluto begehrt und liebt, jedoch Tendenz zu unerfüllter Liebe. Der Aszendent-Eigner fühlt sich vom Pluto-Eigner oftmals unter Druck gesetzt und bevormundet. Häufige Machtkämpfe in einer festen Beziehung sind wahrscheinlich.

Innere und äußere Abhängigkeiten und Verwicklungen verhindern oftmals eine schnelle Trennung

Quadrat: Unstimmigkeiten und Machtkämpfe oft von Anfang an, Konflikte werden hier von Seiten des Pluto-Eigners bisweilen mit Gewalt gelöst, Trennung unter tragischen Umständen.

Pluto zu MC

Konjunktion: Bei sonst gutem Einvernehmen kann der Pluto-Eigner unter Umständen den MC-Eigner so beeinflussen, dass dieser beruflich aufsteigt und mehr Einfluss und Geltung erhält. Ansonsten wirkt die Konjunktion wie das Quadrat und die Opposition.

Sextil, Trigon: Starker Einfluss des Pluto-Eigners auf die Arbeit, den Beruf und die Lebenszielsetzung des MC-Eigners, gemeinsame Ziele, die unter hohem Einsatz verfolgt werden.

Quadrat, Opposition: Machtkampf, der Pluto-Eigner versucht den MC-Eigner zu beherrschen und zu unterdrücken. Im negativen Fall kann der Pluto-Eigner das öffentliche Ansehen und die beruflichen Ziele des MC-Eigners zerstören.

Pluto zum aufsteigenden Mondknoten

Konjunktion: Der Pluto-Eigner kann dem Mondknoten-Eigner im besten Falle helfen, sich in eine positive Richtung zu entwickeln. In eher kritischer Auswirkung verzögert Pluto den Weg des Mondknotens. Oft eine karmische, schicksalshafte Verbindung, die unter Umständen tragisch endet.

Sextil, Trigon: Günstiger Einfluss des Pluto-Eigners auf das Leben und die Entwicklung des Mondknoten-Eigners. Durch gemeinsame Wandlungen kann schweres Karma abgebaut werden.

Quadrat, Opposition: Trennung durch schicksalshafte Ereignisse und höhere Umstände.
Speziell der Opposition darf von einer gemeinsamen karmischen Vergangenheit ausgegangen werden, die von Leid und Zerstörung geprägt war.

Aszendent zu Aszendent

Konjunktion: Harmonisches gemeinsames Auftreten in der Öffentlichkeit, grundsätzliche Übereinstimmung in der Lebensführung, intimes Wohlgefallen. Verstehen sich gut, wenngleich Liebesbeziehungen oft etwas Geschwisterliches anhaftet.

Sextil, Trigon: Gegenseitiges Gefallen und Grundharmonie, manchmal auch körperliche Anziehungskraft. In einer Beziehung können sich beide gut entfalten, sofern das die restliche Synastrie bestätigen kann.

Quadrat: Gewisse Interesse und Anziehung aufgrund von Ungleichheiten, die letztlich aber auch eine große Liebe verhindern können.

Opposition: Bei Gegengeschlechtlichkeit ein sehr wirksamer positiver Interaspekt, der auf eine spannende Gegensätzlichkeit und eine starke Anziehungskraft hindeutet. Was der eine an Qualitäten besitzen, fehlt dem anderen und umgekehrt. Dieses Vorzeichen führt häufig zur Ehe.

Aszendent zu MC

Konjunktion, Sextil, Trigon: Harmonische Zusammenarbeit, wobei der Aszendent-Eigner oftmals den Ton angibt, Übereinstimmung in grundsätzlichen Lebensfragen.

Opposition: Familiengründung, förderlich für gemeinsamen Haushalt und Beruf.

Quadrat: Unterschiedliche Bedürfnisse und Zielsetzungen, wenig Verständnis des Aszendent-Eigners für den Beruf des MC-Eigners (dieser Aspekt ist jedoch meistens nur sehr schwach oder gar nicht zu spüren).

MC zu MC

Konjunktion, Sextil, Trigon: Ähnliche Lebenszielsetzungen, auch wenn die Berufe unterschiedlich sind, manchmal förderlich für eine gemeinsame berufliche Tätigkeit.

Quadrat, Opposition: Sich widerstrebende Ziele und unterschiedliche Vorstellungen, was Beruf und Arbeit betrifft, können eine negativen Einfluss auf das Privatleben haben.

Mach dich auf deinen Weg!
Und nimm eine gute Karte mit für deine Lebensreise!
Wenn Sie sicherer durch Ihr Leben gehen wollen, kann Astrologie das richtige Navigations-System für Sie sein. Die genaue Karte für Ihren persönlichen Weg: Eine astrologische Beratung – telefonisch oder persönlich – bei Michael Allgeier, einem der führenden Astrologen Deutschlands. Michael Allgeier bietet seit über 20 Jahren einfühlsame, individuelle Beratung.
Aus dem Erfahrungsschatz und dem Wissen der klassischen Astrologie zeichnet er mit Ihnen Ihre persönliche Karte für eine leichtere Lebensreise. Lebensnah und erfahrbar, immer mit Ihrer persönlichen Lebenssituation im Zentrum.
M. Allgeier
Weitere Informationen und Buchung:
www.allgeier-astrologie.de/beratung
oder 08807–9478580

Anzeige

Astrologische Aufstellungen

Einzel- oder Gruppenaufstellung mit Siri Allgeier

Termine und Informationen zu den freien Aufstellungs- und Stellvertreterplätzen: **www.allgeier-astrologie.de/aktuelle-aufstellungstermine**

Informations- und Anmelde-Unterlagen:
08807-9478580 oder info@allgeier-astrologie.de

Ausbildungskurs in Astrologischer Aufstellungsarbeit bei Siri Allgeier

www.allgeier-astrologie.de/ausbildung-astrologische-aufstellung.html